人間本性を哲学する

Philosophy of Human Nature

生得主義と経験主義の論争史

次田瞬
Tsugita Shun

青土社

人間本性を哲学する　目次

人間本性を哲学する

生得主義と経験主義の論争史

はじめに

　子どもの頃、先生からこんな話を聞かされたのをときどき思い出す。大勢の観客を魅了するスポーツ選手たちのパフォーマンスは、手足の巧みな動きから構成されている。ところで、彼らの手足の動きは彼らの脳によって制御されている。だとすると、彼らは頭がよいに違いない……。

　そうだろうか。たしかに、団体競技で「司令塔」と呼ばれるような選手は、刻々と変化する状況を把握して、チームメイトに的確な指示を出す。彼らは「賢い」「頭がよい」と言われることもあるかもしれない。しかし、優れた手足の運動が脳によって制御されているということからその脳の持ち主は頭がよいと結論するのは奇妙である。ボールを巧みに操ること、空中でのバランス感覚に優れていることなどは、頭がよいかどうかとは無関係に思える。ボールの扱いが巧みなバスケットボールのプレーヤーのことは、「頭がよい」とか「知能が高い」ではなく、「器用」とか「スキルが高い」などと言う方が自然である。手足の繊細な動きを実現するのに脳の活動が欠かせないのは事実だが、それを知ったところで、われわれの多くは「頭がよい」という言葉の使い方を変えようとしない。

　たしかに、知能研究者の中には知能にはいろいろな種類があると認める人もいる。それでも、数ある知能の一つとして「身体的知能」を措定するのに積極的な人は少ない。スポーツの得意・不得意は特定の脳部位の個人差と関係があるかもしれないが、それだけを理由にスポーツのスキルを一種の知能として措定することにしたら、あまりにも多くの種類の知能が乱立することになるだろう。たとえば、一度会っただけで顔を覚えることができる人がいる。顔認識は特定の脳部位と関係がある。しかし、顔認識に優れているというだけで「頭がよい」と言うことはまずない（Mackintosh 1998, p.28）。

「スポーツのスキル」を「身体的知能」と言い換えたところで得るものはほとんどないのに「知能」という表現の方を好むのはなぜか。それは、「知能」と言った方がより重要で価値がある感じがするからだという。私は「身体的知能」という表現の使用に消極的だが、この意見は興味深いと思う。実際には、優れたスポーツ選手はすでにそれにふさわしい社会的評価を受けているし、アカデミックな知能だけが社会的に高く評価される能力というわけではない（Mackintosh 2011, p.237）。しかし、たとえば、知能の低さを指摘することは、しばしば強い侮蔑と受け取られる。そうした指摘は相手を人間扱いしていないというニュアンスすら含みうる。同じことは、スポーツのスキルに関しては成り立たない。バスケットボールをする動物は人間だけだが、バスケットボールが下手くそだと指摘することはそこまで強い侮蔑にはならない（会話の文脈にもよるだろうが）。高い知能を持つことは人間の条件であるかのようだ。

どんな生物種も各々が生息する環境に適応していて、どんな生物種にも個性がある。高い知能をもつことはわれわれ人間の個性の中核を成している、と言えるかもしれない。知能の低さを指摘することが強い侮蔑になるという観察はその傍証になるし、実際、高い知能を持つことが人間にとって本質的だという考え方は、哲学で古くから採用されてきた人間観とも調和している。すなわち、「合理的な動物（rational animal）」という人間観である。

人間は合理的な動物か

哲学では古くから、人間を合理的な動物として特徴づけてきた。[1] 合理性こそが人間の本性（human nature）であり、人間を他の動物から分けている。人間は合理的な活動をもたらす心を備えた動物であり、だからこそ、人間は高い知能をもつ。

「人間の本性」という表現は聞きなれないかもしれない。「本性《ほんしょう》」という言葉は、日常的には、本当の性格という意味で使われる。心を許した相手に、あるいは、ふと気が緩んでしまったときに、あなたは自分の本性を垣間見せるかもしれない。ここでいう「人間の本性《ほんせい》」はそういう意味ではなくて、人間の実際のあり方、とりわけ、ヒトという生物種に典型的にあてはまる特徴・側面を指す。

では、「合理的」とはどういう意味だろうか。ここでは次のように理解しておく。[2] 合理的な活動とは、人々の間で普遍的な合意が得られるようなルールに則った活動である。そうしたルールの典型としては、論理法則や数学の定理、科学で用いられる帰納的推論、期待効用最大化などの意思決定ルールが挙げられる。これらのルールは、誰がやっても同じ結果に達するという再現性と信頼性を備えている。だからこそ、すべての人を納得させる力があって、自然現象の仕組みを明らかにしたり、日常生活の中で直面する問題を解決するのに役立つ。そのため、「合理的」という言葉には賞賛が、「不合理」には非難が含まれることになる。

人間は合理的な動物であるという伝統的な描像には難点もある。たとえば、心理学者たちは、われわれがある種の条件下では論理的に正しい推論ができず、無様な姿をさらすことを示しつつある。ルーレットで赤が出続けるとそろそろ黒が出るのではないかと期待してしまうこと（ギャンブラーの誤謬）、非常にまれな感染症の検査で陽性反応が出ただけで感染を確信してしまうこと（基準率の無視）などは、もはや使い古された例といえる。他にも、連言錯誤、確証バイアス、コンコルドの誤謬など、われわれが犯しがちなルール違反は枚挙にいとまがない（カーネマン 2014）。そうだとすると、合理的な動物という伝統的な人間観は、人間の合理性を過大評価しているかもしれない。

人間以外の動物に合理性を見て取ることもできなくはない。どんな動物も、生息する環境中で直面する問題に巧妙に対処している。たとえば、餌場から巣まで餌を運ぶアリについて考えよう（Allen et al. 2012）。一匹のアリは巣から餌場を見通せるわけではなく、最初はランダムにいろいろな経路を試すほかない。しかし、アリは歩き回るときにフェロモンを地面に置いていき、餌を見つけるとフェロモンをたどって巣に戻る。ここで、複数のアリが一斉に同じことをすると想像しよう。すると、たまたま短い経路を選ぶことができたアリの経路には、往復分のフェロモンが置かれる。アリにはフェロモンの濃度が高い経路を選ぶ傾向があり、フェロモンは何もしないと蒸発していくので、後続するアリは濃いフェロモンの跡をたどることで短い経路を選ぶことができる。

アリの群れは、できるだけ短い経路を選択するという数学的な問題に取り組んでいるとみなすことができる。しかも、かなりうまく解決しているように思える。実は、動物の群れがこのように集団として高度な合理性を示すことはよくある。[3] してみると、合理的な動物という伝統的な人間観は、人間の合理性を過大評価しているだけでなく、人間以外の動物の合理性を過小評価しているのではないか。

とはいえ、こういった難点があるとしても、伝統的な人間本性論を完全に見捨てるのは過剰反応だと思われる。たしかに、ある種の巧妙に仕組まれた状況に置かれたとき、人間は系統的に間違いを犯してしまうが、きちんと指摘されれば自分の誤りに気付ける程度に柔軟ではある。また、動物も知的な振舞いを示すが、彼らの問題解決能力は特定の生息環境で直面すると見込まれる狭い範囲の問題に特化する傾向にある。それに対して、多様な環境で暮らす人間はもっと広範囲の問題を解決するための高度な知能を備えている。だからこそ、過酷な自然を克服し、巨大な集団を組織することができた。人間は合理的な動物であるという見解が長期間にわたって多くの人々に説得力をもって受け入れられ、合理性に関する膨大な研究がなされてきたのにはそれなりの理由がある。

そこで、本書では、合理的活動をもたらす人間の心のいくつかの特徴・側面に的を絞って、最近の研究状況を俯瞰してみたい。合理的な活動をもたらす人間の心の特徴として、本書がまず取り上げるのは、先ほどから問題にしている広範囲の問題を解決する一般知能である。

二つ目に取り上げるのは、複雑なシンボル操作を可能にする言語能力である。たしかに、シンボルを用いる動物は人間だけではない。たとえば、ミツバチは8の字の尻振りダンスによって餌の方向と距離を仲間に伝え、ベルベットモンキーは警戒声によって天敵の接近を仲間に伝える。しかし、離散的なシンボルを組み合わせて複雑な思考を展開する動物は地球上では人間しかいない。

三つ目に取り上げるのは、数学の知識である。数学が合理的活動の模範的な事例であることは明らかに思える。人間以外の動物で演繹的推論をするものがいると信じられるだろうか。たしかに、この問題は古くから興味を引いてきた。たとえば、獲物を追っていて二股の分かれ道にきた犬が、一方の道を探索して獲物がいないことに気付いて、もう一方の道を探索するとしたら、その犬は選言的三段論法の推論をしていることになるだろうか。そうだとすれば演繹的推論は本質的に言語的な現象ではないことになる。しかし、仮にそうだとしても、動物の演繹的推論は人間と比べてずっと範囲が狭いだろうし、演繹的推論をしているように見えても実際には別のことをしていて、演繹的推論をしているように見えるのは偶然にすぎない可能性は高い（Dutilh Novaes 2021, sec. 10.2）。

一冊の本で人間の合理性に関する研究全体を俯瞰するのは無理な話である。本書では、合理的な活動をもたらす人間の心の特徴・側面として、ここに挙げた三つの話題に関して、哲学や心理学まわりの最近の議論を取り上げる。人間とは合理的動物であるという人間本性の伝統的な捉え方が多少古臭くなってきたとしても、これらを主題とする研究は日々進んでいる。本書では、合理的動物という古いテーマの新しい研究を紹介していきたい。

知能・言語能力・数学の知識

本書で主題的に取り扱う知能と言語能力と数学の知識について、予備的な考察をもう少しだけ加えておこう。

（1）知能

知能という概念はいつどのように誕生したのか。正確なことはわからないが、古代ギリシアのプラトンやアリストテレスは、われわれの心には認知的な側面（問題解決、熟慮、論証、反省などをつかさどる面）と情動的な面があると考えて両者を区別した。そして、古代ローマのキケロは、問題解決の能力を表すために intelligentia という言葉を造った。現代の英語圏でも、人間の認識能力・知的能力を指すときに intelligence という言葉が使われる（Eysenck & Kamin 1981, pp. 11, 28［邦訳：pp. 12, 45］）[4]。

しかし、一般に、能力というものは潜在的で、直接観察することができない。直接観察できるのは行動である。能力は表面に現れた行動から推測されるにすぎない。たとえば、われわれが何らかの知的な振舞いをする（たとえば、テストでよい点数をとるとか、仕事で成功を収めるなど）ときには、知能という潜在的な構造に導かれているのだろう、などと推測することができる。実際、われわれの脳の神経組織には知能の基盤となる何らかの潜在的な構造がひそんでいるのかもしれないし、いずれは知能の神経基盤が明らかになる日も来るかもしれない。ただ、今のところ知能の構造に関する推測は行動という手掛かりに大きく依存している。

知能の構造に関してさまざまな推測が対立している。人間には一般知能という一種類の知能が備わっていると言う人もいれば、人間の知能は分野ごとに特化した複数種類の知能の寄せ集めだと言う人もいる。また、そもそも何をもって知的な振舞いというのかは文化ごとに異なるだろうから、知能の構造を脳の中に探そうとしても無駄だと言う人もいる。こうした意見の違いが単なる学問上の対立にとどまらず、政治的な対立にまで発展してきたことを、後で見ていくことになる。

（2）言語能力

言語能力は人間だけに見られる特徴で、他の動物には見られない。どんな動物にも目を見張るような特技があるものだが、人間にもそういう特技があるとすれば言語能力は間違いなく有力候補である。

言語があるからこそわれわれは複雑で洗練された思考を展開することができる、と考えるのはもっともらしい。多くの言語学者・哲学者は、言語がもつ驚くべき特徴の一つとして、無限性をよく挙げる。われわれは、毎日のようにそれまで使ったことのない文を発話するし、聞き手の方もそれまで聞いたことのない文を毎日のように聞かされて、それを理解している。われわれが使うことのできる文の数には際限がない。

どういうことか。たとえば、次の文章を読んでもらいたい。

一九三一年に、アドルフ・ヒトラーは、観光旅行の最中にアメリカ合衆国を訪れ、アイオワ州のキーオカックでマクシーンという名の女性とひとときの恋に落ち、ペヨーテを試し（その結果、彼は小さいブーツを履いて、ホルスト・ヴェッセルリートを歌っている蛙の幻覚を見た）、デトロイト近郊の軍需工場に潜入し、副大統領のカーティスとオットセイの毛皮の取引について密談し、電動缶切りを発明した。（ライカン 2005, p. 2）

読者を騙したようで申し訳ないが、この文章は完全な創作である。しかし、もし騙されたのなら、この文章を理解できたということである。引用元の本を読んだ人を除いて、たいていの人にとってこの文章は初見のはずだが、それでも意味を理解できてしまう。

改めて考えてみると、これは驚くべきことである。どんなに語彙が豊富な人でも、知っている単語の数はたかだか有限個なのだから、われわれは有限個の単語を組み合わせて句や文といったより大きなまとまりを際限なく作っていく術を持っていることになる。ある言語に通じているという状態は、旅行ガイドブックの後ろの方に載っている挨拶表現などのリストを丸暗記している状態の延長上にはない。われわれは際限なく新しい文を作り、理解することができる。だからこそ、われわれはそれまでにない新しいアイデアを練りあげて、表現できるのだろう。

（3）数学の知識

数学は人間の合理的活動のなかでも模範中の模範である。数学の真理は普遍的な正しさをもっており、数学の証明は明確なルールによって支配されている。そのため、きちんと証明された数学の結論は異論をはさむ余地を残さず、誰でも同意せざるをえない。[5]

見方によっては、この厳格さは異様ですらある。われわれは普段、自分の過去の記憶や友人の証言を頼りにしながら生きている。自分の記憶や友人の証言が間違っている可能性は完全には拭えない。しかし、だからといって、自分の記憶や友人の証言の信頼性は完璧ではないのでそこから知識を得ることはできない、と言うのは大げさだろう（少なくとも日常会話では）。

ところが、数学では完璧な信頼性がごく普通に求められる。数学の証明は演繹的、すなわち、前提が真だとすれば必ず結論は真でなければならないし、証明を構成する一つ一つのステップで何をしているのかも明確でなければならない。数学の証明で求められるこの完璧さは、証明者が乗り越えねばならない試練である。定理の証明者は日常生活では求められることのない高いハードルを越えることを課せられている。それは無駄な企てではない。試練を乗り越えた証明者は、異論をはさむ余地を一切残さない知識を手に入れることができるからである。[6]

数学の知識が有する厳格さは一部の哲学者にとって魅力的に映った。ソクラテスの弟子にあたる哲学者（「プラトンかあるいは他の人」とされている）に関する次のような逸話が伝わっている。[7]

嵐がその人物を大海原から見も知らぬ土地の荒涼とした浜辺に押し流したとき、他の者たちは見知らぬ土地のこととて恐れおびえたが、彼は砂浜にある幾何学図形の描かれてあるのに気づいた。これを見つけると、彼はこう叫んだといわれている。「元気を出せ。人間の痕跡があるぞ」。彼はしかし、このことを、彼も目にした耕作地からではなく、学問のしるしから、解したことは明らかである。農業は高度な技術である。それにもかかわらず、この人物が「人間の痕跡」と認めたのは耕作された畑地ではなく幾何学図形であった。実話かどうかはともかく、この逸話には、数学こそ真に理想的な人間が修めるべき学問だという特異な見解が見て取れる。

発生の現場を押さえる

知能と言語能力、そして数学の知識はいずれも、合理的な活動に欠かせない人間の心の重要な特徴である。しかし、これらについて、ほぼすべての研究者が合意するような唯一にして正統の学説はまだ確立されていない。それどころか、研究を進めていく上での大前提となる根幹部分で対立する複数の研究プログラムがあって、それぞれの陣営は互いを敵視しながら並行して研究が進められている、と言っても言い過ぎではない。

そういう根幹部分での対立はいくつか考えられるが、本書では、知能・言語能力・数学の知識について、これらの特徴はいったいどこから来たのか、という問題をめぐって生じている論争を取り上げたい。私としては、この問題に焦点を当てることで、知能・言語能力・数学の知識それぞれについて本質的な洞察が得られるのではないかと期待している。比喩的に言えば、「発生の現場を押さえる」ことができれば、それについて本質的な洞察が得られるのではないか、というイメージを持っている。[8]

しかし、この「発生の現場」という比喩には複数の解釈がありうる。知能・言語能力・数学の知識に関する心理学や哲学の研究や論争では、微妙に異なる意味での「発生の現場」が問題になってきた。それぞれの違いを把握しておくのが重要である。順に説明しよう。

(1) 氏か育ちか

人間が高い知能をもつことは自明だとしても、知能の構造がどのようなものなのかに関しては意見の対立がある。それでも、世の人々は知能には「個人差」があると漠然と感じている。たいていの親は自分の子どもの発達を気に掛ける。だからこそ、どのように子どもをしつけたらよいのか、どう教育すればよいのか考える。しかし、期待以上の子に育つこともあれば、そうでないこともあるだろう。

そこで、人はしばしば「遺伝と環境のどちらの影響の方が重要なのか」という疑問を立てたがる。[9] だが、この話題に関するわれわれの常識は混沌としている。たとえば、「カエルの子はカエル」といったことわざがある一方で、「氏より育ち」ということわざもある。つまり、子どもの才能は親に似てくる、凡人の子はしょせん凡人だ、などと言う一方で、血筋よりも育った環境の方が重要であるという考えも認められているわけである。

遺伝と環境が発達に及ぼす影響について相反することわざがあるという事実は、われわれの人生や社会の複雑さを反映している。[10] われわれの人生・社会はあまりにも多くの要素が複雑に絡み合っている。実際、知能はつかみどころのない能力である。人間社会における複雑な相互作用の中で知能がどのように発達するのかは不明な点が多く、それゆえ、どんな人にも当てはまる包括的な知能の理論を作るのは困難である。

しかし、そういう試みが不可能だと判明しているわけでもない。心理学には知能研究という長い伝統を持つ分野がある。知能研究の主流派のアプローチは、知能をどのように捉えているのか、そして、知能の発達に対する遺伝と環境の影響をどのように考えているのだろうか。

（2）生得的か経験的か

知能にばらつきがあるのと同様に、言語能力にもばらつきがある。流暢にしゃべる人もいれば、たどたどしく話す人もいる。語彙が豊富な人もいれば、そうでもない人もいる。

言語能力のそういう個人差はたしかに興味深い。しかし、それと同じくらい、いや、ひょっとするとそれ以上に興味深いのは、どんな境遇で成長しようとたいていの人間は言語能力を獲得する、ということである。このため、知能とは別の意味での発生の現場が言語能力に関しては問題になる。

ある人々は、人間の子どもが言語を獲得するのは一種の本能だと主張している。動物は目を見張るような技術を持っている。クモは幾何学的に整った巣を張る。砂漠のアリは太陽コンパスを用いて方向定位する。彼らは巣の張り方や方向定位の仕方を他の個体から学んだのか。そうではないように思える。彼らは本能的に（哲学者好みの表現では「生得的に innately」）知っている、と言いたくなる。人間の場合は言語能力が本能である。こうした見解は「生得主義」と呼ばれる。

しかし他方で、人間は本能が壊れた動物とも言われてきた。本当に人間に言語の本能と言えるようなものがあるのだろうか。そもそも、常識的には、言語はコミュニケーションのための道具である。この道具は、特定の集団において、先祖から譲り渡されてきた壮大な伝統工芸品のようなものとイメージできないだろうか。実際、集団ごとに異なる言語の使い方を、子どもは周囲の大人から習うだろう。このように考える場合、言語能力が人間本性であると言うのは少しミスリーディングである。人間本性となっているのは、先祖の文化を継承する高度なスキルである。誕生の時点では、人間の心はほとんど白紙なのだが、言語能力はその文化継承スキルによって派生的に獲得される。生得主義と真反対のこうした考え方は、「経験主義」と呼ばれる。

生得主義と経験主義の対立は、現代の心理学で長い期間にわたってホットな話題であり続けている。ここまでの叙述で二つの見解を大雑把に紹介したが、果たしてそれぞれの立場を裏付ける証拠・データは何だろうか。

(3) 経験に基づかない知識と経験に基づく知識

数学は人間社会の中で言語ほど普遍的にみられるわけではない。その意味で、数学の知識は教育によって身につくものだと言ってよさそうである。それにもかかわらず、哲学では伝統的に、数学の知識は経験に基づかないと言われてきた。なぜだろうか。

知識はいろいろな仕方で獲得することができる。たとえば「太陽系には八個の惑星がある」とか「重力は逆二乗則に従う」といった自然科学の知識を例にとろう。たいていの人はこれらを学校の理科の授業で学ぶ。「なぜ太陽系に八個の惑星があると思うのか」と聞かれれば、「学校でそう習ったし」とか「理科の教科書にそう書いてあったから」などと答える。つまり、伝聞によって知識を得たわけである。もちろん伝聞に頼らなくても知ることはできる。望遠鏡で夜空を見て、太陽系に八個の惑星があると思うようになる科学者もいる。彼らは観察によって知識を得たことになる。

では、数学の命題はどのように知られるのだろうか。自然科学の知識と同様に、伝聞によって知ることもある。算術の基本定理（素因数分解の一意性）を例にとると、「なぜ合成数を一通りにしか素因数分解できないと思うのか」と尋ねられれば、多くの人は「学校でそう習ったから」と答えそうである。しかし、原理的には、算術の基本定理を知るのに他人は必要ないし、自然界を観察する必要も一切ない。われわれは、この定理を証明することができ、証明によって知ることができる。

しかし、定理の証明は何らかの前提から出発するものである。算術の基本定理を証明するにしても、何かしらの前提から出発する必要がある。そうすると、証明されない前提はどのように知られるのだろうか、という疑問が生じる。自然科学の知識のように観察や実験を通して知られる、とは考えにくい。

そこで、ある種の哲学者は次のように考える。われわれは数学の証明されない前提を直観によって知る、と。科学の研究対象が生成流転する自然界であるのとは違って、数学の研究対象は永遠でいっさい変化することのない別世界なのである。人間にはその別世界にアクセスする特別な器官が備わっていて、それによって数学の真理を知ることができる。

しかし、この考えもやはり信じがたい。観察や実験を通して自然界についての知識を得る場合、われわれと自然界は何らかの適切な因果関係で結ばれているように思える。他方で、直観によって数学的真理を知るとすると、われわれは数学的真理が成り立っているこの世とは別の世界とどのような関係を結んでいるのだろうか。何か神秘的な関係を想定せざるをえないように思える。

誤解してほしくないのだが、われわれが数学の真理を知っているということを否定したいわけではない。算術の基本定理をはじめとして、われわれは現に多くの数学的真理を知っているし、数学的真理を知ることができるのは人間の特権でさえあるかもしれない。重要なのは、数学者が数学的真理を知る方法は、科学者が自然界について知る方法とは根本的に異なって見えるということであり、それは一体どういう知り方なのかを問題にしているのである。

本書はなぜ書かれたか

本書では、多岐にわたる話題を取り上げる。よく言えば分野の垣根を越えるということだが、結局この本はどこへ向かっていくのか、どういうジャンルの本なのか、そもそも誰に向けて書かれた本なのか、といぶかしく思う人もいるかもしれない。

本書のテーマは人間本性である。より具体的には、合理的動物としての人間がもつ心である。人間の心は森羅万象の中で最も複雑で最も神秘的なものの一つだと思われる。人間の心には何ができるのか、どんな仕組みで動作しているのか、いかにして誕生したのだろうか。本書の目的は、上述した知能・言語能力・数学の知識に関する三種類の論争のジャーナリスティックな紹介を通して、これらの壮大な問題について考えるためのヒントを提供することにある。

本書を何か一つのジャンルに分類するとしたら、哲学書になるだろう。そもそも、なぜ人間の心についてそんなに頭を悩ませる必要があるのかと反省してみると、私が思うに、それは、人間の心を研究することはわれわれが何者なのかを知ることにつながるからである。人間とはわれわれ自身のことなのだから。したがって、本書はわれわれについて知るための本である。

かつて、ドイツの哲学者エルンスト・カッシーラーは『人間』という著作を、「自己を知ることが哲学的探求の最高の目的であることは、一般に認められているようである」と切り出して、「汝自らを知れ」というデルフォイの箴言や、近世の懐疑論者モンテーニュの「世界で最大のことは自分自身を知ることである」といった名言を引用した。本書の議論の進め方はカッシーラーの本とはだいぶ違うとはいえ、彼の言葉を真に受けるなら、本書は哲学の最重要課題に真っ向から取り組む哲学書ということになる。

本書が哲学書だとすると、想定される読者はもっぱら哲学を専門とする研究者・学生だと予想されるかもしれない。しかし、哲学書に求めるものは人によってさまざまである。人間の心というテーマが重要であるという点には同意しても、生物学や心理学の知見をふんだんに参照した本書のようなスタイルの本を「哲学書」と呼ぶことに強い違和感を覚える人もいるだろう。他方で、人間の心に深い関心を抱いている人は哲学者だけなのかといえば、そんなはずはない。

したがって、私は本書が哲学の研究者・学生より広い範囲の読者に読まれることを期待している。本書では「哲学的」という、ニュアンスに富んだ言葉を使うことはなるべく避けたし、哲学史の予備知識がなくても読み進められるようベストを尽くした。物理学者であれ、生物学者であれ、心理学者であれ、あるいは、特に専門分野を持たない学生・社会人であれ、「人間の心」について考えてみたい人すべてが本書の想定読者である。そういう人たちが楽しく読めて、きっと何かの役に立つ本を目指して、私はこの本を書いた。

本書の読み方

本書は全四章で構成されている。第1章では、第2章と第3章で用いるキーワードについて、歴史的な背景をまじえて説明する。第2章では、知能に対する遺伝と環境の影響、第3章では言語能力の生得主義と経験主義、第4章では、数学をはじめとするアプリオリな知識についての研究をそれぞれ取り上げる。各章は比較的独立しているが、章が進むにつれて叙述は抽象的になっていく上に、前の章で説明したことを前提している箇所も多少あるので、特別な事情がなければ最初から順に読むことを推める。

本書はさまざまな分野の論争をジャーナリスティックに紹介することを目指しているので、それほど予備知識がなくても読めるよう努めて書いた。それでも、いくつかの箇所では統計学と論理学の初等的な知識を仮定することになってしまった（主に第2章と第4章）。これらの分野に苦手意識をもつ読者もいると思うが（私自身のリテラシーもあまり褒められたものではない）、本書で展開される議論の多くは定性的である。わかりにくい箇所があっても立ち止まらず、全体をざっとでも読み通してもらいたい。各章の最後には簡単な文献案内をつけたので、本書よりもさらに進んだ内容を学ぶのに参考になればうれしい。

本書には多くの注がある。本文とちがって、いくつかの注は研究者向けの内容を含んでいる。また、各章のコラムでは、本筋から脱線しすぎるのを避けるために本文中で述べられなかった話題をまとめた。コラムは大きな注のようなものだと思ってもらいたい。

前置きは以上である。それでは、本論に移ろう。

第1章

人間本性の科学史

ダーウィンからディープラーニングまで

本章では、次章以降で議論の前提となる進化理論や学習心理学、機械学習といった分野のキーワードを解説する。具体的には、自然選択、適応主義、条件づけ、模倣、ニューラルネットワークなどである。多様な話題を取り上げるので一つ一つを深く掘り下げることはできないが、だからといって個々のキーワードについて辞書的な説明を淡々と羅列するのでは面白くない。そこで、個々の知見が得られた当時の時代背景や関連する分野の動向に目配りしつつ、私なりにストーリーを組み立ててみた。

本章は次のように進行する。1節では、ダーウィンの進化理論を取り上げ、自然選択説の概略を述べつつ、よくある誤解を解く。知能の遺伝可能性や言語獲得の生得主義を検討する上で、進化に関する考察は必須というわけではないが、この節での議論は、言語の起源を扱う第3章後半の予習を兼ねている。

2節では、優生学の運動について紹介する。この節は書く方と読む方のどちらにとってもしんどい部分だと思う。しかし、知能に対する遺伝と環境の影響というテーマを正面から取り上げる以上、このテーマと決して無関係ではない優生学の陰惨な歴史を把握しておくのは重要だと考えた。この節は知能研究をテーマとする第2章の予習にもなる。

3節では、忌まわしい過去への反省をもとに発展してきた、環境の影響を重視する思想を取り上げる。この節では、条件づけや模倣といった学習心理学に属する話題について簡単に解説している。これらは言語獲得をテーマとする第3章の予習になる。

4節では、二〇世紀後半に復権してきた生得主義と遺伝仮説、そして、社会生物学論争を取り上げる。遺伝仮説の解説は第2章、生得主義と社会生物学論争の解説は第3章で行われる議論の予習となる。

5節では、経験主義の最近の展開として、ニューラルネットワークの研究を紹介する。これは第3章の予習となる。最後に、6節では、科学と政治的イデオロギーの関係について考察する。

1 ダーウィンの進化理論

1-1 ダーウィンが進化学説を提唱する

一八五九年、チャールズ・ダーウィンが『種の起源』を発表した。彼はこの著作で、現存するすべての生物は遠い過去の地球に生まれた単一の祖先に由来し、それが変形されてできた末裔である、と論じた。われわれヒトは、イヌやネコ、トカゲやワニ、サメ、ミツバチ、ウニといったすべての動物と共通の祖先を有するし、同じことは植物や菌、原生生物などあらゆる生物にあてはまる。地球上には驚くほど多様な生物が生息しているが、木の枝が一本の幹から無数に伸びては枝分かれするように、生命の木も一本の幹から無数の枝が伸びて分かれを繰り返すことで別の種を生み出していった。

生命の木の枝分かれ（種分化）は、特定の種に属する生物の集団が地理的に隔離されたときに生じることが多い。山や海といった地理的障壁によって隔てられると、もともとは同じ種に属していた二つの生物集団は、環境の違いによって異なる形態に変化していき、最終的にお互いに交配できないまでになる。つまり、別の種になる。

しかし、なぜ地理的に隔離された生物集団は、それぞれの環境に適した姿へと枝分かれしていくのだろうか。ダーウィンは、この謎に対する答えとして自然選択の原理を提案した。自然選択の原理は次のようにまとめられる。

たいていの生物種はきわめて多くの子孫をもうける。制限が何もなければ個体数は限りなく増えてしまうだろう。しかし、自然環境が個体を無限に受け入れることはできないので、生き延びて繁殖にまでこぎつける個体の数はどうしても限られる。そのため、同じ種に属する個体の間で生存闘争が生じるが、どの個体が生き延びて繁殖にまでこぎつけるのかは、くじ引きのようにランダムな仕方で決まるわけではない。同じ種に属する個体といっても、みなまったく同じというわけではない。一部の個体は過酷な環境への対処能力に関して他の個体よりも優位に立つだろう。そういう個体ほど生き延びて繁殖しやすいはずである。また、生き延びて繁殖できるかどうかを左右する形質の違いは、しばしば遺伝して子孫に受け継がれる。そのため、環境により適した形質をもつ個体が生き延びて繁殖することでその形質は子孫に受け継がれ、集団中に広まるだろう。こうしたプロセスが何世代にもわたって累積した結果、古い形質は新しい形質に取って代わられ、新たな種が誕生する。これが自然選択である。

なお、ダーウィン自身は『種の起源』の中で「進化」という言葉をほとんど使わなかった。現代の研究者は「進化」という言葉を、生物の集団内における遺伝子頻度が時間とともに変化すること、という意味で使う。[1] この定義は一見しただけだとわかりにくいので、他の基本用語の導入も兼ねて簡単に説明する。

遺伝子は、細胞核の中の染色体上に位置している。染色体上の遺伝子は、ひもに通したビーズのように並んでいる、ととりあえずイメージしておこう。生物はそうしたビーズのひもを細胞核の中に複数持っている。ヒトの場合は四六本の染色体があり、大きさ順に並べると二本ずつのペアをなしている。ペアの一方は父親に、もう一方は母親に由来する。ちなみに、ヒトのように染色体がペアになった細胞や個体のことを二倍体という。二倍体でない生物もいて、たとえば、アリやハチなど膜翅目《まくし》（ハチ目）というグループの昆虫には染色体がペアになっておらず一組しかもたない個体がいて、半数体と呼ばれる。

ペアになった染色体を考えると、染色体上のある場所（遺伝子座）をどのような遺伝子が占めるのかを問うことができる。ある遺伝子座を占める遺伝子は、同じ種に属するすべての個体の間で共通していることもあるが、二種類以上の異なる形態（対立遺伝子）をとることもある。典型的なケースでは、一つの遺伝子座に二種類の対立遺伝子がある。一方の対立遺伝子をA、他方をaと書くと、それぞれの生物個体は、Aないしaを一つまたは二つ持つことになる。すると、進化とは遺伝子頻度が時間的に変化することだ、という定義が言っているのは、進化が生じるのは、生物の集団内における対立遺伝子の割合が時間とともに変化するときである、ということになる。

こうした「進化」の用法は日常的な語感とだいぶズレるので、間違いのもとになる。注意すべきポイントをいくつか紹介しておこう（長谷川・長谷川 2000, 2章）。第一に、進化するのは生物個体ではなく個体の集団である。生物学者がときおり冗談めかして言うように、ポケモンの進化は専門的な意味では進化ではなく、変態（メタモルフォーゼ）に分類される（太田 2008, p.141）。第二に、生活習慣や社会制度の変化も進化ではない。たとえば、狩猟採集生活をしていた人々の集団が農業をはじめたとしても、それは進化ではない。第三に、遺伝子頻度の変化は魚類から両生類という新しい生物群が出現するといった大きな変化だけでなく、もっと小さな変化も含む。たとえば、テントウムシの集団のなかに、背中の斑点の数が多いものが現れるようになるといった一見ささいな変化も進化である。第四に、進化と進歩は同じではない。真っ暗な洞窟で生活する動物が眼を失うことがあるように、使われなくなった器官が退化することも生物学的には「進化」である。

「遺伝子」という用語を用いると、自然選択の原理は次のように述べることができる。まず、同じ種に属する個体どうしであっても、すべての遺伝子がまったく同じというわけではない。生物集団の中には膨大な遺伝的変異がある。繁殖過程で新しい変異をもつ個体がランダムに現れることもある。[2] 遺伝子のなかには、生き延びて繁殖できるかどうかを左右するものもあるだろう。生存や繁殖の面で有利にはたらく遺伝子をもつ個体は、より多くの子孫を残しやすい。それらの子孫は他の子孫よりも相対的に有利な遺伝子を持っているので、多くの世代を経るにつれて有利な変異が生き残り、不利なものは消滅する。より多くの子孫を残しやすい遺伝子が集団の中で徐々に普及していく。こうして進化が生じる。

自然選択は進化をもたらす。しかし、進化をもたらすのは自然選択だけではない。生存を有利にするわけでも不利にするわけでもない遺伝子が、集団の中で単なる偶然によって頻度を増したり減らしたりすることがある。イメージをつかみやすい例としては、アメリカ先住民の血液型にO型が圧倒的に多いことが挙げられる。O型の血液型が生存を有利にするのでも不利にするのでもないとすれば、これはかつてアジアからベーリング地峡を越えていった少数の移住者集団で、O型の人の割合がたまたま大きかったことによると言えそうである。[3]

進化生物学によれば、進化に寄与する変異のほとんどは個体の生存を有利にするわけでも不利にするわけでもないらしい。一見すると、この事実は自然選択の相対的な重要性を下げるように思える。それにもかかわらず、多くの進化生物学者が自然選択を重視するのは、生物が適応的にできているという事実をうまく説明できるのは自然選択をおいて他にない、と彼らは信じているからである。

生物が複雑で適応的な形質を持っているという事実は、かつては完璧な知性を備えた神が存在する証拠だと思われていた。たしかに、自然界が、物体がランダムに動き回るだけの世界だったとすれば、適応的形質を備えた生物種が生じることはなかっただろう。しかし、ダーウィンの自然選択説は、何らかの原始的な生命の存在さえ与えられれば、そこから適応的な形質を備えた生物種を自動的に生み出す。生物の集団には変異がランダムに生み出されるが、それぞれの生物個体が生存・繁殖できるかどうかはランダムではない。より適応的な変異が残り、そうでないものは消えていく。この単純なプロセスが続くことで新しい形質が生み出されるということは、栽培植物や家畜に対する品種改良の歴史が教えてくれる。もちろん、動植物の品種改良には選別を行う育種家が必要だが、自然選択が生じるためにそのような存在は必要ない。生き延びて繁殖までこぎつける個体の数は限られていて、生物集団の中で生存闘争が生じるので、より適応的な変異が自動的に選別されることになる。自然選択はデザイナーなしに適応的な形質を作り出すのである。[4]

1-2　失墜するダーウィニズム

現代の生物学で、ダーウィンの学説は盤石の地位を獲得している。しかし、彼の学説の地位は『種の起源』が発表されてから長い間にわたって不安定だった。地球上のすべての生物が単一の祖先に由来するとする共通起源説は科学者の間でまもなく認められるようになったものの、自然選択説の方は反発が大きかった。一九〇〇年頃には「ダーウィニズムは死んだ」と言われるほど自然選択説の地位は失墜していた。

これは必ずしも当時の生物学者が不合理だったことを意味しない。自然選択説には解決されなければならない謎や疑問点が多く残っていた。たとえば次のようなものである。

・形質はどういうメカニズムで遺伝するのか？
・自然選択によって複雑な生物が進化してくるには地球の年齢は短すぎるのではないか？
・自然選択による漸進的な進化よりも、不連続な進化の方が重要ではないか？
・環境により適した個体が生き延びるというのはトートロジーではないか？

こうした疑問は一夜にして解けるようなものではない。そのため、自然選択説が盤石の地位を固めるようになるには一九四〇年代を待たなければならなかった。

ただ、実際のところ、これらは自然選択説に対する疑問としては良質の部類に入る。ダーウィンに賛成する人と反対する人のどちらの側もこれよりずっと粗雑な理解にとどまる人々が多かった。なので、ここでは先ほど挙げた疑問がどう解決されたのかを解説するよりも、自然選択説に対する初歩的な誤解を優先的に片付けることにしよう。

たとえば、ダーウィンに賛成する人の中には、彼の画期的なアイデアを人間や人間社会に適用しようとする人々がいた。一九世紀の社会は、急速な産業化によって大きな富と地位を築き上げる成金が出現した一方、貧困や非人間的な残酷さに満ちていた。けれども、残酷さは自然の仕組みの一部である。ひょっとすると、生存闘争を生き延びた最適者が繁殖するのは、残酷に見えてもむしろよいことであり、それによって人間社会は進歩するのではないか。そうだとすると、本来なら過酷な生存闘争を生き延びるのは最適者だけだったはずなのに、福祉によって最適とは程遠い人間が生き延びられるのはおかしいのではないか。子どもを持つことは個人的な権利などではなく、むしろ特権であるべきだ。さらには、優れた人種が植民地を拡大したり文明化されていない原住民をときに絶滅に追い込んだり奴隷制を維持するのでさえ、自然の成り行きであるからやむをえない、といった極端な考えにまで到達する人々もいた。

しかし、こうした見解は「最適者の生存 survival of the fittest」という有名な言い回しを誤解している。英語の fit には身体が健康な個体という意味があるが、進化生物学でいう「適者」、つまり、適応度の高い個体とはそういう意味ではなく、より多くの子孫をもうける傾向にあるという意味である。[5] たとえば、寿命が長い平和主義者の集団に攻撃的なオスが出現したとする。そして、この新しいタイプのオスはもともとのタイプのオスよりも多くのメスに受精させるが早死にしてしまうとする。この場合、新しいタイプのオスが集団に広まって古いタイプのオスが駆逐されることで、オスの寿命はむしろ短くなる。

そもそも、ダーウィンの自然選択説は、生物の進化がいかにして可能なのかを説明する理論である。人間社会がどうあるべきかを述べるわけではないし、人間社会がどう発展していくべきかを述べるわけでもない。また、自然が冷酷無比であるということは、むしろ自然に従った生き方を理想化するのが間違いであることを示している。ダーウィンは友人に宛てた書簡の中で、自然の残酷さの例としてヒメバチの産卵について語っている。ヒメバチは芋虫を麻痺させてその体内に卵を産みつけるのだが、それは卵から孵《かえ》った幼虫が芋虫の内側から生きた肉をゆっくり食えるようにするためだそうである（ドーキンス 2004, p.23）。こうした事例を前にしてなお、自然の残酷さを肯定するのは難しい。

ダーウィンの進化理論と関係のない議論がまかり通ってしまったのには、進化や遺伝に関する人々の理解が未熟だったことが少なからず関係している。理解の未熟さにつけ込んでさまざまな人々が自分たちの抱く偏見を正当化したり、あるいは自分たちが思い描く社会を実現するために生物学を利用できてしまった。とりわけ後世に大きな禍根を残したのが、次節で取り上げる優生学の運動である。

2　猛威をふるった優生学

2－1　ゴルトンと優生学の誕生

優生学は人々の遺伝子を改良しようとする社会運動である。優生学はしばしばナチスと結びつけられるが、優生学の歴史は、ダーウィンのいとこであるフランシス・ゴルトンからはじめるのが一般的である。[6] 彼は「優生学（eugenics）」という言葉を創り出した。これは「良い生まれ」を意味するギリシア語にちなむ造語である。

ゴルトンは評価が難しい人物である。たしかに、彼は並外れて広い関心を持った科学者だった。統計学の歴史では、彼は相関や平均への回帰といった現象についてはじめて記述した人物として知られる。身長や胸囲が正規分布に従うことに強い印象を受けたゴルトンは、精神能力も正規分布に従うと考え、実際に、さまざまなテストの得点結果が正規分布に従うことを発見した。彼は統計的手法を心理学に持ち込んで「ロンドン学派」と呼ばれる研究伝統をもたらした。発達に対する遺伝と環境の影響を分離するために双生児に注目したのも彼が最初だと言われる。他方で、アフリカ東海岸のどこか適当な場所に中国人の移民を送り込んで劣った黒人に置き換えるべきだという『タイムズ』紙への投書（Galton 1873）をはじめとして、過激な人種差別発言も多く記録されている。彼はアフリカの探検旅行を通して、劣等人種が存在するという思想を確立した。

ゴルトンが優生学に取り組んだきっかけはあまりはっきりせず、人種差別からの影響はほとんどないとも言われる（ケヴルズ 1993, pp.17, 134）。しかし、きっかけがどうであれ、ゴルトンは文明社会では自然選択の作用が緩められてしまうと考えた。彼によると、文明は自然の状態では死んでしまうような弱い人間たちを医学や慈善事業によって生き永らえさせる。ところが、貧しく品行のよくない人間ほど繁殖力が高い。他方、優秀で思慮深い人々は晩婚化の傾向があって、貧しく品行のよくない人々と比べて繁殖が遅い。

そこで、ゴルトンは、高い能力をもつ個人が多数の子どもを作ることを奨励し、貧しく品行のよくない人々の結婚を遅延させるべきだと考えた。次のようなユートピアを想像しよう、と彼は言う。遺伝的才能の優劣を競う試験を国家が実施して、優秀な男女は公の場で表彰される。彼らの結婚式をウェストミンスター寺院で執り行い、彼らの間に生まれた子どもには特別の補助金を支給して、優れた子孫を増やしてもらう。「馬や牛の品種改良に用いられている費用の二〇分の一を人類の改良に使えば、すばらしい天才の群れをうみだせるかもしれない」(Galton 1865, p.165)。

栽培植物や家畜に行うのと同様の繁殖計画を人間に適用するという提案に、人々は衝撃を受けた。結婚の自由と尊厳をおびやかすと警告する者もいれば、生まれてくる赤ん坊に知恵を授けるのが神でなくなってしまうと指摘する宗教家もいた(ケヴルズ 1993, p.37)。倫理的な是非を脇に置いても、ゴルトンの議論は机上の空論に思える。栽培植物や家畜の品種改良はたしかに可能だが、同じ要領で人間を品種改良して科学や芸術の天才を産み出すことなど可能なのだろうか。ゴルトンは、科学・芸術・政治・スポーツなどの優れた業績が特定の家系(有名なところではベルヌーイ一族やバッハ一族など)に偏っていることに注目して、才能は遺伝すると示唆した(Galton 1892)。しかし、彼が行った調査とは、著名人を一〇〇人選んで、その一〇〇の家系について、その人物を中心とした血縁者の中で同様の著名人の出現頻度を調べるといったものだった。この方法では教育や縁故などといった環境の影響を否定できまい。

ゴルトンの提案に対する人々の反応は概して否定的だったため、ゴルトンは英国人の見解が四〇年遅れていると嘆いた。ある意味それは予言的だった。ゴルトンの提案が徐々に見直されるように世相は変化していったからである。

一九世紀後半は、精神障害者の存在が社会的に急に重みを増し始めた時代だった。一八七〇年に英国では教育法が成立して初等教育が義務化されると、極貧層の子どもたちも教育を受けるようになった。しかし、多くの子どもたちは授業についていけず、肉体的・精神的な欠陥があるとされた。また、当時のロンドンはおびただしい数の極貧層をかかえていて、彼らは別の人種とみえるほど肉体的・精神的に衰弱した集団を形成していた。そして、この時代、精神障害は遺伝によると漠然と考えられていて、しかも、多産であるとイメージされていた（米本ほか 2000, p.26f）。

英国では一八六七年の第二次選挙法改正で労働者階級にも選挙権が与えられ、労働党は一九〇六年に二九議席を占めるに至った。劣悪とされた人々を多く含む労働者階級の政治的権限が高まることに対して、上流階級の間で不安が広がった（ムカジー 2018, 上巻 p.116）。

こうして世紀の変わり目に優生学は脚光を浴びはじめた。高齢になったゴルトンは体調がすぐれなかったが、優生学への情熱は衰えず、人間を改良する科学の演壇に登った。一九〇四年にロンドンで開かれた社会学会における彼の講演には、医学者や科学者など大勢の聴衆が集まって彼の主張に耳を傾けた（ケヴルズ 1993, p.103）。

晩年になって、ゴルトンの提案は英米の知識階級に急速に受け入れられていく。一九〇七年には優生学をわかりやすく説くことを目的に優生教育協会が設立され、一九一一年にダーウィンの四男レナードが会長に就任した。一九一一年にゴルトンが亡くなると、遺言によりユニバーシティ・カレッジ・ロンドンは彼の遺産を受け取り、その利子をもとにゴルトン記念優生学講座が創設された。初代の教授職には統計学者として著名なカール・ピアソンが就任した（ケヴルズ 1993, p.70）。ピアソンはゴルトンの後継者で、能力の遺伝性を確かめるために生物学における統計的手法を洗練させる必要があると確信していた。

二〇世紀に盛んになった優生学の運動は英国から発して、アメリカ、スウェーデン、ノルウェー、ロシア、スイス、ドイツ、ポーランド、フランス、イタリアへと広まっていき、一九二〇年代には日本や南米諸国でも普及した。なかでも優生学の運動が盛んに展開されたのはアメリカである。

2―2 優生学の普及と衰退

優生学には、適格とされる人間に繁殖をすすめる「積極的優生学」と、不適格とされた人間を排除して、子孫を残せなくしようとする「消極的優生学」の二種類がある。[7] ゴルトンはどちらかというと積極的優生学を重視したが、アメリカで主流派となった優生学者たちは消極的優生学の社会政策を推し進めた。

アメリカの優生学者たちは、優生学的に望ましくないものが生まれてくるのを抑制することで、社会的不適格者を一掃するのが正しい方法だと考えていた。その目的を達成する手段には、変質者を死刑にするとか、先天的な奇形児が生まれたら窒息死させるといった極端な手段もありうるが、優生学者たちは結婚の制限、精神障害者の隔離、強制的な不妊手術を提案した。強制的な不妊手術は「断種」と呼ばれ、男性の場合には輸精管を、女性の場合は輸卵管を結紮《けっさつ》または切除することで、生殖を阻止する。また、これらの政策が実施されたとしても、海外からの移民を野放しにする限り、国民全体の生物学的素質の改善は期待できないだろうということで、優生学者たちは移民の制限も主張した（ケヴルズ 1993,

pp.163–168)。

優生学者たちの訴えが認められ、多くの州で優生立法がなされていった。ただし、それが実現した理由は必ずしも優生学的な目的が受け入れられたためではなかった。二〇世紀前後のアメリカには、アジアからは日本人や中国人、南欧や東欧からはユダヤ人やイタリア人、アイルランド人、ポーランド人などの移民が続々とやってきた。労働組合は安価な労働力が賃金の引き下げにつながるとして移民の制限を訴えた。アメリカはWASP（ホワイト・アングロ－サクソン・プロテスタント）の国だという意識が強かった人々は、異国の言語や食べ物、宗教が氾濫することでアメリカ固有の文化の純粋性が失われることに不安を覚えた。アジア人の移民は早々に禁止された。南欧・東欧からの移民も徐々に制限されて、一九二四年に絶対移民制限法が成立した。この法律は、一八九〇年以降に急増した南欧・東欧からの移民を制限して、国別の移民数の上限を一八九〇年国勢調査の出身国の人口構成比の二パーセント以内に定めるものであった[8]（ケヴルズ 1993, pp.169–172）。

アメリカの移民政策は経済的な利害関係や人種差別を反映していたが、政策に科学的な装いを与えるにあたって、当時普及しつつあった知能テストが一役買ったという見方もある[9]。移民すべてが悪いわけではないので、知能テストによって問題のある移民は振るい落とさなければならない、と。

知能テストはもともとフランスで開発された。フランス政府は学校教育を義務付けたものの、勉強したがらない子どもが多く、それが単に知能が低いためなのか、なにか別の原因があるのかを弁別する必要があると考えた。そこで、児童の知能を研究していた心理学者アルフレッド・ビネーは、教育省からの依頼で、同じ教室で授業を受けてもついていけない子どもを早期に発見するテストを考案した（一九〇五年）。ビネーは、知能は複雑で多様であるという認識に立って、知能テストには幅広く雑多な問題を含めるべきだと考えた。テストの問題は、年長の子どもが年少の子どもよりも容易に回答できるよう、徐々に難しくなるように配列された。問題は理論的に作成されたわけではなく、試行錯誤によって作り出された。ビネーは、三歳から一三歳の健常児のデータを集めて、特定の年齢ごとに正解率が四分の三になるようなテスト項目を選び出した。子どもの精神年齢はどの年齢用の問題までできたかで測定する。精神年齢が暦年齢を下回っていた子どもは精神遅滞が予想され、特別の支援教育が必要になると考えられる。[10]

ビネーのテストは一定の成功を収めた。実際に精神遅滞の子どもを特定したほか、テスト結果は学校の成績、教師と同級生の評価、訓練の容易さなど知能の指標として一般に期待されるものとも相関していた。同時期にはゴルトンなど、ビネー以外の心理学者も同じ目的のためにさまざまなテストを考案していたが、それらの試みは失敗に終わった。そのため、一九〇五年に作られたビネーのテストが現在まででつづく知能テストの原型となった。

しかし、ビネーが先鞭をつけた知能テストはフランス本国ではあまり普及せず、むしろアメリカで普及した。児童用のテストから大人用のテストまで、個人用から集団用のものまで膨大な種類のテストが作られた。グールドによれば、その過程で、知能テストの目的は精神遅滞の児童の学習を支援するという当初の目的から、精神遅滞者を排除することへと変貌した。

アフリカ系アメリカ人や新たに南欧や東欧から移住してきた人々は知能テストの結果が悪かった。しかし、その際に実施された知能テストは北アメリカの中流階層の白人に有利なように偏っていたし、中には、アメリカに到着したばかりの疲労困憊の状態でテストを受けさせられたり、あるいは、まだ英語をうまく話せなかったがために、知恵遅れと不当に分類された人々もいた。そのため、医師の見積もりよりも多くの精神障害者が見出されることになった。

移民の入国基準を厳格にするのと並行して、自国の中で精神障害者や反社会的傾向の持ち主に子どもを作らせないようにする優生立法も進められた。国勢調査の数字から精神障害者や犯罪者が急増しているとして、少年院付きの外科医が解決策として提案したのがきっかけとなり、一九〇七年にインディアナ州で強制的な不妊手術を認める断種法が制定され、その後いくつかの州で断種法が成立した。

ところが、断種法を憲法違反とする判決も出されたため、断種法を施行するのは事実上困難になった。そこで、法律の壁に阻まれた優生学の推進者たちは最高裁判所で決着をつけようとした。一九二七年、連邦最高裁判所がヴァージニア州の断種法を合憲とする判決を出した（バック対ベル訴訟）。合憲性が明確となったことで、ますます多くの州で断種法が成立した（ケヴルズ 1993, pp.192–196）。

断種による消極的優生学の科学的な裏付けとされたのは、メンデルの遺伝法則である。メンデルの法則が再発見されたばかりの頃は、懐疑的な研究者も多かった。エンドウやコムギには応用できるかもしれないが、他の動植物にも応用できるのか、まして、ヒトにも応用できるのだろうか、と。しかし、一九〇二年、英国のアーチボルト・ギャロッドとウィリアム・ベイトソンは、生後まもなく尿の色が黒っぽくなるアルカプトン尿症という先天的代謝異常がメンデル理論の劣性遺伝子によって引き起こされることを証明した。一九〇七年には、ヒトの眼の色もメンデル理論にしたがって遺伝することも明らかになった（ケヴルズ 1993, pp.78–81）。

メンデル理論はヒトにも応用できるということで、反社会的行動や精神疾患が遺伝することを示そうとする家系研究が行われた。[11] 一九一〇年、人類遺伝に関する情報センターとなることを目指してニューヨーク州ロングアイランドのコールド・スプリング・ハーバーに優生学記録局が設置された。動物学者チャールズ・ダヴェンポートは、個人とその家系に関するカードを作成した。こうした研究を背景にして、ダヴェンポートとその共同研究者たちは「不適格者の親となりうる人間を野放しにするのは優生学的な犯罪だ」として、精神障害者の隔離や断種を合法化するためのロビー活動を行った（ケヴルズ 1993, p.190）。

たしかに、さまざまな疾患に遺伝要因があることは現代の行動遺伝学でも認められており、中には単一の遺伝子に由来する疾患もある（ハンチントン病など）。しかし、ダヴェンポートが収集したデータは、家系図の多くが不完全だったり、明らかに環境要因が大きいと思える性質を延々と記載していたりと、今日からみれば価値のないものが多かったようである。ダヴェンポートは、表現型は単一の遺伝子に由来すると考えて物事を極端に単純化してしまい、多くの精神疾患に複数の遺伝子が関係している可能性や、環境の作用が関係している可能性を不当に無視した（ケヴルズ 1993, p.88）。

ドイツの優生学者たちは、遺伝的に欠陥があるとされた人々を隔離・断種して、根絶しようとするアメリカの試みをうらやんでいた。ドイツの代表的な優生学者は、アメリカ帰りの医師アルフレート・プレッツである。彼は欠陥のある遺伝子が国を汚染しつつあると考えて、「民族衛生」という言葉をつくった。[12] 個人衛生が身体から汚れを日々取り除くことであるように、民族衛生は民族を遺伝的に浄化し、より健康的で不純物のない民族を作る、と（ムカジー 2018, 上巻 p.176f）。

ヒトラーはミュンヘン一揆（一九二三年）に失敗して投獄されたおりに、民族衛生に関する書物に接してプレッツに魅了された。一九三三年一月にナチスがドイツで政権を掌握すると、ヒトラーは民族衛生を実行に移すときがきたと考えた。同年七月に遺伝病子孫予防法を制定して、てんかんや統合失調症、先天性失明・難聴、肉体的奇形、さらには重度のアルコール中毒者に対する断種を認めた。

遺伝病子孫予防法はカリフォルニア州の法律を下敷きにしている。優生学に熱心だったカリフォルニア州では、精神障害者に加えて性犯罪の累犯者や梅毒患者に対しても断種が行われ、実施件数が群を抜いていた。ナチスはその実績を参考に断種法を成立させた。アメリカの優生学者たちはこれを賞賛したが、彼らは遺伝病子孫予防法がナチスの優生政策の手始めにすぎないことを予想できなかった。ヒトラーは反ユダヤ主義を鮮明にすると、公職からユダヤ人を追放し、ユダヤ人とドイツ人の結婚を禁止した。ナチスにおいて、優生政策は人種政策と同一のものと化した。ナチスは、生物学的に健全とされた夫婦に多くの子どもを産むことを奨励して補助金を給付した。一九三六年には、生命の泉（Lebensborn）と呼ばれる秘密組織が設立され、選ばれた女性に親衛隊員の子どもを産ませるために高度な医療環境を用意した（ケヴルズ 1993, pp.203–205）。

第二次世界大戦がはじまると、ナチスの圧政は残忍さを増していった。子どもが生まれるのを悠長に待てなくなったのか、生命の泉は占領した各地で身体的特徴が基準に合致した子どもたちを誘拐して国家の手で育てようとした（トヴァルデッキ 2014）。一九三九年九月にヒトラーが発令した命令書によって、知的・身体的障害者がドイツ全土に設置された精神科の施設で安楽死させられた（T４計画）。この安楽死計画は親族の訴えをうけたカトリック教会からの抗議で中止されたが、正式な終了を告げた後も殺害は秘密裏に続けられた。一説によれば、総計で一〇万人を上回る障害者の命が失われた。

ナチスの野蛮な政策は優生学に対する反対運動を引き起こすことになったが、そもそも主流派の優生学の科学的な装いにはナチスが実権を握るより前から疑問が付されていた。知能テストがしばしば公平さを欠いて実施されていたことや、遺伝現象が当初考えられていたほど単純ではないことがしだいに明らかとなっていた。思慮深い人々は、社会的に不適合な人々を断種によって減らすことができるとか、人種交配によって集団の遺伝的能力が劣化するといった仮説に疑いの目を向けた。ナチスの政策は本来の優生学を歪めていると考えた優生学者は、主流派の優生学に見切りをつけて優生学の改革を目指しはじめ、後に人類遺伝学と呼ばれる分野の確立に貢献することになる。[13]

このように、優生学を批判する流れが戦前からあったのだが、戦後すぐに優生学の評判が地に堕ちたわけではなかった。ニュルンベルク裁判でナチスの悪行の中心とみなされたのは圧政とユダヤ人の大量虐殺で、優生政策はニュルンベルク裁判で訴追理由にならなかった。戦後も多くの先進諸国で障害者に対する強制的な不妊手術が実施されていた。[14]

優生学への批判が社会的なレベルで本格的に進んだのは一九六〇年代後半である。障害者や同性愛者など社会的マイノリティーの権利を求める動きが広まり、反公害運動や反戦運動によって科学技術に厳しい目が向けられるようになった。その流れを受けて、一九七〇年前後に「優生学」が否定的な表現として完全に定着した。優生学の歴史研究がはじまり、一九八〇年代には重いタブーを破る形でナチスの優生政策に関する実証研究も進められるようになった（米本ほか 2000, pp.47–50, 238）。

3　環境の影響を重視する思想

ナチスの圧政で残虐さの頂点に達した優生学の歴史をみてくると、これらの動きをもたらした主な原因は、異人種や障害者への差別、そして、進化や遺伝に対する知識の欠如とそれに対する無自覚であって、ダーウィンの進化理論は無関係としか思えない。それでも、差別を正当化するために悪用される可能性のある生物学の学説に特別の警戒が払われるようになったのは無理からぬところがあったのかもしれない。社会科学者の多くは、人間のさまざまな精神能力について、遺伝性があるのかとか、適応なのか、といった生物学的な考察に見切りをつけた。その結果、生物学的な考察は人間の首から下までしか適用できない、人間の心理は周囲を取り巻く社会的・文化的環境によって形成される、とする風潮が広まった。

3—1　戦前から戦後へ

一部の人類学者は人間の行動や心理に関する生物学的な考察に対して、第一次世界大戦以前から懐疑的になっていた。たとえば、北アメリカ先住民の言語や社会を研究していたフランツ・ボアズは、どんな集団も同等の潜在能力をもっている、と主張した。[15] たしかに、非西洋の言語には抽象的な概念を指す言葉が欠けていることもある。たとえば、3より大きな数を指す言葉がなかったり、[16] 特定の人の善良さを指す言葉だけがあって善良さ全体を指す言葉がなかったりする。しかし、こうした事情は彼らの日常生活における必要性を反映しているだけであって、彼らの精神能力に欠陥があるわけではない、と[17]（Pinker 2002, p.22f〔邦訳：上巻 p.56f〕）。

第二次世界大戦は、連合国の間で人種差別に対してより厳しい見方をするきっかけになった。人種差別に対して特に強く反対したのは人類学者たちで、一九三八年、アメリカ人類学会はナチスの人種差別政策がエスカレートしているという報告に基づいて、人種差別を非難する全会一致の決議をとった。ナチスの遺伝病子孫予防法を賞賛した優生学者ですら、ユダヤ人研究者の大量パージには反対の立場をとった。

たしかに、いまから見れば当時の人種差別批判の不徹底を指摘することは難しくない。歴史学者クリストファー・ソーンの古典的研究によれば、フランスなどナチスの支配下におかれた国々のレジスタンスは反ユダヤ主義には強く反発したが、アジアやアフリカの海外領土における白人支配の秩序に変化があってはならないと考えていた。連合国の指導者も民衆も、戦争相手の日本人に対して激しい憎悪を抱いていた。オランダのウィルヘルミナ女王は、ドイツが敗れたら日本に対してとるべき措置は「ネズミのように彼らを溺れさせる」ことだと述べた。アメリカ人の多くは原爆でもっと多くの敵を殺す機会を逸したことを残念がった（ソーン 1991）。

しかし、ソーンの研究が一九八〇年代に発表されたときに人々が驚愕したという事実は、むしろ人種差別に反対する姿勢が戦後にそれだけ広く普及したことを示している、とも解釈できる。そして、こうした変化は自然に生じたわけではなく、人々の意識的な努力の結果だった。

戦時中に結成された反ナチスのキャンペーンの推進母体は、戦後の国際連合の枠組みのなかでユネスコに引き継がれた。ユネスコは、ヨーロッパの良心を証明するという一面を含みながら、反人種差別運動を強化していった（渡辺 2003, p.134f）。一九五〇年に「人種に関するユネスコ声明」が採択され、一九五二年には、ボアズの薫陶を受けた人類学者クロード・レヴィ＝ストロースがユネスコの依頼で『人種と歴史』を書いた。この小冊子は人種差別反対の基本図書としてフランスの高校で教材として使われた（レヴィ＝ストロース 2019）。

一九六〇年代のアメリカでは、公民権運動の盛り上がりを受けて、過去の差別を克服する手段として黒人や少数民族の雇用を積極的に推進するアファーマティブ・アクション（積極的格差是正措置）や、低所得層の子どもの就学を支援するヘッドスタート計画が実行された。これらの改革は当事者たちが期待していたほどの目標を実現できなかったのかもしれないが、それでも間違いなく一定の成果をあげた。現在のアメリカ人は第二次大戦以前とはまったく違う世界に住んでいる。黒人が大統領になり、女性が国家や大企業のリーダーになるという事態を戦前の人々は想像すらできなかっただろうが、今では現実になっている。社会の問題は環境の改変を通じて解決されるという信念には、歴史的な意義があったのだろう。

3-2 行動主義の学習理論

戦前から戦後にかけて、環境の影響を重視する思想が普及するのと歩調を合わせるように、心理学では心の可塑性に焦点を当てた研究が発展した。その好例を学習心理学に見出すことができる。

学習にはいろいろな様式があるので、学習とは何なのかを一般的に特徴づけるのは難しいが、英国の哲学者たちは古くから「連合による学習」に注目してきた。たとえば、われわれは、かくかくの出来事の後にしかじかの出来事が続くということを何度も経験することによって、二種類の出来事間の規則的パターンを学習する。あるいは、かくかくの行動をとった後にしかじかの出来事が続くのを何度も経験することによって、自分の行動がどういう結果につながるのかを学習する。

行動主義の学習心理学者たちは、これらと似たような学習様式が動物においても広範に成り立つことを示した。もちろん、動物は口がきけないし、動物の心の中をのぞくことはできない。しかし、動物の行動変容から、われわれはその動物において一種の連合学習が起こったと推測することができる。動物にみられる連合学習は二種類あり、それぞれ古典的条件づけとオペラント条件づけと呼ばれている。

古典的条件づけの有名な例は、唾液分泌の条件反射である。犬は食べ物を提示されると唾液を分泌する。これは学習の産物ではない。食べ物という刺激を与えられると、犬は無条件に唾液を分泌する（無条件反射）。これに対し、決まった時間に食べ物を与えていくと、犬は食べ物を持ってくる実験者の足音を聞くだけで唾液を分泌するようになる。最初、犬は足音を聞いても唾液を分泌しなかったのだが、いまや足音を聞くだけでも唾液を分泌するようになった（条件反射）。行動が変容したのである。[18]

こうした行動変容が犬の生存にとってどういう意味をもつのかは、次のように理解できる。少し擬人的な言い回しになるが容赦してほしい。まず、足音そのものには唾液の分泌を誘うところは何もない。足音の後に唾液を分泌することに意味があるのは、足音の後には食べ物が与えられると予期できるからである。つまり、まもなく食べ物が与えられるだろうから、先回りして唾液を分泌する。こういう形で、犬は足音と食べ物の提示という二つの出来事間の規則的パターンに同調する。一般化すると、動物は、第一の出来事によって予測できる第二の出来事がなにか意味のあるものだったり、驚きを生じさせるものだったりすると、二つの出来事を結びつけて行動を変容させる。これが古典的条件づけの学習様式である。

オペラント条件づけには強化と罰の二種類がある。強化の方から見ていこう。たとえば、空腹にさせたハトを円形の窓のある箱に入れる。そうすると、遅かれ早かれそのハトは窓をつつくだろう。実験者は、ハトが窓をつついた直後に食べ物を与えてやる。最初、窓をつつくというハトの行動はランダムにしか生じないものであったが、窓をつついたら食べ物が与えられた結果、ハトは窓をつつく頻度を増加させる。このように、ある行動の直後に何らかの結果が続くことでその行動の頻度があがることを強化という。[19]

行動が強化されるのは、食べ物のような報酬が与えられる場合だけではない。たとえば、熱い日差しにさらされたときに、覆いの下に隠れると熱い日差しから逃れられる。こういうパターンを経験したことで、熱い日差しにさらされたときに覆いの下に逃れる頻度が上がるとしたら、その行動は強化されたことになる。一般化すると、嫌悪刺激を回避することにつながる行動も強化されうる。

罰は強化の逆であり、ある行動の直後に何らかの結果がつづくことでその行動の頻度が下がることをいう。行動が罰せられるのは、その行動の直後に何らの報酬も得られないとき、あるいは、その行動の直後に嫌悪刺激が与えられるときである。たとえば、電流が流れている柵に接触した牛は、もう柵に接触しないかもしれない。

条件づけによって行動が制御できることを示す証拠は圧倒的であり、製薬会社は条件づけの研究室を持っている。条件づけによる制御は人間にも通用し、精神医学の領域で成果をあげている。たとえば、言語の発達に遅れがある自閉症者に用いられる、絵カード交換コミュニケーションシステム（ＰＥＣＳ）という手法がある。この手法は子どもが自分の欲しいもの（クッキーなど）を伝えるために絵カードを交換するというもので、オペラント条件づけに基づいている。ＰＥＣＳはよくシステム化されていてルールがわかりやすいので、うまくいくことが多いという（バロン＝コーエン 2011, p.155）。

しかし、条件づけによる行動の制御は残酷に思えることがしばしばある。たとえば、心理学者ジョン・ワトソンが書いた『幼児と子どもの世話の心理学』（一九二八年）は世界初の科学的な育児書として話題を呼んだ。彼は、子どもを抱きしめたり愛撫して甘やかすと軟弱になって、泣き虫で無責任で依存心の強い人間のクズを作ることになる、と主張していた。泣いている子どもをあやすことは報酬を与えることになるので、泣く行動を強化してしまうだろう、と。こうした厳格さを念頭に置いていたのか、オルダス・ハクスリーのディストピア小説『すばらしい新世界』（一九三二年）の冒頭部分には、子どもたちにワトソン風の教育を施す場面が登場する。一九五〇年代に心理学者のハリー・ハーロウが育児における親の愛情を強調する学説を打ち出した背景には、軍隊の訓練やペットの躾を髣髴《ほうふつ》とさせるワトソン式の育児法への反発があったと言われる（ブラム 2014, 1章）。

非行少年や刑務所に収監された大人の犯罪者の更正には、「トークン・エコノミー法」が用いられてきた。これはオペラント条件づけの一種で、各人は好ましい行動群のいずれかを行えばトークン（代用貨幣）が与えられ、それらのトークンを後で食べ物やタバコ、テレビ鑑賞などといった必需品やぜいたく品と交換できるようにする。[20]

この手法の歴史は古く、一九世紀半ばに英国の犯罪者植民地ノーフォーク島で総督を務めたアレクサンダー・マコノチーは、勤勉な労働や協調的な態度によって点数を稼ぎ、罰は減点に置き換えるという点数制を導入したとされる（アイゼンク、アイゼンク 1986, p.272）。しかし、トークン・エコノミー法には行動を改善する効果が認められている一方で、残酷だと言われることも多い。[21] マコノチーのやり方にも賛否両論があったという。

行動療法の残酷さは精神医学への批判が高まった一九七〇年代によく議論された。きっかけの一つは一九七一年の映画『時計じかけのオレンジ』にあったという（篠木 2017）。主人公アレックスが暴力的な性格を矯正するために受けさせられたルドヴィゴ療法は、行動療法をモデルとしているとされ、この映画は、秩序を維持するためには犯罪者に非人道的な手段を用いることもいとわない管理社会に対する批判をモチーフとしていた。行動主義心理学は全体主義的な管理社会を支持する科学として問題視された。

もっとも、こうした行動主義批判がフェアなのかどうかは疑問もある。行動主義の学習理論でいう「制御」は行動が生起する頻度を変えること一般を意味するのであって、強烈な嫌悪刺激を用いて問題行動を罰することだけを指すわけではない。そもそも条件づけの理論の正否とそれを実社会でどう運用するのかは別次元の問題だ、と応じることもできるだろう。遺伝を重視するのであれ環境を重視するのであれ、使い方を誤れば邪道に堕ちるという点で違いはない。

3-3 社会的学習理論

行動主義が大衆レベルで批判の目を向けられるようになったのは一九七〇年代だが、心理学者の間では、一九五〇年代後半にはすでに人気に陰りが出ていた。通説によれば、この時期、観察可能な刺激と行動の関数関係を研究する行動主義に代わって、内的な媒介変数を考慮する認知的アプローチへの転換、いわゆる「認知革命」が生じた。[22]

学習心理学でも、厳格な行動主義と袂を分かって認知的なアプローチを受け入れる研究者が出てきた。社会的学習理論を支持する心理学者たちは、条件づけの学習様式に固執せず、モデルの観察を通じた模倣学習の役割を重視する。

たとえば、人助けのように親切な振舞いは、自分で試行錯誤して学ぶというより、周囲の人々の行動から学ぶのではないだろうか。それを示そうとする実験も行われた。たとえば、道路わきでタイヤがパンクして困っている人を助けている人を目撃した直後だと、同じように困っている人を見かけたときに助けようとする傾向が高まる（Bryan & Test 1967）。初対面の人とほんの一〇分ほど会話した後でその人が献血に応じるのを間近で目撃すると、自分も応じる可能性が高い（Rushton & Campbell 1977）。こうした実験結果は、利他行動がモデルの観察と模倣によって学習されうることを示唆する。

われわれが他人の行動から学ぶのは利他行動とは限らない。暴力のふるい方も他人から学ぶのかもしれない。アルバート・バンデューラは三歳から六歳の子どもを対象に攻撃行動に関する実験を行った。子どもたちはひとりずつ実験に参加し、まず短い映画を見る。ある群の子どもたちは、大人がボボ人形（風船のように膨らませた人形）に特徴的な攻撃行動をする映画を見る。対照群の子どもたちには、大人がふつうに遊んでいる映画を見せる。実験者は映画を見せた直後に、子どもをボボ人形とそのほかのおもちゃが置いてある部屋に連れていく。おもちゃで遊ぶように促して子どもを一人で残し、どのように行動するのかマジックミラーで観察する。結果、実験群の子どもたちは対照群の子どもたちよりも攻撃的に振舞った。この結果は、報酬なしに学習が生じることを示す。

バンデューラの社会的学習理論は、この種の実験に基づいて、子どものパーソナリティ形成においてモデルの行動の模倣が果たす役割を強調する。たとえば、幼児虐待を受けた子どもは、自分が親になったときに体罰や虐待を行う傾向があると言われるが、そうだとすれば、この現象は、子どもに規律を守らせるために暴力に訴える親の振舞いはその子どもによって模倣されると考えることで説明できる（メイザー 2008, p.288f）。

社会的学習理論は子どもにとっての模倣のモデルを親に限定していない。社会的学習理論からは、暴力シーンを含むテレビ番組やビデオゲームが攻撃行動を促進するだろうという予測も導かれる。この予測は激しい論争の的になってきた。たとえば、カタルシス理論という考え方がある。かつてアリストテレスは、悲劇は観客に害を与えることなく強い情動を解放する機会を与えると論じた（『詩学』1449b）。それと同じように、暴力シーンを含むテレビ番組やビデオゲームは視聴者が憂さを晴らすはけ口として機能するので、攻撃行動はむしろ抑制されるだろうと予測する人もいる。しかし、こうした現代のカタルシス理論は一部界隈で人気があるものの、心理学者の評価は芳しくない（アイゼンク、ナイアス 1982, pp.59–61）。

アメリカの心理学会では、暴力的なテレビ番組を見ることで子どもの攻撃行動の傾向が高まるという提言が出されている。アメリカでは一九九九年以降、新しく販売されるテレビにVチップが導入された。これにより、暴力、セックス、下品な言葉遣いなど、子どもに悪影響を与える可能性のある内容を含む番組にはレイティングが施され、親は子どもがその種の番組を視聴できなくすることが可能になった。

ただ、こうした動きに対しては、政策の方が科学を置いて先走りすぎているという見方もある。学会提言としては悪影響論に傾いているとしても、個々の学者では懐疑的な意見もあるからだ（橋元 2011, 3・2―3・3節）。メディアには影響力があるとしても、さほど大きな影響力ではないかもしれない。暴力的なメディアが悪影響を与えるとしても、それはもともと暴力的な性格をした子どもに限られるのかもしれないし、もともと暴力的な性格だからこそ暴力的な番組を好むのかもしれない。

因果関係の向きに関してまだ確かなことは言えないわけだが、[23] 暴力的なメディアが悪影響を与えるのはもともと暴力的な性格をした子どもに限られるという仮説は、遺伝と環境の影響を考える上で興味深い。なぜなら、この仮説はすべてが環境によって決まるという思想と緊張関係にあるからである。

もちろん、この仮説が正しかったとしても、社会的学習理論の模倣学習の考え方が全面的に退けられるわけではない。むしろ、それは遺伝と環境の両方がわれわれを形作る一つの仕方を示唆している。人間は、基本的に、他者の行動を観察することで学習する生き物なのだが、暴力的なメディアに感化されやすい人と感化されにくい人がいるというわけである。

同じような考え方は、条件づけの研究ではすでに確立している。条件づけは普遍的な学習メカニズムだが、条件づけが生じる時間は個体ごとに異なるという意味で、条件づけの効率には個体差がある。この事実は古くから知られており、パブロフは唾液の条件反射の実験に関連して、わずか五回の試行で唾液を分泌するようになるイヌもいれば一〇〇回かかるイヌもいると指摘している（アイゼンク 1986,

p.273)。こうした個体差が環境要因ではなく遺伝要因によると推測するのは自然である。

一九七〇年前後には、さまざまな形質の個体差に関して遺伝要因の重要性を示す研究が続々と登場した。小さな火種はやがて大きな論争につながっていく。

4 生得主義と遺伝仮説の復権

二〇世紀後半になると、環境の影響を重視するこれまでの思想と対立する考え方が台頭してきた。まず、種普遍的な形質の発達に関する生得主義である。心臓をはじめとするさまざまな臓器は受精卵から分化してくるが、その道筋はあらかじめ決まっていて環境からの影響をほとんど受け付けない。精神能力の中にも発達の道筋があらかじめ決まっているようなものがあるのかもしれない(4－1節)。形質の個体差における遺伝要因を強調する立場も復活してきた。とりわけ注目を集めたのはパーソナリティや知能の個体差にも遺伝が関係しているという行動遺伝学の研究で、これは激しい論争を巻き起こした(4－2節)。進化生物学では、種ではなく遺伝子こそが自然選択の単位であるという考え方と、生物の形質の大半は自然選択によってデザインされているとする適応主義が成功を収めはじめていたが(4－3節)、反対者との間で社会生物学論争と呼ばれる激しい論争が生じた(4－4節)。

4－1 条件づけにおける生得的な制約、初期学習

条件づけは普遍的な学習メカニズムだが、動物はどんな種類の随伴関係にでも等しく適合できるわけではない。随伴関係の中には適合しやすいものとしづらいものがある、ということに動物行動の研究者

たちは気がついた。

たとえば、味覚嫌悪学習(ガルシア効果)について考えよう。ラットははっきり区別のできる風味の水(たとえば、酸っぱい水)を飲んだ後で身体に変調をきたすと、その風味のある水を二度と口にしないようになる。飲み物に毒物が混入しておらず、身体の変調の本当の原因は水を口にしたあとでなされた嘔吐剤の注射だったとしても、この学習は成立する。味覚嫌悪学習は際立って強力で、ほぼ一回の試行で成立する。

味覚嫌悪学習は、体調を悪くさせる種類の食べ物を避けるための適応だと考えられる。というのも、二つの刺激を連合させる傾向は動物種によって違っており、その違いは自然環境の中で動物が食べ物を得る手段の違いと関係しているからである。たとえば、ラットははっきり区別できる色(たとえば、紺色)と不快感を連合させることはない。このことは、ラットが優れた味覚と嗅覚を持つ一方で、視覚は貧弱で、夜に食べ物を探す傾向にあることと関係している。これに対し、ウズラにある風味の水を飲ませた後で不快な気分にさせる場合と、ある色の水を飲ませた後で不快な気分にさせる場合で、その後の行動を比較すると、風味よりも色のついた水のほうが強力な連合が成立する。このことは、ウズラが昼間に餌をとり、食べ物の探索に優れた視覚を使用していることと関係している(メイザー 2008, p.103)。

さらに別の例として、コンラート・ローレンツによって有名になった刷り込みについて考えよう。孵化したばかりのハイイロガンの雛は、最初に見た大きくて動く物体の後を追うようになる。アヒルやニワトリの雛でも同じことが生じるという。刷り込みの効果はきわめて強力で、最初に見る物体がたまたまローレンツだった場合、雛はローレンツをずっと追いかけてしまう。おそらく、最初に見る物体は雛の母親である可能性が高いからであり、一種の適応だと考えられる。刷り込みの効果は半永久的で、消去するのは難しい。

もっとも、これらの事例は行動主義の学習理論を修正するものではあっても、否定するほどではない。味覚嫌悪学習は古典的条件づけの一種だとみなせるし、追従行動の学習についても、孵化した後の一定期間内にある特性をもった刺激は、行動を強化する報酬という身分を帯びるようになると考えれば、オペラント条件づけの一種として解釈できる。実際、つつき窓をつつくと刷り込みされた対象が近づいてくるようにすると、つつき行動を強化することができる（佐藤 1976, p.125）。上で挙げた二つの事例は、条件づけという生物種間で普遍的な学習メカニズムがまず基礎にあって、そこに種に特異的な制限がかけられている、という風に理解することができる。

しかし、生得的な制約こそが先に働いていて、経験は補助的な役割しか果たさないような発達過程をたどる形質もあると思われる。たとえば、視覚能力の獲得である。神経科学者のデイヴィド・ヒューベルとトーステン・ウィーゼルは、生後一～三週間の生まれたばかりの子猫の視覚皮質の細胞を調べて、成熟した猫の中で見つけられたものと似た方向検出器を見出した（Hubel & Wiesel 1963; メイザー 2008, p.31）。この発見は、ネコの視覚の神経回路が誕生時におおむね完成していることを示唆する。たしかに、実際に物を見る経験が正常な視覚能力の獲得にとって無用というわけではない。子猫のニューロンは、成熟したネコと比べると視覚刺激への反応が鈍い。また、生後すぐに暗闇の中で子猫を育てて数週間後に正常な環境に戻すようにすると、弱視になる。正常な視覚能力を獲得するには、「臨界期」ないし「感受期」と呼ばれる特定の時期に物を見る経験に曝されなければならない。それでも、視覚の神経回路はかなりの程度にわたって固定配線されている（hard-wired）。視覚経験は、最初から備わっている神経回路を維持しつつ、成長にしたがって必要となる微調整を施すためにのみ必要となる（Pinker 2002, p. 97［邦訳：上巻 p.192］）。

人間に限らずほとんどの動物は視覚能力をもつので、視覚能力の獲得に生得的な要因が働いていても何ら驚きではないと言う人もいるかもしれない。では、自然言語の獲得はどうか。言語の使用はおそらくヒト特有の能力だが、ここにも生得的な基盤が見出せるかもしれない。エリック・レネバーグは言語獲得に生物学的基盤があることを示唆する証拠をいくつも報告した（レネバーグ 1974, 4章）。

たとえば、成長する子どもの運動能力はおおむね決まった順序で発達していく。一八ヵ月頃には手の握りが十分に発達するが歩行はぎこちない。二四ヵ月頃には走れるようになるが急に曲がれない。三〇ヵ月頃には両足でジャンプできる。三歳頃にはつま先で三メートルくらい歩ける。レネバーグによれば、運動能力と同じように言語の発達経過も予定表に従って進む。一八ヵ月頃には三から五〇の語彙をもち、二四ヵ月頃には単語を自発的に組み合わせて二語句を作りはじめ、三〇ヵ月頃には三から五個の単語をつないだ発話をするようになり、三歳頃には一〇〇〇語程度の語彙をもつようになる、といった具合である。しかも、発達の予定表は育てられた環境の違いに大きく左右されない。

さらに、レネバーグは言語獲得にも臨界期があると推測した。その証拠として、幼児は脳の左半球に外傷を負って失語症になっても回復するのに大人だとそうはいかないこと、六ヵ月から二二歳にわたるダウン症の患者たちを三年にわたって観察したところ、その間に言語使用が進歩したのは一四歳以下の患者に限られ、思春期以後には発達が止まることなどを挙げた。

言語能力の生物学的基盤に関するレネバーグの研究は、言語獲得には経験によらない強力な生得的制約がある、という推測を支持するようにみえる。レネバーグの共同研究者だった言語学者ノーム・チョムスキーは、われわれは言語を獲得するための特別な装置（普遍文法）を有すると提案した。この提案は、われわれの心は生まれたときには白紙であるという経験主義と真っ向から対立する。言語獲得における経験の役割を重視する立場から、代替的な説明を与えることはできるだろうか。第3章で検討しよう。

4―2　知能研究が論争を引き起こす

一九五〇年に出された、人種差別に反対するユネスコの声明は大きな影響力をもち、以後、人間行動を説明する要因として人種に言及することはほとんど不可能になった。社会的・文化的な特徴や能力についての生物学的な説明はタブーとなり、それがどんなものでも人種差別的とされる風潮ができあがった。このため、生得性の研究者はしばしば迫害にあった。先ほど取り上げたヒューベルとウィーゼルも、彼らの歴史的な共同研究の成果を発表したときに、ある神経科学者からファシスト呼ばわりされたという（Pinker 2002, p.108［邦訳：上巻 p.209f］）。視覚研究ですらこのような扱いを受けるなら、知能のように高次の精神能力の発達に遺伝が寄与しているなどと主張した日には、研究者はどのような目に遭うのだろうか。

教育学者のアーサー・ジェンセンは、一九六九年の論文「われわれはIQと学業成績をどのくらい向上させられるのか」で、白人集団と黒人集団のあいだにみられる一標準偏差（一五ポイント）ぶんのIQ差に遺伝が寄与しているという仮説は不合理とは言い切れない、と主張した（ジェンセン 1978, 1章）。この論文は激しく批判された。[24] それには、この論文が発表された社会的文脈も関係している。3節で述べたように、一九六〇年代のアメリカでは公民権運動の盛り上がりを受けて、過去の差別を克服する手段として黒人や少数民族の雇用を積極的に推進するアファーマティブ・アクションや、三歳から四歳の貧しい子どもの就学を支援するヘッドスタートが実行された。ジェンセンの論文が発表されたのと同じ一九六九年には子ども向けの教育番組「セサミストリート」の放送がはじまっている。ところが、ジェンセンの論文は冒頭で「これまでなされてきた補償教育は明らかに失敗だった」と宣言した。彼の診断は差別のない平等な社会を実現しようという時代の趨勢に逆行しており、現状維持を暗に正当化する保守派の反動だと解釈された。

知能の発達に遺伝が絡むと指摘することは、黒人集団に言及していなくても人種差別を正当化しているとみなされた。一九七一年、心理学者リチャード・ハーンスタインは「IQ」と題する論文で次のように論じた。社会的地位は、家柄や相続財産によって決まる度合いが減るにつれて、才能や知能によって決まる度合いが高くなる。才能や知能の差異は部分的に遺伝し、知的な人は知的な人と結婚する傾向にあるので、機会の平等が強調される社会では従来よりも遺伝子に基づいて階層化されるだろう、と。この議論は、黒人の知能が遺伝的に低いとは述べていない。しかし、黒人は人口比からすると下層階級に偏っているため、ハーンスタインの議論は、黒人は彼らを下層階級にとどめるような遺伝子を授かっている、と解釈された。彼の講義は妨害され、人種差別の罪で指名手配されたポスターが大学構内に貼られた。[25] 動物の学習に関する講演すら妨害されたという。[26]

知能研究への風当たりは強かった。一九七一年のグリッグス対デューク・パワー社事件の最高裁判決で、雇用のために知能テストを用いるのは差別的であり、公民権法に違反しているとされた。一九七三年一〇月二八日の『ニューヨーク・タイムズ』紙には、アメリカ全域のさまざまな研究機関に属する一〇〇〇人を超える学者が署名した人種差別に反対する広告が載った。この広告は、ジェンセンらによる最近の研究は非科学的で社会に有害であり、人種差別的な研究者は学問の自由の名による保護を受ける資格がないと断罪した（セーゲルストローレ 2005, 1巻 p.54）。

ジェンセンらを強硬に批判した論客の一人に、エッセイストとして有名な生物学者スティーブン・ジェイ・グールドがいる。彼は『人間の測りまちがい』という著作を出版した（一九八一年）。知能研究の主流派による仕事を根底から否定したこの著作は、ベストセラーとなって多くの新聞・雑誌の書評で賞賛された。

もちろん、知能研究者たちは反発した。[27] グールドが取り上げた研究、たとえば、脳の大きさに関する研究が時代遅れであることは研究者ならみな知っているのに、古い時代の研究に基づいて現在の研究を批判するのはフェアでない。かつて天動説が主流だったことを理由に現在の天文学を批判するようなものではないか、と（Jensen 1982）。

一九九四年、ハーンスタインは社会学者チャールズ・マレーと共に『ベルカーブ』を出版した。八〇〇ページを超えるこの大著は、機会の平等がある程度実現したアメリカ社会は現に遺伝子に基づいて階層化されていると立証しようとする試みである。また、著者たちの持論である社会政策（アファーマティブ・アクションの廃止など）も打ち出している。『ベルカーブ』はアメリカで五〇万部以上も販売されたが、科学による人種差別として非難された。[28] 一部の知能研究者は一九九四年一二月一三日の『ウォール・ストリート・ジャーナル』紙に「知能に関する主流派科学」と題する声明文書を全面広告で出した。[29] そこで掲示された多くのテーゼが『ベルカーブ』と一致しているため、この文書はハーンスタインとマレーを支持するプロパガンダとみなされ、火に油を注いだ。

知能研究の専門家と一般人の間にある溝は容易に埋めがたい。ベルカーブ論争後も知能研究はメディアから厳しい眼を向けられており、ことあるごとに炎上している。それは無理からぬことなのかもしれないが、少なくとも、グールドの本から、知能研究が今ではごく一部の心理学者の中でカルト的に行われているかのように考えるのは間違っていると思う。一九八〇年代から『ネイチャー』や『サイエンス』など権威ある学術誌にＩＱに関する論文が掲載されるようになっているからである。

ちなみに、ジェンセンが批判したヘッドスタートだが、これは現在も続けられている。ヘッドスタートの評価は意見が分かれる（Nisbett 2009, p.125［邦訳 p.152］）。ヘッドスタートは少なくとも身体的健康に関しては成功を収めており、一般的な子どもと変わらないレベルにまで死亡率が減少した。他方で、知能の向上に関しては成功したとはいいがたく、プログラムが終了する五歳時点では五ポイント上昇するものの、小学校高学年までにこの上昇は失われてしまう。原因としては、プロジェクトの当初の目的が貧しい子どもの健康と福祉を向上させることにあって、認知的問題に特化した内容はわずかな時間しか教えられていなかったこと、そして、予算の制約から質の高い幼児教育を提供できていなかったことなどが指摘されている。とはいえ、ヘッドスタートは数ある補償教育の一つでしかなく、ほかにもさまざまな就学前教育のプロジェクトがある。[30]

4-3 群選択説が批判される

戦後社会では環境の影響を重視する思想がアカデミズムで普及したが、それでも、人間にも動物のように残虐な側面があるという議論もあった。ローレンツは、動物が攻撃本能を生得的に持っていることを示し、人間にもそういう本能があること、そして、動物は攻撃本能に歯止めがかかるようにできているが、人間は歯止めがきかないと主張した。ローレンツのエッセイは一般読者に好意的に迎えられたものの、学者の中には、ローレンツ自身が元ナチス党員だった過去をもつことから、生得的な本能を強調する彼の議論に警戒心を抱く人もいた。

ただ、ここで興味深いのは、ローレンツを批判したのは環境主義者だけではなかったことである。ローレンツの議論は群選択（group selection）という誤った進化理論に基づいている、という批判が新しい世代の進化生物学者から噴き出した。

群選択の進化理論によれば、自然界では異なる形質をもつさまざまな種が生存競争をしており、環境により適した種が生き残る。よって、個々の動物は種の利益を優先するように行動するように作られる。そうでない種は自然選択のはたらきによって取り除かれるだろう。一見したところ、この考えはダーウィンに忠実である。

ローレンツによれば、動物の行動の機能は種の保存にある。したがって、動物には攻撃本能があるとしても、動物の戦いはあくまで「グローブをはめたこぶし」による抑制の効いた形式的なものである。たとえば、エンゼルフィッシュなどの熱帯魚は強い攻撃本能を持つが、それは自分のなわばりを可能な限り広げるためではなく、互いに攻撃的であることによって空間的に均一にちらばり、希少な資源を均等に割り当てるためである。一見他者を攻撃しているようでいて、じつは種の保存に寄与している、と。

しかし、動物の攻撃行動が抑制の効いたものになっていることは、もっとシンプルに説明できる。動物があらゆる機会をとらえて同種のライバルを殺すことに全力を尽くさないのは、徹底したケンカ好きには利益と同時に損失の危険もあるからだ。この路線で考えるなら、種の保存の出番はない。

実は、この例でたまたま出番がないのではなく、種という単位に対して自然選択が働くと考える群選択の理論には理論的な難点がある（長谷川・長谷川 2000，4章）。そもそも種という単位は曖昧である。種とは、互いに交配可能でその子孫が繁殖可能な個体の集団のことだとすると、種は地理的に広範囲に分布しうる。一生出会わないような同種の個体がたくさんいるなかで、種の保存のためにそれぞれの個体は何ができるだろうか。せいぜい自分が属する集団のためにしか行動できない。しかし、すべての種が群れをつくるわけではないし、群れをつくるとしても、そこに属する個体がみな利他的に振舞うとは限らない。利他的に振舞う個体の群れの中に利己的に振舞う個体が移住してきたら、利己的な個体は世代を追うごとに増えて群れを乗っ取ってしまうだろう。群れが地理的に隔離されていたとしても、利己的に振舞う個体が突然変異で出現したら、群れは内側から転覆してしまうだろう。もちろん、このような事態が生じたとしても、個体が生き残る限り結果的に種は存続するが、個体は自分のために行動しているのであって、もはや種の保存のために行動しているわけではない。

種の保存という機能を想定したくなるのは、いくつかの動物が示す極端な利他性が強い印象を与えるからかもしれない。極端な利他性の事例としては、アリやハチなどの社会性昆虫における不妊ワーカーの存在が挙げられる。「利他的」とは、自分を犠牲にして別の個体の生存機会を増すようにすることである。労働はするが繁殖はできない、そんな哀れな個体が進化してきたというのは驚きである。あまりにも不思議なので、不妊のアリ個体は不利な立場に置かれるけれども、それでも、不妊の働きアリを含む集団はそうでない集団に比べて優位に立つことができるから、不妊ワーカーの存在が進化してきたのだ、と考えたくなるかもしれない。しかし、群選択に関する先ほどの考察は、この考えがそのままでは成り立たないことを示している。

ダーウィンは不妊ワーカーの問題を畜産業とのアナロジーによって解決しようとしていた（ダーウィン 1990, p.307）。オスの牛の多くは去勢され、繁殖できない。だが、彼らは繁殖することが許される少数の牛と血縁関係にある。そのために、彼らはみなおいしい肉をつける遺伝子を共有している。去勢されるオスの牛は繁殖できないとしても、おいしい肉をつける遺伝子は別の個体のオス牛を通して複製を作ることができる。人間は牛を一方的に利用しているわけではなく、おいしい肉をつける遺伝子の増殖を助けてもいる（だからといって牛が人間に飼われるのを喜んでいることにはならない！）。このアナロジーは現代の議論を先取りしている（オルコック 2004, p.16）。

「現代のダーウィン」と呼ばれる進化生物学者ウィリアム・ドナルド・ハミルトンは、人々を悩ませていた不妊ワーカーの問題に血縁選択説で答えた（一九六四年）。大筋では次のような議論である（森本・田中 2016, 3・2節）。ハミルトンは、利他行動をとる個体ではなく、利他行動の基礎にある（と想定される）遺伝子へと視点を移した。利他行動は、定義により、自分の生存・繁殖の機会を犠牲にする有害な行動である。だが、利他行動は「同じ遺伝子をもつ可能性」のある他者の生存・繁殖を援助することにつながるとすれば、利他行動の基礎にある遺伝子は世代を経るごとに集団中に普及していく可能性がある。

「同じ遺伝子をもつ可能性」は、血縁度によって測られる。二つの個体間の血縁度は、共通の祖先から受け継いだ遺伝子を共有する確率である。ヒトのように染色体を二本ずつのペアでもつ場合、染色体の一方は父親に、もう一方は母親に由来するため、ある染色体に位置する遺伝子が子に伝わる確率は五〇パーセントである。よって、親子間の血縁度は〇・五である。兄弟姉妹間では、ある遺伝子を共に親から受け継ぐ確率は 0.5 × 0.5 = 0.25 であり、二倍体の生物なら親は二人いるので、血縁度は〇・五となる。家系図を描けば、同じ要領でいとこ間の血縁度なども求められる。ちなみに、一卵性双生児どうしの血縁度は一である。

利他行動は自分を犠牲にする一方で、同じ遺伝子をもつ可能性のある他者の生存と繁殖の可能性を高める。援助する相手が自分と同じ遺伝子をもつ可能性が高い、つまり血縁度の高い個体であればあるほど、援助される他者の利益は自己犠牲のコストを上回ることになる。つまり、遺伝子の視点からすると利他行動は割に合うはずである。このようにして利他行動が血縁者間で進化してくることを「血縁選択」という。

ハミルトンは血縁選択説を不妊ワーカーの問題に応用するにあたって、アリやミツバチが属する膜翅目の独特な性決定の機構に注目した。オスは半数体で、未受精卵から生まれる（つまり、オスには父親がいない）。メスは二倍体で、母親の卵と父親の精子から一組ずつ渡された二組の遺伝子を持つ。この遺伝様式のもとでは、姉妹同士は母方由来の遺伝子を五〇パーセントの確率で、父方由来の遺伝子は一〇〇パーセントの確率で共有するので、平均すると七五パーセントの遺伝子を共有する。すると、驚くべきことに、この種の生物では姉妹間の血縁度はふつうの姉妹間よりも、それどころか親子間の血縁度よりも高い〇・七五になる。膜翅目においてなぜこのような生殖システムが進化してきたのかはわかっていないが、ともかくこの独特な性決定機構は不妊ワーカーが進化しやすいことを説明するように見える（四分の三仮説）。[31] 効率よく妹をつくらせる遺伝子は、直接子どもをつくらせる遺伝子よりも早く増殖していくだろう。不妊ワーカーは妹を生産させるために女王を養っているかのようだ。

種の保存のためという議論が崩壊し、遺伝子の視点が導入されたことで、動物学者たちは以前なら考えつかなかった可能性に気付くようになった。膜翅目の不妊ワーカーがふたたび良い例となる。実は、ワーカーにとって妹の血縁度は高いが、弟の血縁度は〇・二五と小さい。ということは、ワーカーは女王にオスとメスの子どもを同数生んでもらっては困るだろう。ワーカーは自分たちの遺伝子の増殖を最大化するために、妹を増やす方向に性比を偏らせる努力をするように進化するのではないか。ある進化生物学者は、もしワーカーがコロニーを牛耳っているならば妹と弟に対するワーカーの資源投資量は異なるはずであり、その投資比率は理論上最適である3：1となる、と予想した。そして、この予想をテストするために、性比を個体の重量で重みづけして比較したところ、予想される比率にかなり適合する結果が多くの種で得られたという。

実際には、これは話を単純化していて、予想と一致しない種もある。だが、予想と一致しない原因はある程度見当がついている。たとえば、若い女王が結婚旅行をする際に複数のオスと交尾するためにワーカー姉妹の血縁度が小さくなるといった、事態をより複雑にする要因が働いているのかもしれない。[32]詳細はともかく、以上の説明は基本的には正しい方向を向いていると考えられる。膜翅目の昆虫において妹弟への投資比率はおそらく最適になるようデザインされている。

妹弟への投資比率などという細やかな部分にまで自然選択の手が及んでいるというのはにわかに信じがたい。しかし、動物というものは一般に、コストとベネフィットが最適な行動をとるようにデザインされているようなのである。それをよく示している例を見てみよう。

トンボやハエのオスは、精子をメスに渡してしまった後もしばらくメスに付きまとうことがしばしば観察される。こうした行動をする種類の昆虫では、最初に交尾したオスよりも、後に交尾したオスの方がずっと多くの卵を受精させられるらしい。そこで、この行動の機能はメスが他のオスから精子をもらわないよう防衛することにある、と推測できる。しかし、防衛行動はオスにとってコストでもある。交尾した後に次のパートナーを探すのに出かける時間を犠牲にすることになるからだ。そうすると、昆虫のオスが合理的ならば、最適量の精子をメスに渡すことができるギリギリの時間を交尾と防衛に費やして、その後はすぐに次のメスを見つけるのに出かけるだろう。

昆虫はどうやってこの制約問題を解決したのか。次のように考えられる。いつまでもメスに付きまとわせる遺伝子は、交尾や防衛により適切な時間配分を行う傾向にある遺伝子との競争に負けて、遅かれ早かれ消滅してしまうだろう。何らかの形で時間配分を行わせる遺伝子同士でも、同じような競争が行われる。何世代にもわたってこうした競争が続くことで、やがて最適に近い時間配分が達成されると予想される。この予想は実際にテストされており、観察された昆虫の振舞いは、生物学者がはじき出した理論上の最適値とかなり近いところにあることが確かめられている。[33]

生物の形質の多くが自然選択によってデザインされているという考え方を適応主義という。一般に、進化生物学者は適応主義を支持している。生物はおのおのの環境において生存・繁殖するために解決しなければならない課題（適応課題）を抱えているが、どの生物も理論上の最適解に近い形で適応課題を解決していると思われるからである。進化生物学者たちはこれまでに最適なデザインの例を大量に観察しており、これからも最適なデザインを観察しつづけるであろうと期待している。適応課題に対する最適な解決をもたらしてくれるような進化の原動力は自然選択をおいて他にない。もしそうだとすれば、生物の形質の多くが自然選択によってデザインされたのだろうと期待するのは理に適っている。

4−4　社会生物学論争

進化生物学の新たな世代によるアイデアは波紋を呼んだ。一九七五年、アメリカの動物行動学者エドワード・オズボーン・ウィルソンは動物の行動に関する過去三〇年の研究をまとめた著作『社会生物学』を出版した。ウィルソンは社会性昆虫の専門家だが、日本語訳で全五巻におよぶこの本で、彼は、コミュニケーションや利他行動、攻撃、性行動、子育てに関する進化理論の原則を概説し、それが昆虫や魚、鳥などの社会性動物へと広範に適用できることを示そうとした。専門書であるにもかかわらず、ウィルソンの本は大きな注目を集めた。「社会生物学」というタイトルが優生学を連想させたうえ、[34]最終章でヒトに関する適応主義的な考察を展開していたからである。

一九七六年には、英国のリチャード・ドーキンスが『利己的な遺伝子』を出版した。ドーキンスはこの本で、ローレンツをはじめとする動物行動学者たちが支持していた群選択の進化理論を徹底的に批判し、遺伝子を自然選択の単位にすえる研究の有用性を説いた。『利己的な遺伝子』はウィルソンの『社会生物学』と違って、人間についてはほとんど触れていない。それでも、遺伝子を競争の激しい世界でサバイバルに打ち込んでいる「シカゴのギャング」になぞらえたドーキンスの本は、刺激的なタイトルの効果もあって、遺伝子という存在が非情かつ身勝手な独自の意志をもっていて個体を意のままに操っている、という不気味な世界観を提示していると受け止められた。[35]

一見すると、「利己的な遺伝子」という表現は無意味に思われる。私の手の指が利己的でも利他的でもないのと同じように、私の遺伝子は利己的でも利他的でもないからだ。したがって、「利己的な遺伝子」は比喩表現だと考えねばならない。遺伝子は自己複製する物体だが、遺伝子ごとに複製の効率が違うため、より多く増えていく遺伝子こそが生き残ってきた。何万年、何億年という長い時間が経っても存続している遺伝子は、他の遺伝子よりも多く受け継がれてきたものであるに違いない。「利己的な遺伝子」という言い回しは、遺伝子の複製の効率のよさを表している（長谷川・長谷川 2000, p.71）。

このような進化生物学の「利己的」の用語法を理解したうえで、これを悪い比喩として好まない倫理学者もいる（Blackburn 2003, p.37*f*）。彼らは進化生物学者の「利己的」という表現が一般読者をミスリードする危険性に神経を尖らせている。「利己的な遺伝子」という言い回しは、生物学的本性からしてわれわれは冷酷にできていて、他人のためを思って慈善事業に打ち込んでいる人であっても、他人のためにという気持ちはまやかしかもしれない、と言っているような印象を与える。ドーキンスでさえ筆をすべらせて、「われわれが利己的に生まれついている以上、われわれは寛大さと利他主義を教えることを試みようではないか」と書いているではないか、と（ドーキンス 2006, p.4、傍点引用者）。

弘法も筆を誤る。ドーキンスは後でこの箇所の誤りを認めている（ドーキンス 2006, p. iv）。実際には、「利己的な遺伝子」という表現はこの世界に利他性が存在しないということを意味しない。先ほどまでわれわれは動物の利己的な行動と利他的な行動に関する進化生物学の議論を追っていた。遺伝子は自分の複製を残せなければ存続できないにもかかわらず、どういうわけか、動物の世界には利他的な行動が広くみられる。この謎を解くことが『利己的な遺伝子』のテーマである。[36] 利他性の存在を否定することが目標ではない。

「利己的な遺伝子」という表現は多くの倫理学者に不評だったが、[37] 一般読者には遺伝子が独自の意志を持っていて生物に指令を出しているというアイデアが強烈なインパクトを与えた。『タイム』誌一九七七年八月号は、操り人形のように何本もの糸に操られて凍り付いたように抱き合う一組の男女の写真を表紙にすえて、社会生物学の特集記事を掲載した（フィッシャー 1983, p.133）。たしかに、ドーキンスの本の中にはそのように解釈したくなる文言がある。

> いまや彼ら［遺伝子］は、外界から遮断された巨大なぶざまなロボットの中に巨大な集団となって群がり、曲がりくねった間接的な道を通じて外界と連絡をとり、リモート・コントロールによって外界を操っている。彼らはあなたの中にも私のなかにもいる。彼らはわれわれを、体と心をうみだした。そして彼らの維持ということこそ、われわれの存在の最終的論拠なのだ。彼らはかの自己複製子として長い道のりを歩んできた。いまや彼らは遺伝子という名で呼ばれており、われわれは彼

らの生存機械なのである。（ドーキンス 2006, p.28）

遺伝子がわれわれをリモート・コントロールするとはどういうことか。進化生物学者はしばしば遺伝子を、行動パターンを制御するプログラムになぞらえられる。先ほど紹介した交尾時間の研究を例にとるなら、ハエには交尾時間を決めるプログラム、たとえば、「メスを見つけたら x 分間交尾せよ。x 分経ったら y 分間防衛して、それから次のメスを探せ」といったプログラムが埋め込まれている、と想像できる。

人間の行動ですらこんなに単純なプログラムの詰め合わせによって説明されるというのなら、たしかに、われわれは単なる操り人形ということになるだろう。とはいえ、すべてのコンピュータ・プログラムがそんなに簡単なわけではない。複雑なプログラムは、プログラマー本人ですら個別の状況においてそれがどんな風に動作するのか予測できない。そのため、さまざまな事態に対処できるよう著しく複雑な条件分岐が組みこまれているプログラムは、単なる操り人形ではない。よく知られているように、チェスや将棋の優れたプログラムにはプロの棋士ですら及ばない。

「ロボット」という言葉で、不格好で鈍重な機械をイメージする人もいる。しかし、きまりきった単純作業を担う産業用ロボットのような機械だけがロボットなのではない。ドラえもんは「猫型ロボット」と呼ばれるが、彼が操り人形だとはふつう思わない。ドーキンスは、「ロボット」という言葉で頑固で融通のきかない愚か者を連想するのではなく、学習し、思考し、創造する能力をもった機械も「ロボット」に含めるようにと注釈している（ドーキンス 2006, p.422）。

遺伝子をプログラムになぞらえたことは多くの人にとって驚きだったが、社会生物学者が想定したプログラムの「内容」も顰蹙《ひんしゅく》を買った。たとえば、人間にはよそ者を嫌う傾向があるとか、男は一夫多妻に、女は一夫一妻に向かう傾向がある、などと言われる。あくまでも「傾向がある」ということであって、よそ者を嫌わずにはいられないとか、男は浮気せずにはいられないというわけではない。それでも、こういう考え方には人を不安にさせるところがある。よそ者を嫌うのは、遺伝子にプログラムされたからなどではなく、むしろよそ者を差別する教育を受けたからではないのか。配偶者選択の戦略の性差は男女で育てられ方が違うからではないのか。

もちろん、そういう面もあるだろう。しかし、よそ者嫌いとか配偶者選択の戦略の性差に生物学的基盤があってもおかしくはない。たとえば、よそ者に嫌悪感をもつのは病気を運んでくる可能性があったからかもしれない。実際、自分が病弱だと考えている人ほど外国人恐怖を示しやすいと言われる。同じような現象は妊娠中の女性にもみられる。妊娠初期に母体が病気になると胎児への危険が大きくなるので、女性は食べ物をえり好みするようになり、吐き気やむかつきを感じるようになる。そして、外国人恐怖症も示しがちになるのだという（ケンリック 2014, pp.79–82）。

このシナリオは多分に推測を含んでいるが、仮に正しかったとしても、よそ者を差別するべきだとか、よそ者の差別は許容される、と結論してはならない。たとえば、川でおぼれている人を見かけたとして、その人がよそ者だからというだけの理由で見殺しにするのはどう考えても間違っている。「自然の傾向」なら何でも道徳的によしとされるわけではない（1－2節を参照）。

配偶者選択の戦略の性差についてはどうか。仮に配偶者選択の戦略に性差があったとしても、そこに生物学的基盤があるというのはよそ者差別の場合ほど明らかではない。男は浮気がちで、女は内気だというのはどうしようもなく古臭いステレオタイプではないかと疑う人もいるかもしれない。

配偶者選択の戦略に関する性差には生物学的基盤があるという主張の背景には、「親の投資」に関する進化生物学の理論がある。一部に例外はあるが、多くの種でメスは繁殖行為においてオスよりも高い投資を行っている。精子に比べて大きい卵子は作るためのコストが大きいし、妊娠や授乳などにもコストがかかる。雌雄間で投資コストが非対称であることは、配偶者を選ぶ戦略の違いを生じさせる。オスは子育てを配偶者におしつけて、新たな繁殖機会を探しに出かけようとするのに対して、メスは自分や子どもに資源の一部を投資してくれる気前のよいオスを見定めるために配偶者を慎重に選ぶ。血も涙もない話だが、配偶者関係にあるオスとメスの間にはふつう血縁関係がないので、オスの利益とメスの利益の間にはたしかに対立がありうる。

このストーリーは人間の男女にもあてはまるだろうか。人間の男性は女性よりも乱交（隙あらば複数の異性と交尾に及ぶこと）の傾向があるとか、一夫多妻の社会は広くみられるのに一妻多夫はほとんどみられない、といった観察は、そう考える証拠になるかもしれない。とはいえ、人間の性行動は特殊であり、たとえば、他の動物と違って人間の女性の場合、排卵は隠されていて、妊娠可能性を示すサインを出さない。人間には特定の繁殖期というものがないとすると、人間の男女の性的関係には繁殖以上の機能があってもおかしくない。

社会生物学が魅力的な研究プログラムだとしても、人間固有の事情を考慮せずに動物に関する理論を安直に人間にあてはめるのは慎むべきだ、という点にはたいていの人が同意する。一夫一妻の社会もあれば、一夫多妻の社会もあるし、一妻多夫の社会すらある。先進国では出生率が低下して、独身主義もある程度認められつつある。婚姻形態ですらこれだけ多様なら、文化によって人間の行動や習慣はいくらでも変わりうるのではないか。われわれは、地域・文化によって異なる言語を使い、異なるファッションを楽しみ、異なる芸術の好みを持っている。人間の行動の多くは新奇にして多様であり、適応主義的説明を単純には適用できそうもない。

　こうした批判に対して、社会生物学者、あるいはその後継ともいうべき進化心理学者たちは、適応主義的説明を適用するのに行動の一挙手一投足が自らの繁殖という目標に向けられている必要はない、と応じてきた。彼らは、個々の行動ではなく、行動を生み出す心理メカニズムに対して適応主義的説明を探求する。人間がもつ心理メカニズムは柔軟であり、生まれ育った環境や文化に応じて異なった現れ方をする。しかし、どれほど見た目の振舞いが多様であろうと根っこにある心理メカニズムは人類共通で、どの自然言語を母語として獲得するにしてもわれわれは同じアルゴリズムを使用し、異性を評価するときにもそれぞれの文化の価値観による影響を受けつつも同じアルゴリズムによってそうする。それらの心理メカニズムは、究極的には、複雑な社会環境の中で生存し繁殖するという目的のために選択されてきた、と。

　社会生物学と進化心理学の前提には適応主義がある。たしかに、先ほど紹介した昆虫の行動の研究などは印象的だった。しかし、多くの形質が自然選択によって最適に近いところまでデザインされているという考えを受け入れるべきなのだろうか。

　よくある異論は、生物学的な機能を何も果たしていない形質だってあるのではないかというものである（cf. Gould & Lewontin 1979）。たとえば、硬い骨をもつことは有益だろうが、白い骨をもつことに有益な機能があるとは思えない。どういう色をしていてもよかったはずである。また、男性の乳首に特別の機能があるとも思えない。男性は赤ん坊に授乳しないからである。たぶん、男性に乳首があったからといって生存に不利にならなかったので、男女で身体を作り替えるには至らなかったのだろう。[38]

　生物に何の利益ももたらしていない無用な形質はその気になればいくらでも数えられるだろうから、

なんでもかんでも自然選択によるデザインの産物だと考えるわけにはいかない。ただ、こういう指摘はちょっと言いがかりに近いところがある。適応主義者は、形質の中でもとくに複雑で適応的な形質の大半が自然選択によるデザインの産物である、という可能性に賭けているのであろう。

適応主義には、何の機能ももたない形質だってあるではないかという異論とは逆に、複雑な人間心理が自然選択の産物であるはずがない、という異論もある。生物学的な考察が人間に対しては首から下までしか適用できないというのは言い過ぎだとしても、せいぜい「古い脳」までしか適用できないのかもしれない。実際、いまのところ進化心理学の提言のほとんどは、恐怖や性愛、攻撃などの動機に関するもので、それらは皮質下領域の神経回路と関わっている。そもそも、ごく最近になって登場した芸術や自然科学が、長い年月をかけて作用する自然選択と何の関係があるのか。すべての人間がクラシック音楽をたしなむわけではないし、微分方程式を解くために頭を使うわけではない。現生人類が進化してきた数万年前の世界にそんなものは影も形もなかった。したがって、生存と繁殖に実際的な利益をもたらさない高次の精神能力の進化を自然選択によって説明できると考える理由はない。このような異論がありうる。

適応主義に懐疑的になっても、ヒトが進化してきたということまで疑う必要はない。ダーウィンは、高次の精神能力が、われわれの祖先が生存と繁殖にあたって解決しなければならなかった実践的問題に対処するのに役立つ、より低次の能力にただ乗りしていると考えていた（ソーバー 2009, p.165）。数万年前の人類と現在の人類は、同じ種に属するからには基本的に同じ精神能力をもっている。狩猟採集民の子どもを現代社会の中で育てればコンピュータを使いこなすようになるだろうし、現代日本で生まれた子どもを狩猟採集社会で育てれば、現地の動植物の生態に詳しく、祖先の伝承に耳を傾ける大人に成長するだろう。つまり、人類には環境に応じてさまざまな特殊な能力を獲得する柔軟な学習能力が普遍的に備わっている。その柔軟な学習能力こそが自然選択によって進化してきたのであり、クラシック音楽をたしなむ能力や微分方程式を解く能力は、こうした柔軟な学習能力にただ乗りする形で派生してきたのだろう。

ダーウィンの提案は、人間がほかの動物と根本的に異なる存在ではない、と考えることを可能にしてくれる。しかし、彼の提案が正しい方向を向いているとしても、一体どこまでが自然選択の産物で、どこからが自然選択の産物にただ乗りしただけの副産物なのか、という疑問は残る。自然選択によってもたらされた人間の本性はわれわれの文化・慣習に対して大ざっぱな制約しか与えないと考える人は、多くのものが副産物だと主張する傾向にある。これに対して、適応主義に肩入れする進化心理学者はそういう傾向を「社会科学の標準モデル」と呼んで軽蔑している（Pinker 1994, chap. 13）。彼らによれば、自然選択によって生じた人間の本性はわれわれの文化的生活にも実質的な制約を課しており、人間の文化・慣習の目を見張るような多様性の裏には普遍性が隠れていると信じている。この対立は単純な二者択一ではなく、領域ごとに答えは変わってくるに違いない。第3章の後半で、言語の起源に関して、自然選択説にどのくらい見込みがあるのかという問題を取り上げる。

5　経験主義への福音——ニューラルネットの研究

遺伝仮説と生得主義は批判を受けながらもアカデミズムの内外で多くの支持を集めつつある。4–1節で、ヒトは言語獲得に特化した器官をもつ、というチョムスキーの見解を紹介したが、より最近の認知科学では、言語以外の能力に関しても、それぞれの領域に特化した獲得器官があるという考え方が台頭してきた。算術や音楽、さらには道徳といったさまざまな領域に特化した獲得器官があるのではないか、とさえ言われている。

生得主義者によれば、領域ごとに特化した多様な獲得器官があると推測するのは、動物の種ごとに多様な感覚器官があると推測することの延長にある（ブックス 2012, pp.40–43）。たとえば、クサリヘビには赤外線の放射を感じる器官があるが、ヒトにはそういう器官がない。それと同じように、ヒトにあってクサリヘビにはない器官があってもいい。言語獲得器官はその一例である。経験主義に傾いた従来の学習理論は特定の課題を解決するのに特化した認知メカニズムがあるとは考えず、汎用の学習プロセスが脳内にあると仮定してきた。生得主義者に言わせれば、それは見ることも聞くこともできる汎用の感覚器官があるというような不合理な話である。

しかし、生得主義が幅を利かせていられるのは、単に心理学の学習理論が未熟だからではないか、という見方もある（cf. Putnam 1967）。さまざまな獲得器官があると推測する生得主義者は、貧弱な学習メカニズムしか念頭に置いていない。たしかに、心理学者が従来想定していた学習メカニズムは、行動主義的な連合学習や模倣など、汎用の学習メカニズムとしては貧弱だった。しかし、二〇世紀の終盤に、脳は統計的パターンの抽出に長けた汎用の学習機械であり、経験からさまざまなことを学ぶことができる機械である、という考え方に真実味を与える福音が経験主義者のもとにおりてきた。ニューラルネットの研究である。

5－1　ニューラルネット

人間の大脳皮質は、一四〇億ものニューロン（神経細胞）で構成される巨大なネットワークである。ニューロンは脳における情報処理の最小単位で、活動電位と呼ばれる電気信号によって情報を交換する。ニューロンは樹状突起を通して他のニューロンから電気信号を受け取る。受け取る信号の強さが閾値を越えると、軸索を通して他のニューロンに電気信号を伝える。ニューロン同士にはシナプスという小さな隙間があり、ここでは電気信号ではなく化学物質を用いた伝達が行われる。ニューロンが活動電位を発生させる閾値やシナプスの結合強度が変わると、次のニューロンへの信号の伝わりやすさも変わる。

ニューロンの振舞いは次のようにモデル化される。樹状突起から与えられる n 個の入力信号を x_1, …, x_n、シナプスの結合強度を w_1, …, w_n、閾値を θ、次のニューロンへの出力信号 y を返す関数（活性化関数）を f とすると、

$$y = f(w_1x_1 + w_2x_2 + \dots w_nx_n - \theta)$$

と書ける（図1－1も参照）。

ニューラルネットはこうした人工ニューロンをノード、ニューロン間をつなぐ軸索をエッジとする有向グラフである。ニューラルネットはニューロンの組み合わせ方によって無数のバリエーションがありうるが、ニューロンの結合方式の違いによって大きく二つに分類される。すなわち、入力信号が特定の方向にしか伝わらない階層型のニューラルネットと、信号がネットワークの中を循環したり逆方向に伝わったりする相互結合型のニューラルネットの二種類である。

ここでは比較的わかりやすい例として、画像認識（画像の分類）に使われる階層型ネットワークの多層パーセプトロンを紹介しよう。多層パーセプトロンは「層」と呼ばれる縦方向に並んだノードの集まりをもつ。図1－2の多層パーセプトロンは入力層と中間層（隠れ層）と出力層の三層から構成されており、左の入力層から送られた信号が右に送られ、中間層での処理を経て出力層から出力を得る。入力層は網膜に相当し、入力層のノードは画像の各画素の輝度値を出力する、とイメージしておくとよい。出力層の各ノードは、ネットワークに識別させたい個々のカテゴリーに対応する。たとえば、手書き文字の画像データを入力して0～9の数字を識別させたければ、出力層には一〇個のノードを用いるのが

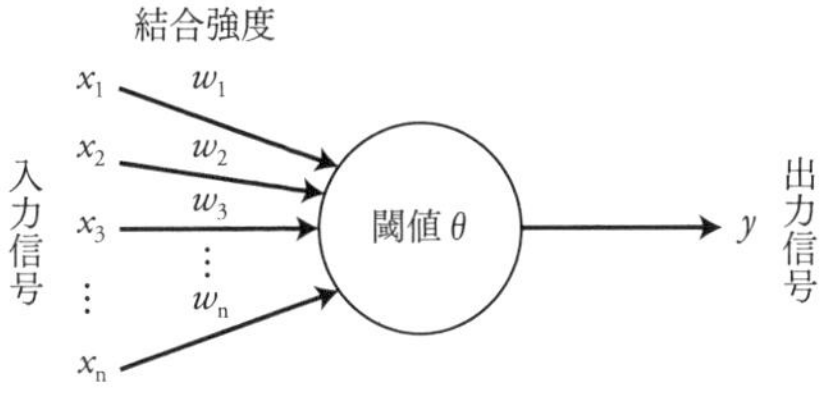

図 1-1　人工ニューロン

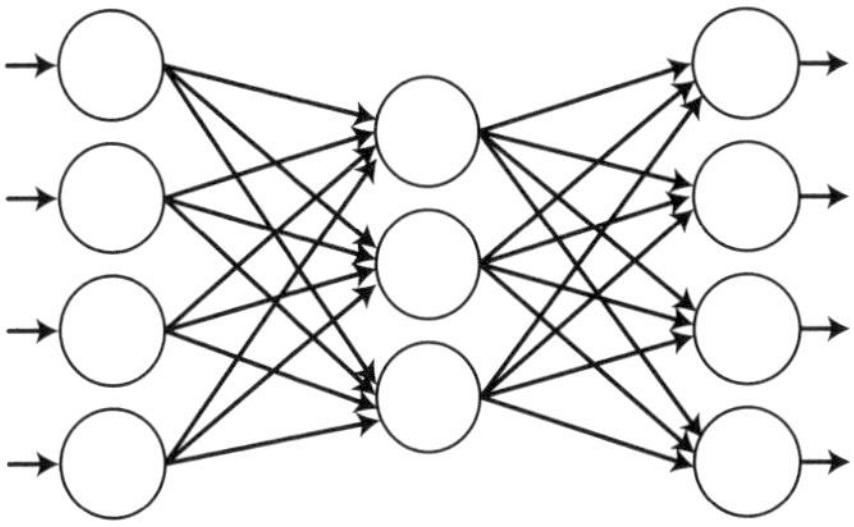

図 1-2　階層型のニューラルネット（多層パーセプトロン）

よいだろう。中間層のノードの個数は特に決まっていないので、設計者が自由に定めてよい。

多層パーセプトロンの一つ一つのノードの振舞いは、先ほどの人工ニューロンと同じである。多層パーセプトロンは画像データを数値ベクトルとして受け取り、膨大な計算の末に数値ベクトルを返す大きな関数（回帰モデル）で、

$$\boldsymbol{y} = g(\boldsymbol{x}; \boldsymbol{w})$$

と簡潔に書ける（大塚 2020）。$\boldsymbol{x}$はネットワークに入力される数値ベクトル、$\boldsymbol{y}$は出力される数値ベクトルである。セミコロンの後の$\boldsymbol{w}$は、すべてのシナプスの結合強度と閾値からなるパラメータを表している。

たとえば、手書き数字の画像認識に用いられるMNIST（エムニスト）というデータセットは二八×二八ピクセルの画像から成っているので、ネットワークは七八四次元の数値ベクトルが入力信号として受け取って、計算の末に一〇次元の数値ベクトルを出力信号として出すことになる。解像度の高い画像データなら、入力信号の次元数はもっと大きくなる。

多層パーセプトロンがどういうものかはこれでよいとして、多層パーセプトロンに画像データを入力しただけで期待通りの結果が得られるとは限らない。最初の段階ではノード間の結合強度や閾値などのパラメータは乱数によってデタラメに決められるからである（これは生まれたばかりの赤ん坊の脳状態に相当する）。よって、最初の段階ではまともな結果をまず得られないので、パラメータを適切に調節しなければならない。

しかし、パラメータの調節は簡単ではない。これがたとえば、単純な線形回帰モデルなら、最小二乗法を用いて各係数（パラメータ）の最尤推定量を解析的に（つまり、式変形だけを用いて）求めることもできる。しかし、多層パーセプトロンのように非線形の複雑な回帰モデルの場合、最適なパラメータの値をいきなり求めることはできない。ではどうするかというと、ネットワークにデータを入力したときに望ましい出力をしてくれるように、パラメータの値を少しずつ調節させる。これをネットワークの「訓練」という。たとえば、0〜9の手書き文字の認識をさせたければ、入力が0の画像のときにネットワークに期待される振舞いは、一番上のノードが1を出力し、他のノードが0を出力することであり、入力が1の画像のときに期待される振舞いは、二番目のノードが1を出力し、他のノードが0を出力することである。ネットワークの実際の出力をこうした望ましい出力と比較し、誤差が小さくなるようパラメータを少しずつ調節する。

一般に、画像認識するネットワークの訓練には大量の画像を望ましい出力と併せて用意しておく必要がある。この作業は必ずしも自力で行わなくてもよい。MNISTのように広く使われているデータセットを利用してもよいし、クラウドソーシングを利用するのも手である。いずれにせよ、データセットさえ揃ってしまえば、パラメータを調節する作業はコンピュータに任せられる。ここで重要なのは、ネットワークの設計者ですらパラメータの最適な値が何なのかは知らない、ということである。ネットワークはあたかも「経験から学ぶように」パラメータを最適な値へと修正していく。子どもが画像を見て猫や犬に分類できるようになるために、大人は猫や犬の定義を教えるわけではない。むしろ、猫や犬の絵をいくつか見せて、そこから猫や犬がどのようなカテゴリーなのかを自分で判断できるようになってもらうというのが実情に近い。ニューラルネットという学習機械には、それと似たようなことができる。

ここでは画像認識を例にとって説明したが、ニューラルネットにパターン認識させる対象は何でもよい。言語処理の領域では、たとえば、次にくる単語を予測するネットワークを作ることもできる（そういうネットワークの簡単な例を第3章で紹介する）。また、本節の最初で述べたように、動物の種ごとに多様な感覚器官があるのはたしかだが、刺激がひとたび電気信号に変換されれば、そこから統計的なパターンを抽出する必要があるという点はどんな感覚様相でも同じだと経験主義者なら言うかもしれない。

5ー2　ディープラーニング革命

先ほどの多層パーセプトロンは三層のネットワークだったが、中間層が一層である必然性はなく、膨大な中間層をもつネットワークも可能である。そうしたネットワークをディープニューラルネットという。中間層が厚くなるほどより複雑な関数を計算できるようになり、多種多様な入出力関係を表せるようになる。その代わり、ディープニューラルネットの訓練は容易ではない。中間層が分厚くなってくるとパラメータを調整する計算がなかなか収束しないうえ、パラメータの数が膨大だとデータを歪めるノイズにモデルが適合してしまい過学習を起こしやすい、といった問題がある。

しかし、コンピュータの処理速度の向上をはじめとする数多くのブレイクスルーによって、状況は大きく改善した。ディープニューラルネットの訓練が可能になったことで、近年ではコンピュータの画像認識能力は人間を上回ったとも言われる。ぼやけた写真を認識したり、X線写真から異常を見つけるといった専門的な仕事も自動化できる。ニューラルネットの応用先は画像認識以外の領域にも広がっており、たとえば、音声スピーチの書き起こしや囲碁のプログラムなどさまざまな分野に応用されている。ニューラルネットの研究が経験主義者の福音となりうる理由がここにある。ニューラルネットはほとんどまっさらな初期状態から出発して経験から学び、多様な課題を解決することのできる汎用機械なのである。

期待の裏には懸念もある。たしかに、どんなやり方でもよいから問題を効率よく解決する便利な手段が欲しい、という工学的な目標に照らして評価するなら、近年のディープニューラルネットは大成功を収めつつある。他方で、人工知能研究には、人間の知能をよりよく理解したい、という心理学的な目標もある。人工のニューラルネットは人間の心がどのようにして動作するのかを探求するモデルとなる、という立場をコネクショニズムというが、ディープラーニングの成功は必ずしもコネクショニズムの成功を意味しない。たとえば、人工ニューラルネットは生物学的な制約を無視しており、もはや脳の研究とは言えないという根強い批判がある。生物が通常置かれている状況下では期待される出力が教えられることはないだろうし、パラメータを調節するのに用いられているアルゴリズム（誤差逆伝播法と呼ばれる）は生物学的にはおよそありえない学習方式だと言われている。それに、ディープラーニングを応用した画像認識の精度が人間を超えているのなら、生物の脳とはもはや別物だという見方もできる。

こうした批判は昔からあるので、コネクショニストにもいろいろ言い分があるだろう。たとえば、誤差逆伝播法のように生物学的な裏付けのないアルゴリズムを用いても、ネットワークの予測性能が向上する仕方は生身の人間と類似したものになると言われる。このことは、ニューラルネットと生物の脳の間には学習方式の違いにとらわれない深い共通性を示唆するのかもしれない（シュピッツァー 1999, pp.64–67）。

6　イデオロギーにどこまで中立を保てるか

準備作業の仕上げとして、次章で取り上げる知能研究について前もって述べておきたいことがある。知能に関して遺伝要因を重視する立場と環境要因を重視する立場の間で論争がなされてきたが、すでにお分かりのように、この論争はしばしば政治的な対立を巻き込んできた。そのため、この論争は純粋に科学的な論争とはみなせないのではないか、つまり、何か特定の政治的信条、イデオロギーに対して中立を保ってこの論争を整理して検討することなどできないのではないか、という疑問がありうる。

結論から言うと、私自身はこの問題をそれほど心配していない。もちろん、私は過去の優生学や知能研究が人類にもたらした災厄を忘れたわけではないが、政治から十分な距離をとって、知能に関する遺伝仮説と環境仮説の対立を科学上の論争として整理・検討するのは可能だと思っている。

そもそも、科学上の学説が「イデオロギーに中立ではない」とはどういう意味なのか考えてみよう。[39] 一つの解釈は、研究者たちがその学説を支持する信念の度合いは手持ちの証拠を超えており、何らかの政治的信条が態度を決めている、というものである。この場合、研究者たちは特定の学説を信じる根拠として、手持ちの証拠を超える部分を政治的信条によって補っており、科学的客観性の規範からの逸脱が生じている。

遺伝要因を重視する学説は保守主義者の信条を、環境要因を重視する学説はリベラルの信条を反映している、と言われることがある。もしそうだとすれば、遺伝を重視する学説ないし環境を重視する学説を支持する個々の研究者は、手持ちの証拠とは関係のない政治的信条や偏見によって態度を決めていることになりそうである。

しかし、それは疑わしい。どのような政治的信条を抱くのかに関して、科学者はフリーハンドを有している。環境要因を重視する保守主義者も存在するし、遺伝要因を重視する社会主義者も存在する。たとえば、行動主義者のワトソンは極端な環境主義者だったが、[40] 政治的には保守主義者だった。ダーウィンの自然選択説とメンデル遺伝学の総合に貢献したジョン・バードン・サンダース・ホールデンは英国共産党の指導的メンバーで、優生学に反対するキャンペーンを張っていたが、[41] 知能差に関しては養子研究などの証拠に基づいて遺伝要因の重要性を確信していた（Halden 1938, p.25）。チョムスキーは左翼の活動家で適応主義に批判的な論客として知られるが、知能の遺伝可能性を否定していない。[42]

科学上の学説が「イデオロギーに中立ではない」という言説には別の解釈もある。その学説を発信するメディアは何らかの政治的ビジョンを推進するための手段として好都合だから発信している、という解釈である。メディアの宣伝戦略が上手くいっているがゆえに、その学説は人々の間で普及しているのかもしれない。その場合、当該の学説が世間に広まるプロセスには、当該の仮説を支持する証拠とは異質の、何らかの政治的信条が関わっていることになり、科学的客観性からの逸脱が生じていると言いうる。

遺伝要因を重視する学説は保守主義者の信条を、環境要因を重視する学説はリベラルの信条を反映しているという通念は、科学者ではなくむしろ市井の人々によく当てはまるのかもしれない。知能に関する遺伝仮説は白人集団と黒人集団の分離を説く白人右翼団体（アメリカン・ルネサンスなど）を通して喧伝されており、それゆえに一部のアメリカ人の間で広まっているのかもしれない。逆に、知能に関する環境仮説は多様性を包摂する社会の建設を目指す左派メディア（『ニューヨーク・タイムズ』など）を通して喧伝されており、それゆえに一部のアメリカ人の間に広まっているのかもしれない。

しかし、ある学説の世間に広まるプロセスが科学的客観性の規範を逸脱しているということから、その学説自体が不当に形成されたということは帰結しない。客観的に何の問題もない科学的発見であっても、それが一般に普及するプロセスは特定のイデオロギーに汚染されるということはありうる。人々が自分の信じたいことを勝手に信じる社会では、問題の学説が正しいかどうかはその学説の伝播に無関係かもしれない。

もちろん、だからといって科学者は学説の正しさだけを問題にしていればよくて、学説がどのような形で人々に普及するのかに無関心でいることが常に許されるわけではないだろう。一般に、人は自分の発言が周囲のどういう反応を引き起こすかという点について何かしら予想を抱いている。遺伝要因を重視する学説は、遺伝学や進化理論に不案内な人々をミスリードするかもしれない。そういう可能性に思い至ることが著しく困難であるとは思えない。

かつて、社会生物学を激しく攻撃した遺伝学者リチャード・ルウォンティンは、あるインタビューの中で次のように述べた。

> 社会生物学は人種差別主義的な学説ではないが、どんなものであれ遺伝子決定論は、ある人種が別の人種よりも優れているという信念を含めて、別種の人種差別主義を助長することがありえ、また実際にするのだ。（セーゲルストローレ 2005, 1巻 p.75）

したがって、遺伝要因を重視する学説はたとえ真実であったとしても普及を禁じられねばならない、とルウォンティンは述べる。たしかに、知能研究や社会生物学の内容には誤解を招く要素がある。これらの分野の研究内容を倫理観の確立していない中高生に教えるのはたぶんリスキーである。

とはいえ、ルウォンティンの悲観論は極端に思える。何らかの科学的仮説が誤解を招きうる場合、われわれがなすべきことはそれが誤解を招かないよう可能な限り言葉を尽くすことであり、公表を禁じることではない。それに、誤った科学的仮説は、公表する機会がなければきちんとした仕方で訂正される機会を失う。4節で取り上げたジェンセンやウィルソンは講演を妨害されたり出版を拒否されるなど多くのいやがらせを受けたが、彼らの学説の反対者ですら、こうした政治的攻撃は彼らの学説の問題点を公の場で明らかにする妨げになったと嘆いている（ケヴルズ 1993, p.474）。[43] 学問の自由と言論の自由を優先させる点で、私はリベラリズムという特定のイデオロギーを支持していることになるだろう。その意味で、本書はあらゆるイデオロギーからの中立を約束しない。

本書で検討するさまざまな仮説や見解の中には、初めてそれを耳にする人をぎょっとさせるものも含まれている。そうした見解が正しいという可能性は考えたくもないし想像もできない、という人もいるかもしれない。しかし、注意深く検討すれば、それらの仮説はたとえ正しいことが判明しても不愉快になるような代物ではないし、逆に間違っていると判明したからといって快哉を叫ぶような代物でもない、と私は思っている。

その昔、ダーウィンの進化学説が発表されたとき、ウスター主教の婦人は「まあ、私たち、類人猿から生まれたんですって！　何かのまちがいであってほしいわ。でも、もし本当だったら、そんなことが世間に知れわたらないといいのだけれど」と述べたそうである（フィッシャー 1983, p.50）。この逸話が事実かどうかはともかく、現代人の多くにとって、主教夫人の心配事は滑稽に思えるはずである。[44] 同じことが本書で話題に上るさまざまな学説についても当てはまるようになると期待したい。

文献案内

ダーウィンの伝記や進化理論の入門書は無数にある。個人的な好みでいえば、**ジャネット・ブラウン『ダーウィンの「種の起源」』**（長谷川眞理子訳、ポプラ社、二〇〇七年）はコンパクトにまとめられた伝記でお薦め。**森元良太・田中泉吏『生物学の哲学入門』**（勁草書房、二〇一六年）は、タイトル通り生物学の哲学の入門書だが、進化生物学の入口にちょうどよい。

優生学の歴史については、**ダニエル・ケヴルズ『優生学の名のもとに――「人類改良」の悪夢百年』**（西俣総平訳、朝日新聞社、一九九三年）が古典である。本章を書く際にはこの本の前半部分を大いに参考にした。後半部分は、出生前診断や着床前診断に基づいて生むかどうかの選択が技術的に可能になった時代において、優生学について考え直す基本材料を与えてくれる。人類遺伝学への入門にも有用である。

学習心理学に関しては、**ジェームズ・メイザー『メイザーの学習と行動』**（磯博行ほか訳、二瓶社、二〇〇八年）が優れている。行動遺伝学に関しては、**安藤寿康『遺伝と環境の心理学――人間行動遺伝学入門』**（培風館、二〇一四年）がよい。これは日本語で読める行動遺伝学の貴重な教科書で、パーソナリティなど知能以外の心理特性にもスポットを当てている。

遺伝子選択説については、**リチャード・ドーキンス『利己的な遺伝子　増補新装版』**（日高敏隆ほか訳、紀伊國屋書店、二〇〇六年）が古典である。出版後によせられた批判への応答を含む膨大な注釈がつけられており、隅々まで読んで楽しめる。もっと教科書的に整理されたものを読みたい向きには、**長谷川寿一・長谷川眞理子『進化と人間行動』**（東京大学出版会、二〇〇〇年）を薦める。

社会生物学論争については、**スティーブン・ピンカー『人間の本性を考える——心は「空白の石版」か（上・中・下）』**（山下篤子訳、NHK出版、二〇〇四年）の第6、7章、**ジョン・オルコック『社会生物学の勝利——批判者たちはどこで誤ったか』**（長谷川眞理子訳、新曜社、二〇〇四年）などが社会生物学を支持する側からの論争の総括だが、環境主義者に対する強い恨みが感じられる。もっと抑制が効いたものを読みたければ、**ウリカ・セーゲルストローレ『社会生物学論争史——誰もが真理を擁護していた（1・2）』**（垂水雄二訳、みすず書房、二〇〇五年）を薦める。社会生物学の支持者と批判者の双方に行ったインタビューに基づいて論争の歴史をまとめている。分厚い二巻本なので読み通すのは大変だが、当時の知的風景をうかがい知ることができる。

ニューラルネットワーク研究については、この分野の第一人者による、**テレンス・セイノフスキー『ディープラーニング革命』**（銅谷賢治監訳、ニュートンプレス、二〇一九年）がよい。純粋に読み物として面白く、ディープラーニングの衝撃をうまく伝えてくれる。哲学者向けには、**大塚淳『統計学を哲学する』**（名古屋大学出版会、二〇二〇年）の第4章が薦められる。本章を書く上でも参考にさせてもらった。

コラム　ダーウィンから見たゴルトン

ゴルトンが一八六〇年代に優生思想を発表した当初、人々の反応は否定的なものが多かった。栽培植物や家畜に行うのと同様の繁殖計画を人間に適用するなどもってのほかではないか、と。それでも、英国の上流階級に属する人々にとって、下層階級には過剰再生産の傾向があるというゴルトンの指摘は一理あるように思えた。だからこそ、一九〇〇年頃を境にして、優生学は脚光を浴びることになった。

ここで興味深いのは、ダーウィンはゴルトンの仕事をどのように評価していたのか、という問題である。ゴルトンの自伝に引用されている手紙によれば、ダーウィンは『遺伝的天才』に感銘を受けたらしい。「最初の約五十ページを読んだだけだが」と前置きしつつ、ダーウィンは「私はこれまでの人生でこれほど興味深く独創的なものを読んだことがないと思います。(…) あなたは反対者を改宗させせました。(…) というのも、私はこれまでずっと、愚か者を別にすれば、人間の知性に違いはなく、熱意や努力にしか違いはないと考えてきたからです」と述べている (Galton 1908, p.290)。これを額面通りに受け取るなら、人間の知性に遺伝的な違いがあることをダーウィンはゴルトンの仕事によって認めたと言えそうである。

優生思想についてはどうか。自然選択説をダーウィンと独立に同時期に発見したアルフレッド・ウォレスは、ダーウィンが下流階級の過剰再生産の傾向を憂いていたと報告している。

ダーウィンと最後に話した時、彼は人間の未来について悲観していた。なぜなら現代文明社会では自然選択は役割を発揮せず、最適者が生存競争に生き残ることにならないからだと言っていた。金儲けの成功者は決して最も優れた人間でなく、最も知的な人間でもない。そのうえ、われわれの社会を構成する人口はいつの世代でも、中上流階級に生まれた者より下流階級に生まれた者の方が多いのはどうしようもない事実だと。（ケヴルズ 1993, p.125）

ジェームズ・フリンはこの逸話について、ウォレスはダーウィンを尊敬していたので、根拠なくこういうことを書くとは考えにくい、と述べている（Flynn 2013, 邦訳：p.53f）。

しかし、『人間の由来』に書かれた次のような箇所を読むと、ダーウィンがゴルトンの結論にまで同意したと考える理由はない。

弱者を助けねばならないと私たちが感じるのは、もともとは社会的本能の一部として獲得された共感の本能が（…）より優しく、より広い対象に拡張されてきたことに伴う偶然の結果であろう。私たちはまた、何らかの過酷な理由によって、共感を抑えるようにさせられたときにも、自分の性質の中の最も高貴な部分が傷つくことなしにそうすることはできない。外科医は手術を行うときには自らの心を冷淡にするかもしれないが、それは自分のやっていることが患者のためになるのを知っているからである。しかし、私たちが故意に弱者を無視するとなると、それはそのときの利益のためだけであって、確実に大きな悪を伴うことになるだろう。そこで私たちは、弱者が生き延びて子を残すことの明らかな悪い影響を、不平を言わずに忍ばねばならない。（ダーウィ

ン 2016, 上巻 p.216)

こう述べたうえで、ダーウィンは、文明社会で自然選択の作用が緩められる傾向にあるとしても、その傾向に歯止めをかける要因もあると指摘する。彼の表現は辛らつだが、いくつか引用しておくのも意義があろう。たとえば「不摂生な人間の死亡率は高い」。「家族が満足な暮らしをしていけるようになるまで結婚を控える慎重な男性は、しばしば実際にそうであるように、人生の最盛期にある女性を結婚相手として選ぶだろうから、よりよい階級の人口増加率は比較的少なくしか弱められないだろう」。既婚者は未婚者よりも死亡率が低いのが通例だが「不摂生で、放蕩で、犯罪的な階級は、人生が短く、そういう連中はふつうは結婚しない」。「精神が弱く、からだも不健康で、何らかの心身の障害を持っている人間は、普通は結婚したいと思わないものだし、しようとしても拒否される」(ダーウィン 2016, 上巻 pp.222–224)。

そして、ダーウィンはダメ押しとして、古代ギリシアの栄枯盛衰を引き合いに出す。文明の繁栄は生物学的要因だけでは決まるほど単純ではなく、教育など文化的な側面にも依存する、と。

第2章

知能

遺伝か環境か、それとも……

1　はじめに

プラトンの対話篇『プロタゴラス』は、ソフィストのプロタゴラスとソクラテスの対話を描いた傑作として知られる。この対話篇の舞台は、政治家ペリクレスの指導のもとで黄金時代を迎えたアテネである。この時代、ソフィストたちは知者として諸都市を渡り歩いて、授業料をとって人々を教育していた。プロタゴラスは当代随一の知者とされ、ソフィストの中でも大物中の大物だった。そのことは、この対話篇の冒頭で、プロタゴラスがアテネにやってきたという知らせに興奮して、夜が明けるのも待ちきれず、ソクラテスを叩き起こして同行をせがむ若者の様子からもうかがえる。

ソフィストたちは徳（アレテー）の教師としてもてはやされていた。「アレテー」はものに備わる優れた性質を意味する言葉である。たとえば、馬の徳は速く走る能力であり、ナイフの徳はよく切れることである。それでは、人間の徳とは何だろうか。ギリシア人たちは知恵や節度、勇気、正義、敬虔さを持った人間を、立派で優れていると考えていた。

ソフィストの教育を受ければ、本当にこうした徳を身に付けたひとかどの人物になれるのだろうか。ソクラテスは、そもそも徳を人に教えることなどできるのか、と疑問に思っていた。彼はプロタゴラスとの対話で、ペリクレスの息子が凡庸な人物であることを指摘して、徳のある人物が自分の息子にそれを教えていないという事実は、徳を教えることはできないということを示しているのではないか、と率直に疑問をぶつけている。

ソクラテスの問いかけに、プロタゴラスは堂々とした弁論を行う。人間社会の中で生きている限り、誰もが多かれ少なかれ徳を身に付けているものだ。誰もが自然に母語を獲得するように、徳は万人に分け与えられている。このことは、市民の誰もが民会で自由に発言をすることができる直接民主制の社会において、不可欠の前提をなしている。たしかに、人によって才能に優劣があることは否定できないが、優れた教師につけば生まれ持った才能の多寡にかかわらず能力を向上させることはできるはずである。たとえば、誰もが優れた笛吹になれるわけではないが、優れた教師につけば笛の演奏はうまくなるだろう。徳についても同じである。こう述べた上で、プロタゴラスは、自分こそが優れた徳の教師なのだと宣言する。

しかし、ソクラテスはプロタゴラスの弁論に納得しない。ソクラテスは、プロタゴラスがそもそも徳というものをどのように考えているのかを気にしている。徳を教えられると豪語するからには、徳の本性が何なのか詳しく述べてもらおう、ということで、ソクラテスはプロタゴラスを質問攻めにする……。

さて、『プロタゴラス』篇の序盤の展開をここで紹介したのは、この対話篇が氏と育ちの問題の根っこに触れていると思われるからである。名政治家ペリクレスの息子が凡庸であるというソクラテスの指摘は、遺伝の影響を重視する現代の心理学者の議論を予感させる（cf. Eysenck & Kamin 1981, p.12）。徳が環境によって完全に決まるとすれば、徳の高い人は最高の教育を子どもに施して徳の高い人物に育てるはずだが、実際には徳の高い親の子どもは平凡に近づく傾向にある（平均への回帰）ので、徳は環境によっては決まるわけではない。[1] ソクラテスは遺伝重視の立場に傾いているように見える。これはソクラテス一人に限った話ではなく、徳は生まれによって決まると考えていた人々は大勢いた。この点ではむしろプロタゴラスをはじめとするソフィストの方が革新的で、彼らは、才能の多寡にかかわらず教育しだいで人の才能は大きく伸ばせる、という環境重視の立場を打ち出していた。[2]

本章では、「知能」に焦点を当てることで、これと似たような論争の現代版をみていきたい。すなわち、知能ははたして遺伝可能か、環境の影響の方が大きいのか。そもそも遺伝と環境のどちらの影響がより重要だなどと言えるのか。言えないとすれば、遺伝と環境の関係をどのように考えていけばよいのか。また、知能という徳は現代社会においてどんな意義を持っているのか。こういった問題を考えたい。

本章は大きく前半（2～4節）と後半（5～7節）に分かれる。まず前半だが、2節と3節では、知能テストと行動遺伝学の初歩的な解説をする。こうして知能と遺伝率についての理解をある程度固めたところで、4節では、知能の遺伝仮説と環境仮説の争点を整理しつつ、遺伝・環境の相互作用についての最近の考え方を紹介する。

第1章でも述べたように、知能研究は人種差別的であるとか、優生学を正当化するといった批判を受けてきた。後半は、こうした批判に知能研究者たちがどのように応じてきたのかを見ていくことで、知能という徳が現代社会においてどんな意義をもつのかを考察する。

2　知能研究、入門一歩前[3]

知能の遺伝率を問題にするには、そもそも知能（頭のよさ、賢さ）とは何なのかを明確にしておかなければならない。以下では、知能テストとＩＱの定義（2－1節）、そして因子分析について簡単に紹介し（2－2節）、知能テストはいったい何を根拠に知能を測定しているとされているのかを検討する（2－3節）。最後に、いくつの知能があるのかという問題を考察する（2－4節）。

2－1　知能テストとIQの定義

IQ得点を求めるのに使われる知能テストとはどのようなテストなのか。知能テストは高価なうえに、そもそも原則として門外不出であるため、専門家以外は閲覧することができない。しかし、テストのおおまかな構成は知能研究の概説書からうかがい知ることができる。

知能テストには多くの種類があって、テスト内容もさまざまである。しかし、英語能力試験のTOEFLとTOEICのスコアに強い相関があるように、さまざまな知能テストのスコア間にも強い相関がある。ここでは、代表的な知能テストであるウェクスラー成人知能検査（WAIS）を取り上げよう。WAISの初版は一九五五年に発行された。一九八一年に改訂版のWAIS－R、一九九一年にWAIS－Ⅲ、二〇〇八年にWAIS－Ⅳが発行され、これが現在の最新版である。WAISの日本版も発行されている。ただし、知能テストは単純に翻訳するだけでは使いものにならない。テスト問題を日本の文化に合うように大幅に差し替えて、年齢ごとの正答率を調査しないといけないからである。必要なデータを集めるには膨大なコストがかかる。

WAIS－Ⅲは一三のサブテスト（下位検査）から、WAIS－Ⅳは一五のサブテストから構成される。以下にそれらをリストアップする（Deary 2000, pp.4–6; Mackintosh 2011, p.35）。名称は日本版に合わせている。また、WAIS－Ⅳで追加されたサブテストには＊印をつけてある。

知識：人名や地理や事件など、学校で学ぶような一般的知識を問う。「一週間は何日か」「フランスの首都はどこか」『地獄篇』を書いたのは誰か」など。

類似：二つの単語の共通性を指摘させる。「リンゴとナシはどんなところが似ているか」「絵画と交響曲はどんなところが似ているか」など。

単語：難易度の易しいものから難しいものまで、さまざまな単語の意味を説明させる。たとえば、chair, hesitant, presumptuous など。

理解：日常生活の中で必要になる常識を問う。「なぜ食品を冷蔵庫に入れるのか」「どうして運転免許証が必要なのか」など。

算数：小学校レベルの算数の暗算問題。

数唱：検査者が読み上げる一連の数字を順に、あるいは逆順で繰り返す。簡単な例だと 3-7-4 など。難しい例だと 3-9-1-7-4-5-3-9 など。

語音整列：検査者が数字と文字が交互に現れる記号列を読み上げるので、それをまず数字のみを小さい順に並べなおし、次に文字をアルファベット順に並べなおして答える。たとえば、W4G8L3 なら 348GLW。

絵画完成：一連の絵を見て、欠けている部分を答える。たとえば「自転車の絵に車輪のスポークがない」など。

絵画配列：数枚の絵がでたらめに与えられるので、それらを並べ替えて筋の通った物語を作る。

バランス*：天秤の一方の側が空白になっていて、天秤がつり合うにはそこに何をのせればよいかを答える。

積木模様：平面に描かれた赤と白の四角形や三角形からなる模様を見て、複数の立方体の適当な面を上向きに並べて、その模様を復元する。
行列推理：三行三列で配列された図形のうち、欠けている一か所を行列のパターンから推測して穴埋めする。
符号：1～9の数字とさまざまな記号がペアで提示されるので、それを覚える。次に、大量の数字が印刷されたワークシートに、数字に対応する記号を書きこむ。
記号探し：左に置かれた二つの見本記号と右に置かれた五つの記号を見比べて同じものがあるかないかを判断する。
絵の抹消*：ワークシートの上に描かれたさまざまな絵に目を通して、特定の条件に合った絵に線を引いていく。

これらサブテストの総得点からIQ得点が求められるのだが、総得点がそのままIQ得点になるわけではない。知能テストの出版業者から送られる得点換算表にしたがって、検査者は素点からIQ得点を計算する。なぜそのような手続きを経る必要があるのだろうか。

ビネーが考案したもともとの知能テストは子ども用だった。彼は三歳から一三歳の健常児のデータを集めて、特定の年齢ごとに正解率が四分の三になるようなテスト項目を選び出した。そして、どの年齢用の問題までできたかによって子どもの精神年齢を測る。精神年齢が暦年齢よりも小さければ知的に遅れているという診断になる。

しかし、知能は年齢とともにどこまでも伸びていくわけではない。一六歳程度を上限として、それ以

$$偏差値 = \frac{テスト得点 - 平均点}{1標準偏差に相当する得点} \times 10 + 50$$

$$IQ = \frac{テスト得点 - 平均点}{1標準偏差に相当する得点} \times 15 + 100$$

上は伸びない。そのため、成人した人々の精神年齢は一六歳で止まったままで、暦年齢だけがどんどん上がっていく。これでは健常な三〇歳の成人ですら精神遅滞になってしまう。

この問題を解消するには、テストの点数の評価方法を暦年齢ごとに変える必要がある。まず、年齢階層ごとに基準となる点を知りたい。そのためには、たとえば、二〇から三〇歳の成人数百名に知能テストを実施して平均点を計算すればよい。ただし、平均点と自分の点数を比較するだけでは集団の中での位置付けができない。たとえば、平均点が五〇点のテストで、あなたは七〇点をとったとする。これがどのくらいよい成績なのかは得点の分布に依存する。分散が大きな分布ならまずまずの成績ということになるが、分散が小さく、ほとんどの人が平均点とあまり変わらない点数なら、あなたの成績は抜群によいことになる。標準得点に変換すれば、こうした違いを得点に反映させることができる。標準得点の一種である偏差値は上のように計算される。

ＩＱ得点の計算もスケーリングが異なる以外は同じである。これが現在使われているＩＱの定義である。知能テストには多くの種類があるが、どの知能テストも標準得点化されている。[4]

多数の被験者を使った場合、得点の分布は正規分布で近似できる。正規分布では、平均からプラスマイナス一標準偏差の範囲に約六八パーセントの要素が含まれ、二標準偏差の範囲には約九五パーセントが含まれる。正規分布は平均を軸に左右対称なので、学校のテストで偏差値が六〇以上なら上位一六パーセント以内であり、IQが一一五以上なら上位一六パーセント以内ということになる。点数の標準化によって、集団の中での位置づけがこのように計算できる。

2-2　因子分析と知能の階層構造

WAISに含まれるサブテストは、どの二つをとっても、それぞれのスコアの間に〇・四から〇・八程度の正の相関がみられる。つまり、あるサブテストでよいスコアをとった人は、別のサブテストでもよいスコアをとる傾向にあり、悪いスコアをとった人は、別のサブテストでも悪いスコアをとる傾向にある。

知能研究者によれば、これは興味深い発見である。WAISのサブテストは、数や記号を操作するもの、図形を操作するもの、特定の文化にかかわる一般常識を問うものなど、内容はバラバラである。一見すると雑多な寄せ集めであるにもかかわらず、すべてのサブテスト間で正の相関がみられる。語彙や一般的知識が豊富であることと、図形を用いた推理が得意であることが排他的な関係にあってもおかしくない。われわれの脳がそんな風に配線されていることも物理的にはありえるのに、言語理解に関して優れている人は図形を用いた推理に関しても優れている、といった傾向がみられるのだ。

グールドは異なる意見を持っている。彼は、動物の手の長さや足の長さといった身体の部分間にみられる相関を引き合いに出して、知能テストのサブテスト間の相関係数の最大値は、ペリコザウルスの身体の部分間にみられた相関係数の最小値である〇・九一よりも小さい、と指摘する(Gould 1996, p.281［邦訳：下巻 p.109f］)。彼にとって、〇・四から〇・八程度の相関では弱すぎるようだ。

しかし、相関係数の絶対値がどのくらいなら強い相関とみなせるのかは、分野によって考え方が異なる。粗いデータに慣れていない理科系の研究者なら〇・四から〇・八程度の相関は弱すぎると言うかもしれないが、社会科学では、〇・五より大きければ強い相関、〇・二から〇・五なら中程度の相関、〇・二未満なら弱い相関、といった寛容な基準を設けることがある（Deary 2000）。それに、サブテスト間の相関係数はあえて低く抑えられているとも言える。知能テストの作成者は、相関が強すぎるテスト項目やサブテストをむしろ採用しないようにしている。相関が強すぎる二つのテストは同じ能力を測っていると思われるので、そういう場合は冗長性を防ぐために一方のテストが省かれることになる。

サブテスト間の相関が強いかどうかとは別に、グールドは「精神テスト間に広く行き渡っている正の相関という事実は、科学史のなかで一番つまらない発見に違いない」とも言っている（Gould 1996, p.345［邦訳：下巻 p.218］）。この見解は、単なる相関など世の中にありふれている、という観察に基づく。実際、変数どうしの間に因果関係がない疑似相関は探そうと思えばいくらでも見つかる。たとえば、漁船から転落して溺死した人の数とケンタッキー州の婚姻率の相関関係とか、メーン州の離婚率と一人当たりのマーガリンの消費量の相関関係などである。[5] 知能テストがサブテストの雑多な寄せ集めに見えるなら、サブテスト間の相関もただの疑似相関として片づけられないか。

しかし、知能テストは多くの国と地域で実施されており、サブテストのスコア間には一貫して相関が見られる傾向にある。だとすれば、相関を生み出す何らかの共通原因があると推測するのは自然である。つまり、どのサブテストに取り組むのであれ、われわれは共通の精神能力を使用しているということだ。そこで、知能研究者たちは、知能テストのスコアという直接観察できる結果から、それを生み出す元になっている共通の精神能力について推測できるのではないか、と考えた。その推測方法として開発されたのが、因子分析と呼ばれる数学的手法である。

知能テストのサブテストに取り組むときに使われる共通の精神能力が n 個あるとしよう。それらを共通因子と呼ぶ。共通因子の得点（因子得点）は受験者ごとに異なると想定されるが、因子得点を直接観察することはできない。直接観察できるのはあくまでもテストの得点だけである。しかし、受験者の得点は共通因子の得点によって以下のように決まると仮定する。すなわち、サブテストに番号をつけておくと、i 番目のサブテストの得点 x_i は

$$x_i = a_{i1}F_1 + a_{i2}F_2 + \dots + a_{in}F_n + e_i$$

という一次式で表せると仮定する。変数 F_1 から F_n はすべてのサブテストの得点に影響する共通因子の得点である。係数 a_{i1} から a_{in} は「因子負荷量」とよばれ、n 個の共通因子がこの i 番目のサブテストの得点に与える影響度を表す。係数が大きければ、そのテストの得点には問題の因子得点の影響が強く表れると想定される。[6] そして、e_i は i 番目のサブテストの得点にのみ影響する独自因子である。

知能研究者が特に興味を持つのは共通因子の数である。共通因子の数さえ決まれば、それぞれの共通因子のサブテストに対する因子負荷量の大きさを求めるのは、ある意味で、ただの技術的問題である。[7] もちろん、その技術的問題は簡単ではない。共通因子の数が重視されるのは、それが、知能テストにかかわる共通の精神能力はいくつあるのか、という問題に対する答えになるからである。

心理学者チャールズ・スピアマンは、たった一つの共通因子で十分だと考えた。ビネーが知能テストを開発していたのと同じ頃、スピアマンはのちの因子分析につながるような理論をつくっていた。彼はその理論を用いて、さまざまな科目（古典語・フランス語・国語・数学・音楽・音程の弁別テスト）の得点は、

一つの共通因子とそれぞれの科目固有の特殊因子という二種類の因子を措定することで説明できると推測した。そして、その唯一の共通因子を一般知能（general intelligence）と呼んだ。

一つの共通因子で十分という考えはどのように正当化されたのだろうか。スピアマンは科目間の正の相関が唯一の共通因子で説明できるかどうかを判定するために、四つの科目の得点間にみられる相関係数を用いたシンプルな判定基準を提案した（Mackintosh 1998, p.204）。もしも得点間の相関がすべて一般知能という唯一の共通因子 g によって説明されるとすれば、科目 i の得点 x_i と科目 j の得点 x_j はそれぞれ、

$$x_i = a_i g + e_i$$
$$x_j = a_j g + e_j$$

と表せる（e_i と e_j は独立）。そうすると、科目 i と科目 j の得点間の相関係数 $r_{i,j}$ は、

$$r_{i,j} = r_{i,g} \times r_{j,g}$$

と分解できる。[8] ここでスピアマンは、適当に選ばれた四つの科目に対して、

$$r_{1,3} \times r_{2,4} - r_{2,3} \times r_{1,4}$$

という式（「テトラッド」と呼ばれる）を考えた。科目間の正の相関が唯一の共通因子で説明できるかどうかを判定するシンプルな方法とは、テトラッドを計算して0になるかどうかを調べるというものである。もしも科目間の正の相関が唯一の因子gによって説明されるとすれば、科目間の相関をgとの相関に分解できるはずなので、

$$r_{1,3} \times r_{2,4} - r_{2,3} \times r_{1,4} = (r_{1,g} \times r_{3,g} \times r_{2,g} \times r_{4,g}) - (r_{2,g} \times r_{3,g} \times r_{1,g} \times r_{4,g}) = 0$$

と変形できるだろう。逆に、テトラッドが0にならないとすれば、それは、科目1と科目3、科目2と科目4がよく似ているという意味で、科目1と科目3が一つのグループをなし、科目2と科目4が別のグループをなしているような場合である。科目がいくつかのグループに分けられるなら、そういうことが起きる。したがって、同じグループに属する科目間のほうが別のグループに属する科目間よりも強い相関を示す傾向にあるとすれば、テトラッドを利用した基準から、科目間の正の相関は唯一の因子によって説明できない、と結論づけられる。スピアマンが当初分析したデータは一つの共通因子で説明がついた。

スピアマンの判定基準は、知能テストのサブテスト間の正の相関が唯一の因子によって説明できるかどうかを判定するのにも使えるだろう。しかし、ビネー以後の知能テストから得られたデータはスピアマンの予想を支持しなかった。知能テストのサブテストたちは、いくつかのグループをなすのだ。たとえば、WAIS－ⅢやWAIS－Ⅳのサブテストは言語理解・知覚推理・作業記憶・処理速度と命名された四つのグループに分けられている。

言語理解：知識・類似・単語・理解
作業記憶：算数・数唱・語音整列
知覚推理：絵画完成・絵画配列・積木模様・行列推理・バランス[*]
処理速度：符号・記号探し・絵の抹消[*]

それでは、WAIS－ⅢやWAIS－Ⅳのサブテストは四つのグループに分けられて、それぞれの得点は四つの独立した因子（群因子）によって説明されるのだろうか。いや、群因子の間にも相関が成り立つのかどうかを再び問題にすることができる。そして、すべてのサブテスト間に正の相関がみられるというスピアマンの観察は、四つのグループが独立しているわけではないことを示している。WAIS－Ⅲの場合、四つの群因子は〇・六から〇・八という強い相関を示しており、群因子のどれか一つで成績がよい人は、他の群因子でも成績がよい傾向にある。

こうして、ビネーが開発した知能テストの手法と、スピアマンが開発した因子分析の手法を総合することで端緒がつけられた知能研究は、人間の知能が階層構造をなしていると結論する。知能テストで測定される精神能力はいくつかのグループにまとめられるが、それらのグループは無関係ではなく、ある一つの因子によってまとめられる。この因子はスピアマンの一般知能にちなんで g（二次的な g）と呼ばれる。g は知能テストの成績の個人差のうち半分程度を説明すると言われ、このことは広範囲の領域にまたがる一般的な精神能力があることを示唆する。

それでも、複数のテストのスコア間に正の相関がみられるからといって、共通の精神能力を措定する必要はないというグールドの主張が完全に崩れたわけではないのかもしれない。サブテスト間の相関は疑似相関ではないとしても、相関を生み出す共通原因はあくまでも（教育など）環境の方にあるのかもしれない。6節で紹介するフリン効果は、知能テストが単一の一般的な能力を測っているという想定に疑いをかけるかもしれない（Mackintosh 2011, p.164）。

ともあれ、何らかの一般的な精神能力があると仮定してみよう。次に考えたいのは、それは果たして「知能」と呼ぶに値するのか、という問題である。

2−3　知能テストは知能を測るのか

二〇世紀前半に多様な知能テストが作成されはじめた当時、知能についてまだ多くのことがわかっていたわけではなかった。つまり、知能テストのテスト項目は知能についての堅固な理論に基づいて作られたわけではなかった。このことは人を不安にさせるかもしれない。

しかし、基礎理論がない段階で測定器具が開発されることはありうる（Eysenck 1962, p.10）。たとえば、温度計の誕生は熱力学が成立した一九世紀中頃よりもずっと前である。ガリレオ・ガリレイは一六一二年から一六一五年にかけて気体温度計を考案した。これをヴェネツィアの友人たちが改良して、冬は水よりも空気が冷たく、五月には空気より水の冷たいことなど、さまざまな驚くべきことを発見したと伝わる（青木 1965, p.77）。

温度計の例を持ち出すのは無理筋だと言われるかもしれない。一九世紀に完成された熱力学に比肩するような知能の理論はいまだにできていない。そもそも知能テストに多くの種類があるという事態は、知能テストが測定器具としてお粗末であることを示しているのではないだろうか。

知能研究者も前半部分は認めるだろう。知能の理論は熱力学ほど完成されてはいない。知能と脳の神経活動との関係についての研究はまだ緒についたばかりで、熱力学が統計力学に還元されたように知能研究が脳神経科学に還元されたわけでもない。しかし、後半部分は弁護の余地がある。物理量を測定する手段が一通りでないのはふつうのことだからである。温度計にもいろいろな種類がある。われわれが見慣れているのはガラス管に目盛りが刻まれた棒状の温度計で、アルコールなどの有機液が中に入っている。ただし、アルコールは七八度で沸騰してしまうので高温の測定には向いていない。水銀温度計なら六〇〇度程度の高い温度まで測定できる。[9] しかし、水銀はマイナス三九度で凍結するので極地方での使用には向いていない。極地方ではアルコールはマイナス一一五度で凍結するアルコール温度計の方が向いている。他にもいろいろな種類の温度計があるが、[10] どの温度計も一定範囲の温度しか測定できない。どんな温度でも測れる万能温度計は存在しない。

このような温度計とのアナロジーは眉唾だと言われるかもしれない。異なる知能テストの結果が正確に一致することはないだろうが、どんな種類の温度計でも同じ試料に対しては同じ値を返すはずだと言われるかもしれない。しかし、そうとは限らない。たとえば、水銀温度計は三〇〇度を指すのに、プラチナ抵抗温度計は二九一度を指す、というように、同じ試料を用いても温度計ごとに示す値が違うことはある（Eysenck 1979, p.13f）。それぞれの温度計には癖があるので、こういうことが生じる。たとえば、水銀温度計は温度の上昇とともに水銀が熱膨張することを利用して設計されているが、温度が一度上がるごとに常に等しい割合で体積が膨張する保証はない。

知能テストがある種の測定器具だということは認めたとしよう。それなら、知能テストは何を測定していることになるのだろうか。知能テストというからにはもちろん知能を測定してほしいが、知能テストがもっともらしい権威付けがなされた単なるアンケートでないという保証はどこにあるのか。

心理測定家はこの疑問に対して、心理尺度はそう簡単に粗製乱造できるものではない、と答えるだろう。まともな心理尺度は「信頼性」と「妥当性」を備えていなければならない。大雑把に言うと、信頼性はそのテストを複数回行った場合に同じくらいの反応が安定して返ってくるかどうかを表す指標である。これに対し、妥当性はそのテストが測ろうとしているものを適切に測れているのかを、知能テストとは独立した何かしらの外部基準に照らして評価した指標である。なぜそのような基準が必要なのかといえば、他の知能テストの結果くらいしか予測できないようであれば、知能テストは知能を測っているとは言えないからである。

知能テストは信頼性が高く、テストを受けるたびに結果が大きく変わるということはないとされる。これに対し、知能テストの妥当性を調べるのは難しい。そもそも知能を測る手段が他にないところで知能を測ろうとしているからである (Eysenck 1962, p.20)。とはいえ、学業成績や職務遂行能力は頭のよさを推測する判断材料となるので、これらは外部基準として利用できる。

典型的な知能テストのスコアと学業成績の相関係数は約〇・五〇である (Neisser 1996)。中程度の相関であり、成績の分散の三割も説明できない。しかし、それは致命的な問題ではない。学校の学習は個人の性格や動機付けなど知能以外のさまざまな要因にも依存する。知能と学力が同じではないとすると、逆説的だが、むしろ学業成績をIQ得点から予測できすぎてはいけないことになる。

IQ得点と学校教育を受ける期間の長さにも、約〇・五五の相関がある。もちろん、社会階層と教育期間にも相関がある。法律家や医者など、高い名声と結びついた職業は大学の学位を持っていることが前提になるので、IQ得点と職業的地位にも相関がある。ハーンスタインとマレーはIQ得点と教育期間の相関の大部分は、賢い人ほど学校の勉強が好きで、学校に長く残って教育を受けるからだと主張した（Herrnstein & Murray 1994, chap. 6）。彼らは相関関係と因果関係を区別できていないと顰蹙を買った。

ＩＱ得点は職業上のパフォーマンス（仕事量やその質、同僚や上司からの評価など）とも約〇・五五の相関があると言われる。もちろん、仕事の成績を完全に予測するわけではないが、それは職場で与えられる仕事のすべてが知能を要求するわけではないだろうし、同僚との人間関係も重要だからである。学業成績と同様に、ＩＱ得点が職業上のパフォーマンスを予測できすぎてはいけない。

学力や職務遂行能力をある程度予測することは、知能テストは学業や職業上の成績の認知的要因を測定しているという仮説をいちおう支持するように思える。しかし、成績と相関するのは認知的要因だけでない。さまざまな事柄に挑戦する意欲とか、集中力などといった非認知的な要因も相関するだろう。知能テストがそうした非認知的な要因を測っているという可能性はないのか。

この疑問に対する答えは次のようである。知能テストがそうした非認知的な要因を測っているのなら、ＩＱとパーソナリティの間には強い相関がみられてもよいはずである。しかし、成績を固定したときのＩＱとパーソナリティの偏相関係数は〇・〇二である（Mackintosh 1998, p.54）。これは無相関といってよいだろう。このことから、知能テストが測っているのは成功の非認知的な要因ではなく、認知的要因であると考えられる。

知能テストが単なるアンケートのように粗製乱造できるものではない、という点を認めたとしよう。しかし、知能テストで高得点を挙げることが、高い知能を持つという証明になるのだろうか。たとえば、知能テストを解くプログラムは昔から研究・開発されてきた（ウィンストン 1980, 2章）。知能テストで高得点をとることのできるプログラムを積んだ機械は、高い知能をもつのだろうか。

おそらく、機械が知能テストで高得点を挙げても、高い知能を持つことの証明にはならないだろう。

しかし、だからといって、知能テストが知能らしきものを測っていないと結論する必要はない。問題は、知能テストを解く機械の知能が高いとか低いとかいう以前に、そもそもその機械が知能を持っているのかどうか不明瞭な点にある。たとえば、電卓はすばやく計算結果を出力するが、算術を理解しているわけではない。同じように、知能テストを効率よく解くプログラムがあったとしても、テスト問題の意味を理解しているとは限らない。機械が知能を持っているかどうかを判定するには、チューリング・テストのような何か別のテストが必要になる(Haugeland 1989, p.6f)。[11] 知能テストは、機械がそもそも知能を持っているのかどうかを判定するためのものではない。知能テストは、知能を持っていると想定される主体がどの程度の知能を持っているかを測る道具である、と結論しておこう。

2-4 いくつの知能があるのか:一般知能への疑問と異論

ここまでの考察を踏まえて、知能とは何かという最初の問いに立ち戻る。一九九四年の『ウォール・ストリート・ジャーナル』紙に掲載された「知能に関する主流派科学」は、「知能」を次のように定義している。

> 知能は、とくに、推論・計画・問題解決・抽象的思考・複雑な考えの理解、すばやい学習、経験に基づく学習などの能力を含む非常に一般的な精神能力である。知能は本から学んだり、限られた学問的能力や試験でよい成績を上げることだけではなく、われわれの身の回りの出来事を広く、深く理解する能力、すなわち、物事を把握して、何をなすべきかを見つけ出す能力を反映する。(Gottfredson 1997, p.13)

この定義は、知能テストのデータから因子分析によって数学的に抽出されたg因子を解釈して、自然言語で敷衍したものだと言える。知能テストはこの定義で言われているような精神能力の高さを測るのだろう。

しかし、知能は一つしかないのだろうか。知能は階層構造をもつ。ＷＡＩＳ－Ⅲでは、g因子の下に言語理解・作業記憶・知覚推理・処理速度という四つの群因子があり、その下には、個々のサブテストの結果に影響を与える特殊な因子があった。どのような因子が抽出されるのかは、テスト問題や因子分析の手法によって微妙に変わってくるが、他の知能テストでも似たような三層構造が見出される傾向にある。四〇〇を超える多種多様な知能テストのデータを再検討した結果、一〇以上の群因子が抽出されたが、どの群因子もg因子から影響を受けることがわかっている。

g因子が知能だとしても、g因子の影響を受ける群因子もある種の知能だと考えることはできる。たとえば、多くの研究者が流動性知能と結晶性知能と呼ぶ二つの群因子がある。流動性知能は自動的に処理できない新しい問題をじっくり考えて解決する能力、結晶性知能は本などから得た言語の知識やさまざまな情報の蓄積の幅と深さを表す知的能力である。ＷＡＩＳ－Ⅲでいえば、行列推理・積木模様・組み合わせ・類似・絵画配列・算数のサブテストは流動性知能を測っており、知識・単語・理解・類似・絵画配列は結晶性知能を測っている（村上 2007, p.108）。

流動性知能と結晶性知能を異なる種類の知能として区別するのは、日常的な直観にもかなっている。賢い人の中には、よく本を読み、知識が豊富なタイプの人もいれば、習ったことを手近な問題に応用するとか、新しい状況で最適な決定をするのがうまいタイプの人もいる。実際、この区別には生物学的な裏付けもある。たとえば、流動性知能は加齢によって衰えやすいのに対し、結晶性知能はかなり年をとっても上昇し続けるという具合に発達曲線が異なる。また、流動性知能にかかわるサブテストに答えるのに必要な機能は前頭前野とそれにつながる前帯状回が担っている。前頭前野に著しい損傷がある人は、流動性知能を測定するテストにうまく答えられず、精神遅滞者レベルのスコアしか残せないが、結晶性知能は正常だったりする。その逆に、自閉症者は結晶性知能に障害があるものの、流動性知能は正常であることが多い。よって、一般知能のなかには根本的に違う二種類があると考えられる（Nisbett 2009, pp.9–11［邦訳 pp.13–15］）。

とはいえ、流動性知能と結晶性知能が極端に分かれている人は稀であるというのも事実である。流動性知能と結晶性知能の間には〇・五程度の相関がある。実際、知識豊富な人は問題解決能力もそれなりに優れているだろうし、問題解決能力に秀でている人はそれなりに知識豊富である。一芸に秀でた人々は特定の分野に全精力を傾けた結果として解釈できるし、脳損傷や自閉症は異常な例であって、正常な脳では個々の能力が協調して働いている。多くの群因子が抽出されるとしても、g 因子の存在は揺るがない（村上 2007, p.81f）。

知能が階層構造をもつという点に関して、知能研究者の間で論争の余地はもはやないという（Deary 2000, p.15［邦訳 p.27］）。知能が三層の階層構造をもつという点が本質的であり、いくつの知能があるのか、と問うのは、一対の手袋について、一つの手袋があるのか、左と右の二つの手袋があるのか、それとも、左の手袋と右の手袋と一対の手袋という三つの手袋があるのか、と問うのと同じくらいどうでもいい、といったところだろうか。

しかし、科学的心理学を離れたところでは、知能の多元性をもっと強調する立場もある。知能テストによって測られるわけではないのに、日常的には頭のよさとみなされる能力もある。他人の気持ちによりそって考える、自分や他人の感情をコントロールする、ユーモアのある話ができる、といった社会的・対人能力、優れた音楽や絵画をうみだす芸術的才能などは知能の一種かもしれない。

さまざまな種類の知能の存在を認める多元的な見方からすれば、主流派のアプローチは知能が単線的に順序付けられるという先入見にとらわれている。もちろん、世の中には単線的に順序付けられる性質もある（年齢や身長など）。しかし、美しさのように、単線的には順序付けられない性質もある。ダ・ヴィンチの「岩窟の聖母」とバッハの「マタイ受難曲」はどちらも美しい芸術作品だが、どちらがより美しいのか比較するのは不毛である。知能は身長や体重と美しさのどちらの性質に似ているのか、と問われれば、美しさに似ていると答える人が多いだろう。特定の分野でとびぬけた天才がいるというのは誰もが経験的に知っているし、とりわけ教育関係者にとっては、各自の個性を認めやすい多元的な知能観は魅力的かもしれない。

しかし、一般知能の及ぶ範囲を過小評価すべきではない。たとえば、音楽の才能が言語的能力や数学的能力と無関係ではなく、実際には正の相関があることはスピアマンの頃から指摘されている。もちろん、一般知能があらゆる心的特徴と相関するわけではない。たとえば、社会的・対人能力などとは相関しないだろう。しかし、これらの能力は認知の領域よりもパーソナリティの領域に関連していると考えることができる。

多元的な知能観は魅力的だが、それでも、知能の一般的傾向についての語りが意味をなすことは認めてよいだろうと私は思う。一つのアナロジーとして、野球で打者の評価に用いられるＯＰＳ（on-base plus slugging）という指標について考えてみよう。ＯＰＳは、出塁する割合を表す出塁率と、一打席あたりにどの塁まで進めそうかという期待値を表す長打率の二つを足し合わせたものである。[12] 年間のOPSが〇・八以上の打者は強打者といえるが、もちろん、OPSで予測できないことはある。たとえば、打者としてのスタイルが大きく異なる二人の打者がOPSでは同程度ということもある。イチローのように単打を量産するタイプの打者もいれば、松井秀喜のように本塁打を量産するタイプの打者もいるからだ。また、野球選手としての魅力は、走塁技術、守備の巧さ、投手・打者の二刀流、さらにはファンサービスなど、もっと別のところに求めることもできる。しかし、これらの点を認めても、OPSが打者の能力を測る有用な指標であることは否定されない。打者のOPSを重視する野球ファンの意見と、OPSだけでは打者としての魅力を測ることはできないと考える野球ファンの意見はどちらも尊重できる。知能に関しても同じことができると思う。そのため、以下では、知能テストで測られる一般知能を多くの文脈で「知能」と呼ばれているものとみなして話を進める。

3 量的遺伝学、入門一歩前

本節では、メンデルの法則から出発して、それを連続的な形質に拡張した量的遺伝のモデルについて説明する（3－1節）。次にそれを踏まえて、「遺伝率」を定義し、この用語に関してしばしばみられる誤解を正す（3－2節）。最後に、遺伝率を測定する代表的な方法である双生児法と、そこから導かれるファルコナーの公式を紹介する（3－3節）。

3－1　メンデルの法則とポリジーン遺伝

行動遺伝学の基本は、中学・高校で習うメンデル遺伝学にある。グレゴール・メンデルは、品種改良が頻繁に行われてきたエンドウに注目した。エンドウの種子は、表面が滑らかな丸いものとしわがあるものの二種類に分けられる。メンデルは交雑実験を始めるのに先立って、形質が安定している純系の品種を選び出した。そのうえで、丸としわのエンドウを交雑させると、雑種第一世代F_1では、丸ばかりになることが観察された。さらに、その子ども同士を交雑させて雑種第二世代F_2を作ると、こんどは丸としわの比率がほぼ3：1になることが観察された。こうした観察はどのように説明されるのか。

メンデルは何らかの粒子状の要素二つからなる組み合わせを想定した。現代の用語でいえば、これらは対立遺伝子に相当する（1章1節を参照）。対立遺伝子の組み合わせを遺伝子型、それが実際に目に見えて表れた結果を表現型という。そして、対立遺伝子の組み合わせがAaというヘテロ接合の遺伝子型の表現型が、一方のホモ接合の遺伝子型AAの表現型と似ることを「優性」という。[13] 雑種第一世代F_1でしわの種子が消えてしまうのは、親世代のエンドウがすべて純系で、丸がしわよりも優性だからである（優性の法則）。また、雑種第二世代F_2の表現型が、3：1の比で丸としわに分かれることは、遺伝子型Aaが次世代に伝わるときにAとaに分離することから説明される。おしべに由来する対立遺伝子とめしべに由来する対立遺伝子はともにAとaに分離し、それらはランダムに結びつくので、遺伝子型の組み合わせAA、Aa、aaの比は1：2：1となる（分離の法則）。Aaの遺伝子型は丸の種子として表れるので、結果的に丸としわの比は3：1になる。

いまの話はメンデルの発見についての標準的な説明だが、実際には、ヘテロ接合Aaの表現型がホモ接合AAの表現型と必ず同じになるわけではない。Aaの表現型はAAの表現型とaaの表現型の中間になることもある。そのため、優性の法則をメンデルの法則には数えないという流儀もある。どちらの流儀を採用してもよいのだが、優性の効果が表れる場合もあれば、表れない場合もある、という点には注意しておきたい。

メンデルは丸としわの他にも、種子の色（黄／緑）、さやの形（膨らんでいる／平）、さやの色（黄／緑）、花弁の色（紫／白）、花弁の位置（茎の端頂／茎全体）、背の高さ（高い／低い）という合計七つの形質の遺伝についても調べ、これらが独立に遺伝することも確かめた（独立の法則）。つまり、豆の色が黄色だとさやの色も黄色になりやすいとか、豆がしわだとさやが平らになりやすいといった相関関係はなく、それぞれの形質は独立に遺伝するということである。メンデル以降の知見を後知恵として用いるなら、分離の法則が成り立つことは生殖細胞が形成される際の減数分裂のメカニズムによって説明される。また、独立の法則が成り立つことは、メンデルが選んだ七つの形質に寄与する遺伝子がすべて異なる染色体の上に乗っていたことから説明される。形質を支配する遺伝子が同じ染色体の上に乗っていたら独立の法則が成り立つ保証はないので、メンデルが独立の法則を見つけたのは幸運だった。

ところで、メンデルの実験では、エンドウの草丈は背が高いか低いかのどちらかに分けられ、どちらともわからないものはなかった。しかし、トウモロコシではそうならない。穂の長い系統と短い系統を交配させると、雑種第一世代F_1の穂はすべて中間の長さを示し、雑種第二世代F_2では、長いものから短いものまでさまざまな個体が生じ、はっきりとクラス分けできなくなる。トウモロコシの穂の長さは連続的な形質、あるいは量的な形質なのである。

結論から言えば、このような変異は多数の遺伝子座によって支配されていることから生じる。メンデルは一個の遺伝子座に支配されている形質だけを問題にしていた。しかし、彼の洞察を二つ以上の遺伝子座によって支配されている形質に応用するのは、以下で説明するように、それほど難しいことではない(タマリン 1988, 8章)。

まず、一遺伝子座に支配されている形質から出発しよう。あるコムギの粒には、赤色の系統と白色の系統があるとしよう。これらを交配させた雑種第一世代F_1の粒はすべて赤と白の中間赤を示す(優性の効果なし)。そして、これらを自家受粉させて得られる雑種第二世代F_2では、赤:中間赤:白＝1:2:1となる。このことは、赤色の色素を作る対立遺伝子Aと色素を作らない対立遺伝子aを仮定すれば説明がつく。Aaの個体(ヘテロ接合体)が中間赤になるのは、赤色の対立遺伝子が一つしかないからである。

次に、二つの連鎖していない遺伝子座に支配されている形質を考える。別のコムギの赤と白の二系統を、さきほどと同じように交配させる。この場合、F_1の個体は中間色を示すが、F_1を自家受粉させると、濃赤、中間濃赤、中間赤、淡赤、白という五つのクラスが1:4:6:4:1の比で表れる。この分離比を説明するには、赤の純系がAABBという遺伝子型をもち、白の純系がaabbという遺伝子型をもつと考える。AとBは一単位の赤色色素をつくる対立遺伝子、aとbは色素をつくらない対立遺伝子である。そうすると、たとえば、AABBの遺伝子型は四単位の赤色色素を、AaBbの遺伝子型は二単位の赤色色素をつくることになる。四単位の赤色色素からゼロ単位の赤色色素までの五つのクラスが、濃赤から白までの五つのクラスに対応する。それぞれの色素をつくる対立遺伝子の数によってグループ分けすると、1:4:6:4:1という比が得られる。表2−1(パネット・スクエアと呼ばれる)を参考にしてほしい。カッコ内の数は赤色の色素をつくる対立遺伝子の数を表す。

三つ、あるいはそれ以上の遺伝子座に支配されている場合でも、基本的な考え方は同じである。コムギの粒の赤と白が連鎖していない三つの遺伝子座に支配されているなら、雑種第二世代は赤から白ま

	AB	Ab	aB	ab
AB	AABB（4）	AABb（3）	AaBB（3）	AaBb（2）
Ab	AABb（3）	AAbb（2）	AaBb（2）	Aabb（1）
aB	AaBB（3）	AaBb（2）	aaBB（2）	aaBb（1）
ab	AaBb（2）	Aabb（1）	aaBb（1）	aabb（0）

表 2-1　コムギの粒色を二つの遺伝子座が支配するケース

で七つのクラスに分けられ、1：6：15：20：15：6：1となる。もっと一般的には、n個の遺伝子座に支配されている場合、可能な遺伝子型の数は2^nで、表現型は$2n+1$通りで、雑種第二世代の表現型の分布様式は$(A+a)^{2n}$を展開したときに表れるそれぞれの項の係数（二項係数）として理解できる。

粒の色を支配する遺伝子座の数が多くなってくると、いずれ色の違いを識別できる限界に達する。色を支配する遺伝子座の数が有限個なら、表現型を有限個のクラスに分けることが原理的にはできるはずだが、実際にはさまざまな環境の効果が表現型に影響するので、遺伝子型が同じであっても正確に同じ色になるわけではない。環境の効果は遺伝子型の区別をぼやけたものにするだろう。したがって、ここで取り上げたコムギの粒の色のように、一つの形質に多数の対立遺伝子が少しずつ相加的（additive）に寄与する場合、表現型の分布はベルカーブ、つまり正規分布に近づく。このような遺伝様式を「量的遺伝」、または、多数の遺伝子がかかわっているという意味で「（相加的な）ポリジーン遺伝」という。

ポリジーン遺伝の遺伝様式は身長や体重、野菜の収穫量、ミルクの生産量など、多くの連続的な形質の遺伝に応用できる。そして、ポリジーン遺伝は、メンデルの遺伝の法則が連続的に分布する形質の遺伝に適用できることを示したという点で、歴史的にも重要である。二〇世紀初頭の英国では、ケンブリッジ大学のウィリアム・ベイトソンを中心とするメンデル学派が、遺伝という現象は本質的に遺伝子という粒子によって支配される不連続な性質をもつと主張して、自然選択による漸進的な進化を主張するダーウィン主義者たちを批判していた。[14] 彼らによれば、進化の火種は集団内において連続的に存在する変異などではなく、遺伝子に生じる突然変異であり、それゆえに進化は不連続である。メンデルが遺伝法則を見出すことになったエンドウの七つの形質がいずれも不連続な形質であったことを考慮すれば、こうした見解が提示されたことは不思議でない。[15] 当時ダーウィニズムが失墜していた一つの理由がここにある（第1章1節）。ピアソンに代表されるユニバーシティ・カレッジ・ロンドンのダーウィン主義者たちは苦境に立たされていた。ポリジーン遺伝の考え方によってメンデルの法則は連続的に分布する形質の遺伝にも拡張できることが明らかになったことで、われわれはメンデル遺伝学とダーウィニズム両方の成果を安心して受け入れられるようになった。

3－2　遺伝率を定義する

ポリジーン遺伝の遺伝様式にしたがう連続的形質は、遺伝と環境両方の影響を受ける。そこで、集団内の個体の表現型に対する遺伝的支配の大きさを評価することを考える。

まず、個体の表現型（P）を遺伝子型の効果（G）と環境の効果（E）の和

$$P = G + E$$

と表す。また、遺伝子型の効果には、個々の対立遺伝子が少量ずつ寄与する相加的な効果（A）のほかにも優性の効果（D）がありうる。そこで、それらの和をとって

$$G = A + D$$

と表す。[16]

こうした式、とりわけ一つ目の式に関して注意すべきは、確率変数Pの値として表現型そのものを考えてはいけないということである。たとえば、樹高二三メートルのブナの樹について、$P = 20, G = 15, E = 5$などといった仕方で数字をもてあそぶことは意図されていない。どんな形質も、遺伝と環境の相互作用によって発達する。たとえば、ブナのゲノム（ブナをブナたらしめている遺伝情報全体）がなければブナの樹が生じることはないし、水や空気、食料その他の適切な環境がなければブナの樹は成長できない。表現型そのものが単純に遺伝と環境に分けられるなどと考える人は誰もいない。

この式が意味しているのはそういうことではなく、個体の表現型の集団の平均からのズレを遺伝の効果と環境の効果の二つに分けて考える、ということである。大量のブナの木が植えられた森林をイメージしよう。樹高の例でいえば、仮にそのブナ林の樹高の平均が二〇・〇メートルだったとすると、樹高二三・〇メートルのブナは平均から三・〇メートルずれている。この三・〇メートルのズレをPとおく。そして、ズレをもたらした要因として遺伝（G）と環境（E）の二つを考える。このブナの場合は$G = 2.0, E = 1.0$かもしれないし、$G = 5.0, E = -2.0$なのかもしれない。こういう語り方はナンセンスではない。ある木は他と少し違う遺伝子をもっているために樹高が平均よりもちょっと高いかもしれない。別の木はたまたま栄養が乏しかったために樹高が平均よりちょっと低いかもしれない。このように平均からのズレに注目すれば、遺伝の効果と環境の効果を区別しうる。なにも樹高の半分が遺伝でできていて、もう半分が環境でできているというわけではない。

ただし、この意味での遺伝の効果と環境の効果のどちらが大きいかは個体ごとに違う。樹高が同じであっても、生育環境の悪さにもかかわらず高く成長する木もあれば、他の木よりも栄養をたっぷり受け取ったがゆえに高く育つ木もある。

そこで、個体ではなく集団における樹高の「ばらつき」に目を向けよう。ばらつきは統計用語でいえば「分散」である。もし森林に植えられたブナがすべてクローンなら、樹高の分散は日照条件などの環境のばらつき（環境分散）に由来する。逆に、環境が完璧に均一であるとすれば、樹高のばらつきは森林に植えられたブナの遺伝子のばらつき（遺伝分散）に由来する。これらを両極とすると、たいていの場合はこの中間で、表現型のばらつきには遺伝と環境がどちらも影響している。

そこで、遺伝が集団内における表現型のばらつきに寄与する度合いを〇から一の値で表すことを考える。それが「遺伝率」である。確率変数の和の分散に関しては、二つの確率変数が独立の場合には、それぞれの確率変数の分散の和と等しくなることが知られている（分散の加法性）。したがって、遺伝子型の効果と環境の効果が独立だとすれば、

$$V_P = V_G + V_E$$

となる。この式が述べているのは、表現型分散は遺伝分散と環境分散の和に分解できるというモデルである。同様に、遺伝分散も

$$V_G = V_A + V_D$$

という具合に、相加的な効果と優性それぞれの効果の分散に分解できるかもしれない。

これで遺伝率を定義する準備が整った。まず、形質にはばらつきがあるので $V_P \neq 0$ と仮定して、先ほどの式の両辺を V_P で割って左右を入れ替えると

$$\frac{V_G}{V_P} + \frac{V_E}{V_P} = 1$$

となる。表現型の分散全体を、遺伝分散の占める割合と環境分散の占める割合へと分けたわけである。ここで、V_G/V_P、つまり、遺伝分散と表現型分散の比を、その表現型の「広義の遺伝率」と定義する。これに対して、V_A/V_P、つまり、相加的な遺伝分散と表現型分散の比を「狭義の遺伝率」と定義する。生物学では「遺伝率」によって狭義の遺伝率を意味することが多い。優性の効果のように相加的でない遺伝の効果は親から子に伝わりにくい。野菜の収穫量やミルクの生産量を効率よく上げたければ、相加的な遺伝の効果に注目するのがよいだろう。他方で、心理学・行動遺伝学では「遺伝率」によって広義の遺伝率を意味することが多い（安藤 2014, p.48f）。以下では、特に断らなければ、広義の遺伝率を意味することにしたい。

身長や体重といった身体的特徴の遺伝率は、五〇パーセントから九〇パーセント程度だとされる。これは直観的にも納得のいく数値である。しかし、一見すると直観に反する場合もある（Gross & Rey 2012）。

たとえば、頭をもつという形質を考えよう。頭をもつかどうかは完全に遺伝的に決まっているように思える。しかし、生きている人間はすべて頭をもつので、ここには個体差など存在しない。表現型レベルで個体差が存在しないため、頭をもつという形質の遺伝率は定義できない。あるいは、対向指をもつ（親指が他の指と向かい合わせの位置にくる）という形質を考えよう。対向指をもつかどうかもやはり遺伝的に決まっているように思える。しかし、対向指をもつかどうかに関係する遺伝子の頻度が集団で一〇〇パーセントに達したとしても、事故によって親指を失うことがありうる。よって、対向指をもつという形質の遺伝率はゼロであり、完全に環境の影響下におかれる。このように、遺伝率が個体差の分散に注目した量であるという点には注意しなければならない。

もう一つ注意しておくと、同じ形質であっても遺伝率の値は集団によって異なる。たとえば、環境が均質な集団ほど形質の遺伝率は高くなる。確認しよう。表現型分散は、遺伝分散の占める割合と環境分散の占める割合へと分けられたのだから、環境分散が小さくなるほど遺伝分散の占める割合が大きくなるだろう。このことは、直観的には次のように理解できる。太陽光が均等に降り注いでおり、栄養も均質に行き渡っているブナの森では、生育環境がかなり均質に整えられているといえる。この場合、ブナの樹高のばらつきは環境の違いよりも遺伝的な違いによって説明されるだろうから、遺伝率は高くなる。

同じことが知能に関して成り立ってもおかしくない。教育を受けられるのが富裕層にほぼ限定される社会では、知能のばらつきが教育を受けられる環境におかれたかどうかによって左右されるので、遺伝率は低くなる。これに対し、機会の平等を重視し、誰もが教育を受けられる社会では、遺伝率が高くなる。

ればよいのか。

3−3　双生児法：遺伝率を推定する

ここまでの議論で遺伝率についての基本的な理解は固まった。しかし、遺伝率を推定するにはどうすればよいのか。

一つのやり方は、純系あるいは近交系を用いることである。たとえば、ショウジョウバエの胸部の長さの遺伝率を推定した研究を見てみよう。まず、遺伝的変異をもつ集団の表現型分散を調べたところ〇・三六六であった。次に、遺伝的に均一なハエを調べたところ分散は〇・一八八であった。これは環境分散である。環境分散を表現型分散から差し引くと、0.366 − 0.188 = 0.180。これが遺伝分散である。よって、遺伝率は 0.180/0.366 = 0.49 と求められる（タマリン 1988, 上巻 p.242）。

これはわかりやすい計算方法だが、近交系の集団を用意するのには三〇世代ほど継続的に人工的に交配させる必要がある。この方法を人間に適用するのは反倫理的だし、何百年もの時間を要するのでどのみち実行不可能である。人間の形質の遺伝率を推定にするにはもっと現実的な方法が必要である。

行動遺伝学では、血縁者同士（典型的には双生児同士）の類似性の程度（相関係数）に関するデータをもとに形質の遺伝率を推定する。一つの推定方法は、別々に育てられた一卵性双生児に注目することである。別々に育てられた一卵性双生児どうしの相関係数は、遺伝率と一致することが知られている。その理由は、別々に育てられた一卵性双生児は育てられた環境が違うのだから、彼らの間に見られる類似性はもっぱら遺伝の影響によるはずだから、というのが直感的な説明である。もう少し厳密な説明はコラムに回す。

しかし、別々に育てられた一卵性双生児は極めて稀な存在である。グールドはこのことをユーモラスに述べている。

もし、私が怠惰で気楽な人生を送りたいと思うなら、生まれてすぐに引き離され、別々の社会階級の下で育てられる一卵性双生児の兄弟がいいと思う。私たち兄弟は多くの社会科学者に雇ってもらえるし、実際に報酬を要求することもできるだろう。というのは、私たちは遺伝的には同じだが、別々の環境で育てられた個人であり、環境と遺伝、それぞれの影響を分けて研究するのに自然が与えてくれた適切で、実験のための唯一の大変貴重な存在だからである。(Gould 1996, p.264［邦訳：下巻 p.84f］)

別々に育てられた一卵性双生児はデータ収集が困難である。そこで、一緒に育った双生児に注目することになる。

一緒に育った双生児どうしの類似性は、遺伝による影響だけでなく環境からの影響にも依存する。そのため、別々に育った一卵性双生児の場合のように相関係数がそのまま遺伝率と一致することはない。とはいえ、一緒に育った双生児といえども、環境からの影響が何から何まで同じということはないはずだ。そこで、行動遺伝学者は、環境からの影響を家庭の外と内の二種類に分けて考える。[17] まず、同じ家庭に属する双生児や兄弟姉妹を互いに似たものにし、家庭の外の人々とは異なったものにする環境の効果がある。これを「共有環境」という。他方で、同じ家庭に属する双生児や兄弟姉妹の間でも違いを生む環境の効果もある。これを「独自環境」あるいは「非共有環境」と呼ぶ。

共有環境と独自環境を区別すると、一緒に育った一卵性双生児どうしの相関係数と一緒に育った二卵性双生児どうしの相関係数から遺伝率を推定する便利な方法がある。二卵性双生児同士の類似性に寄与する共有環境の影響は、一卵性双生児同士の類似性に寄与する共有環境の影響と同様だと考えられる。これに対して、二卵性双生児同士の類似性に寄与する遺伝の影響は、一卵性双生児同士の類似性に寄与する遺伝の影響の半分だと考えられる。このように考えると、一緒に育った一卵性双生児と二卵性双生児から得られた相関係数から遺伝率を推定するのは、単純な連立一次方程式を解くことに帰着する。すなわち、一卵性双生児同士の相関係数から二卵性双生児同士の相関係数を差し引いて二倍すればよい。

これを「ファルコナーの公式」という。具体的には、たとえば、ある形質について、一卵性双生児の相関係数が〇・九、二卵性双生児の相関係数が〇・五だったとすると、この形質の遺伝率は(0.9−0.5)×2＝0.8である。実際には、行動遺伝学の研究者の間で、この公式は遺伝率を求める手段としてはもはや使われていないが、それでも双生児相関から遺伝率を簡単に推定できるので、覚えておく価値がある(導出はコラムに回す)。次節はこの公式をもとに話を進める。

4　知能の遺伝・環境構造

「IQ」と「遺伝率」の理解はある程度固まった。これでようやく、知能に関する氏と育ちの問題を検討する準備が整った。

行動遺伝学者によれば、遺伝の影響を受けていない行動形質はまず存在しない(行動遺伝学の第一原則)。どんな宗教を信じるのか、どんな政治的信条の持ち主か、性格は内向的か外向的か、精神疾患を発症する可能性、さらにはテレビの視聴時間や離婚傾向に至るまで、ほとんどの形質が遺伝の影響を受けているといわれる。

こうした見解には異論もある。たとえば、政治的信条に関して、二卵性双生児どうしの類似性は一卵性双生児どうしの類似性とあまり変わらないという報告もあるし、宗教やお祈りの回数に関して子は母親に著しく似ていると言われる。宗教的信条がもっぱら母親から伝播することを生物学的に説明できるとは思えない。遺伝人類学者のカヴァリ゠スフォルツァは、ミトコンドリア遺伝子は母系遺伝だが、細胞にエネルギーを供給する細胞小器官が個人の宗教的信条に影響を与えることなどありそうもない、と皮肉っぽく述べている（Cavalli-Sforza 2001, p.190〔邦訳 p.235〕）。

おそらく、行動遺伝学者なら、程度の差こそあれども、どんな行動形質も遺伝の影響を多少なりとも受けているはずだ、と言うだろう。まったく遺伝の影響を受けていない形質が仮にあったとしても、それは例外であり、どんな形質を研究するのであれ基本的には遺伝の影響を受けていると疑ってかかるべきだ、と。

ともあれ、ここでは知能だけに焦点を当てる。以下では、IQの遺伝率はゼロではないという仮定から出発する。われわれの社会における知能の違いがすべて家庭環境や学校などの教育環境の違いによって完全に説明できると思っている人は、いないわけではないが[18]、あまり多くないと思うからである。

では、IQの遺伝率はいかほどか。『ベルカーブ』と「知能に関する主流派科学」はともにIQの遺伝率を〇・四から〇・八としている。この推定には大きな幅がある。実際、知能の遺伝率を正確に見積もるのは現実的ではない。小さなサンプルをもとに推定される遺伝率の値はどうしてもばらつくし、そもそも遺伝率は集団ごとに異なる。遺伝率は重力定数のような普遍定数ではないのだから、知能の遺伝率は正確にはいくつなのか、と問うても無駄である。とはいえ、遺伝の影響を強調する研究者と環境の影響を強調する研究者の間で激しく意見が対立してきたというのも事実である。

そこで、とりあえずの目安として、二つの競合仮説を想定することにする。

知能の遺伝仮説：たいていの集団において、ＩＱの遺伝率は〇・五より大きく、ＩＱの分散に対する共有環境の影響は無視できるほど小さい。

知能の環境仮説：ＩＱの遺伝率は集団によって大きくばらつく。よほど均質な集団でなければＩＱの遺伝率は〇・五未満であり、ＩＱの分散に対する共有環境の寄与は無視できない。

これらの仮説はやや極端だが、支持者がいないわけではない。遺伝仮説の支持者の典型例として私が念頭においているのはロンドン学派（シリル・バート、ハンス・アイゼンク、アーサー・ジェンセン、フィリップ・ラシュトンなど）である。環境仮説の支持者の典型例として念頭に置いているのはリチャード・ニスベットである。

4―1　ＩＱに対する遺伝の影響

ジェンセンは、一九六九年の論文「われわれはＩＱと学業成績をどのくらい向上させることができるか」において、黒人の平均的な知能が遺伝的に劣っている可能性を示唆した（第1章4節）。その際、彼は知能に対する遺伝の影響が大きいという仮説の傍証として、ＩＱの遺伝率は〇・七七であるというシリル・バートの研究を参照していた。しかし、〇・七七というのはいくらなんでも高すぎではないのか、ということでバートの研究の瑕疵を探し出す動きが始まった。

批判者たちはバートの研究の中に多くの不自然な点を見つけた。特に致命的と思われたのは、バートが最後に付け加えた一連のデータである。別々に育てられた双生児に関するバートの研究は一九四三年に発表された後、一九五五年、一九五八年、一九六六年と三度にわたって更新され、サンプル数が増えていった。ところが、サンプル数が増えているのにもかかわらず、報告された相関係数はどれも〇・七七であった。相関係数の値がここまで一貫しているというのは大変疑わしい(Eysenck & Kamin 1981, p.100f[邦訳：p.183f])。マスコミが大規模なキャンペーンを打ったため、バートの研究はデータ捏造によるものとして認知されるようになった。

バートの研究に依拠して知能の遺伝率を論じることはもはやできない。しかし、トマス・ブシャードらが実施した「別々に育てられた双生児に関するミネソタ研究」など、別々に育てられた一卵性双生児を扱ったその他の研究でも、〇・六四から〇・七八という高い相関係数が得られている(Bouchard et al. 1990)。バートの仕事が捏造だったとしても、ＩＱの遺伝率が高いという可能性は残るのではないか。[19]

遺伝仮説に懐疑的な論者は、生まれてすぐ別れた一卵性双生児といえども、結局は似たような家庭で育っているのだろうと疑っている。レオン・ケイミンは、別々に育てられた双生児というのが実際には同じ街で三マイルほど離れた場所に住んで同じ学校に通っていた、といった例を挙げている(Eysenck & Kamin 1981, p.111［邦訳：p.202］)。離れた地域の別々の家で育てられたとしても、教育方針や経済状況がまったく異なる家庭で育てられることは少ないと思われる。たいていの場合は親戚の家で育てられる。他にも双生児どうしの類似性を生み出す環境の効果があるのかもしれない（子宮内環境の類似性など）。

別々に育てられた一卵性双生児の研究は稀だが、一卵性双生児と二卵性双生児を比較した研究は豊富にある。多くの研究が示すところでは、一卵性双生児どうしの方が二卵性双生児どうしよりずっとよく似ている。計四六七二組の一卵性双生児を対象とした三四の研究におけるＩＱ相関の平均は〇・八六だったのに対して、計五五四六組の二卵性双生児を対象とした四一の研究におけるＩＱ相関の平均は〇・六〇だった（Haworth et al. 2010）。ファルコナーの公式をあてはめると、遺伝率は〇・五二となる。

この数値はまだ高すぎるのかもしれない。一つの疑念は、ファルコナーの公式の使用にある。実は、ファルコナーの公式を導くにあたって、一卵性双生児ペアと二卵性双生児ペアに対する共有環境の影響は同じと仮定していることだ（等環境仮説）。環境仮説の支持者はこの仮定を疑ってきた。たとえば、親は一卵性の双生児に対して二卵性の双生児よりも当然似ているだろう、と前提して接するのかもしれない。そのため、一卵性双生児のほうが二卵性双生児よりも相関係数が高く見積もられた可能性がある。

ただ、こういう可能性が遺伝率の推定値をいくらか下げるにせよ、大きく減少させるというのも疑問ではある。たとえば、本当は一卵性なのに二卵性と間違えられた、あるいは、本当は二卵性なのに一卵性と間違えられて育てられた双生児の類似性は、実際の卵生双生児の類似性と同様であることが示されている。等環境仮説が脅かされているとは言えない（安藤 2014, pp.33–36）。

ここまでの話だと遺伝仮説の方にやや分があるように思える。しかし、この結論は単純すぎる。まず、知能の遺伝率は親の社会階層によって変動する、という指摘がある。エリック・タークハイマーによると、これまで双生児研究で調べられてきたのは社会・経済的地位（ＳＥＳ）の高い、比較的裕福な家庭の子どもが多かった。[20] こうした家庭は知能を伸ばすための優れた環境を提供しており、家庭ごとの違いがそれほどない。つまり、環境が均一に近い。そのために、ほとんどの双生児研究でＩＱの遺伝率が過大評価されてしまった可能性がある。ＳＥＳの低い人々に的を絞って調査すれば、まったく違う結果が得られるのではないか。

タークハイマーは実際にそうだったと主張している（Turkheimer et al. 2003）。ＳＥＳの高い家庭の子どもでは、ＩＱの遺伝率が〇・七二、共有環境の影響は〇・一五だが、ＳＥＳの低い家庭の子どもに関しては遺伝率が〇・一〇、共有環境の影響が〇・五八とほぼ完全に逆転していた。なぜそんなことが生じるのか。ＳＥＳの低い人々の間では、子どもの知能を伸ばそうとする家庭からあらゆる面で不健全な家庭まで非常に幅が広いからである。そうだとすると、ＩＱのばらつきは基本的に環境の影響によるのだが、富裕層の家庭はわれわれが思っている以上に、知能を高めるのに均一の環境を提供しているがゆえに遺伝率が高く見積もられてしまっているのかもしれない。

この報告は双生児研究の限界を示しているとか、遺伝仮説が誤っていることを示している証拠として、センセーショナルに取り上げられた。ただし、ここまで明確に逆転するのは、タークハイマーらの研究が遺伝率の低く出やすい子どもを対象にしているからだ、という見方もある。これは、追跡調査をしようにも、ＳＥＳの低い家庭の被験者は年齢が上がると連絡をとって研究に参加してもらうのが難しくなるという事情によるらしい（Nisbett 2009, p.240［邦訳 p.316］）。なお、その後の追試とメタ分析によれば、遺伝率とＳＥＳの関連は当初報告されたよりも弱く、アメリカ以外の西欧諸国では再現できていないという（Turkheimer et al. 2017）。

遺伝の影響には発達的変化も指摘されている。数十件以上の双生児研究では、サンプルの年齢に大きな差がある。そして、一卵性双生児どうしは年齢を重ねるにつれてさらに似てくるのに対し、二卵性双生児どうしは似なくなっていく。そのため、小児期から青年期へと移行するにあたって遺伝率が上昇する傾向がある。四カ国の計一万一〇〇〇組の双生児からなるサンプルを年齢別にメタ分析（特定の主題に関するそれまでの研究文献のデータを網羅的に集めて、そこから整合的な結論を導こうとすること）した最近の研究によれば、ＩＱの遺伝率は小児期（九歳）の〇・四一から青年期（一二歳）の〇・五五、青年期（一七歳）の〇・六六へと直線的に上昇していく（Haworth et al. 2010）。この結果は、知能の遺伝仮説と環境仮説という極端なシナリオがそのままの形で成り立つわけではなく、現実はそう単純に割り切れないことを示唆している。

4−2　IQに対する共有環境の影響

行動遺伝学では、一般に、共有環境の影響は遺伝の影響よりもずっと弱いという見解が有力視されている（行動遺伝学の第二原則）。共有環境とは二人のペアを類似させる環境の影響であり、直観的には家庭環境としてイメージできる。それぞれの家庭と家庭の違いを生むような要因ともいえる。これに対し、独自環境というのもあった。これはたとえ同じ家庭で育てたとしても違いを生むような要因、つまり、それぞれの家庭の中においてメンバー同士の違いを生むような要因であり、直観的には家庭外の環境としてイメージできる。遺伝仮説の支持者は独自環境の影響が大きいことを認めており（行動遺伝学の第三原則）、環境の影響を完全に否定しているわけではない。彼らが無視できると言っているのは、共有環境の影響である。もしそれが正しければ、知能差に関して家庭環境からの影響はほぼ無視できてしまうだろうから、環境仮説の支持する人はこの見解の正しさを疑う。

共有環境の影響は、一緒に育った一卵性双生児と二卵性双生児のデータからも推定できるが、もっと直接的な手がかりが養子縁組から得られる。双生児を自然が用意した実験と呼び、養子を社会が用意した実験と呼ぶこともある。別々に育てられた双生児の類似性は遺伝からの影響だと考えられるので、遺伝率を推定する手がかりになった。これに対し、血縁関係がまったくない里親と養子、あるいは兄弟姉妹の類似性は、遺伝以外のルートからの影響、すなわち共有環境の影響だと考えられる。したがって、養子縁組は共有環境を推定する手がかりとなる。

養子の知能は里親やその家の兄弟姉妹の知能と類似するのか、それとも生みの親と類似するのか。一九七〇年代後半から八〇年代にかけて行われた「テキサス養子縁組プロジェクト」は、未婚の母親が子どもを養子に出す縁組を援助するテキサス州の教会から得たデータに基づく養子研究である。[21] この研究の参加者たちは平均して八歳のときにＷＡＩＳなどの知能テストを受けて、その一〇年後に追跡調査としてもう一度テストを受けた（Deary 2000, p.83–85［邦訳 pp.105–107］）。

最初の研究では、養子と里親のＩＱの相関は〇・二程度だった。しかし一〇年後の調査では、相関が〇・一程度に減少した。それに対して、里親と実子のＩＱの相関は一〇年を隔てたどちらの時点でも〇・三程度であった。また、養子を受け入れた家族の、血のつながった兄弟姉妹の相関は〇・三程度であまり変わらなかったのに対して、血のつながっていない兄弟姉妹はほぼ無相関であった。養子のＩＱは里親やその家の兄弟姉妹とそれほど類似しないようである。

環境仮説の支持者はこうした研究に疑問を呈してきた。養子縁組をするのは健全な中流階級に属する家庭が多いと言われる。たしかに、この階級の人々の生活スタイルはそれなりに多様ではあるだろう。アメリカ中西部の田舎に住むキリスト教原理主義者もいれば、マンハッタンに住むユダヤ人医師もいる。家庭環境や育児方針もさまざまであろう（Pinker 2002, p.380［邦訳：下巻 p.189］）。しかし、前節で紹介したタークハイマーの研究によれば、ＳＥＳの高い集団では遺伝率が高くなり、共有環境の影響が小さくなりがちだった。それと同じように、養子縁組をする家庭が健全な中流階級に偏っているとすれば、養子研究が共有環境の影響を過小評価していてもおかしくない（Nisbett 2009, p.29［邦訳 p.45］; Mackintosh 2011, p.270）。

とはいえ、ここでもやはり遺伝仮説と環境仮説のどちらか一方で現実を割り切るのは難しいように思える。遺伝率が年齢とともに変化するように、共有環境の影響も年齢とともに変化する、という発達的変化を額面通りに受け止める必要がある。前節で参照した双生児研究のメタ分析によれば、共有環境の影響は、小児期では〇・三三、思春期では〇・一八、青年期では〇・一六と減少していく（Haworth et al. 2010）。小児期に関して言えば、共有環境の影響は遺伝の影響と比べて遜色ない。

4－3　遺伝・環境相互作用

知能に対する遺伝の影響は無視できない。しかし、それにもかかわらず、本節の冒頭で定義した意味での遺伝仮説が決定的な勝利を収めるというのは、期待薄に思える。遺伝の影響は親の社会階層によって変動しうる。ＳＥＳの高い集団では質の高い教育が均質に施されていて、子どもの時期からすでに遺伝率が高いのに対して、ＳＥＳの低い集団では家庭ごとの教育方針の違いが強い影響を及ぼしているのかもしれない。そして、ＩＱの遺伝率や共有環境の影響に対する加齢が影響を及ぼすことは広く認められつつある。

ＩＱの遺伝率が年齢とともに上昇するという発見はさまざまな議論を呼んできた。実際、これは意外な現象である。素朴に考えると、短時間しか環境にさらされていない生まれたばかりの子どもの方が遺伝の影響は大きく出るはずである。われわれの人生は長い。その過程で、多くの経験を積んでいくし、さまざまな偶然の出来事にも出くわす。尊敬すべき教師や友人と出会う人もいれば、交通事故に巻き込まれて脳に損傷を負ってしまう人もいる。それなのに、年齢が上がるにつれて独自環境ではなく遺伝の影響が増してくるということは、年を重ねれば重ねるほど遺伝の影響がじわじわ表に出てくることを意味する。しかも、この現象は知能以外の形質でも観察される一般的な傾向だという。

ここまでくるとむしろ不気味に思えてくる。結局われわれは遺伝子の操り人形なのか。

この結論はさすがに過剰反応だろう。第1章で述べたように、遺伝子はわれわれの行動の一挙手一投足を決定するわけではなく、おおまかな行動の傾向を生み出すにすぎない。どんな形質にも遺伝の影響があるからといって、遺伝率が一〇〇パーセントというわけでもない。[22]

遺伝率が上昇する理由は標準的には次のように説明される。一卵性双生児を除いて、われわれはみな違った遺伝情報を持っており、遺伝情報は自分の個性の重要な部分を成している。子どもの頃は親のしつけによって兄弟姉妹は同じように育てられるかもしれない。しかし、親や周囲の環境から与えられる影響の中には、当人にとって好ましいものもあれば不愉快なものもある。子どもは成長するにつれて、自分の遺伝子が与える傾向に基づいて、自分の経験を選択し、修正していく。その結果、共有環境の影響はしだいに薄れていき、遺伝率が上昇するのだろう。

こうした説明はさらに詳細に展開されうる。たとえば、六歳から一二歳の双生児を対象にしたアメリカの研究によれば、知能を媒介変数として分析したところ、知能の低いグループほど二卵性双生児の類似性が低くなり、その結果、遺伝率が高くなり、共有環境の影響は小さくなった。能力の高い子どもほど家庭環境にかかわらず自力で知的に豊かな環境を求めようとする傾向があるのに対して、能力の低い子どもほど周囲の環境に敏感に反応してしまう傾向があるのかもしれない（安藤 2014, p.170）。

要するに、知能の個人差に及ぼす遺伝と環境の影響は、年齢や親の社会階層といったさまざまな媒介変数によって変動しうる。現代の行動遺伝学者は、こうした可能性を問うことで遺伝・環境の相互作用を探求しようとしている。知能の遺伝仮説と環境仮説のどちらにも与しないからといって、どっちつかずの態度をとることには必ずしもならない。遺伝・環境の相互作用と一口に言っても内実は複雑だが、手が出せないブラックボックスとも思えない。研究はまだはじまったばかりである。

5　人種とIQ

　ここまで、知能に対する遺伝と環境の影響についての基本的な考え方を紹介してきた。本章の残りの部分では、知能という徳が現代社会においてどんな意義をもつのかを考察したい。本節では、平均IQ得点の人種差は一部遺伝によるのか、純粋に環境によるのか、という話題を取り上げる。次節以降についても予告しておくと、6節では、人類の知能は劣化する傾向にあるという悲観論と人類の知能は向上していると いう楽観論を取り上げる。7節では、知能テストの応用可能性と現代社会は知能によって階層化されているという仮説を検討する。

　さて、知能研究は人種差別的だと言われることがある。たとえば、ハーンスタインとマレーによれば、アメリカの白人と黒人の平均IQには一標準偏差（一五ポイント）の開きがあり、東アジア人と白人の間には〇・二標準偏差（三ポイント）の開きがある（Herrnstein & Murray 1994, p.298）。この開きは知能テストそのもののバイアスを表しているのではないか。二つの人種集団でテストの平均点が違っているなら、そのテストは片方の集団に有利なように作られているのは明らかではないか。

　この疑惑はもっともである。たしかに、知能テストのテスト項目には文化的なバイアスがある。たとえば、WAISにおける知識や理解のような課題は、白人中流階級の生活スタイルという特定の文化を前提にしている。ところが、一見もっともに思えるこの仮説を支持する証拠は乏しいという（Eysenck &

Kamin 1981, pp.80–83; Mackintosh 2011, pp.348–350)。というのも、文化的バイアスが間違いなくあるはずの課題を黒人が白人に比べて苦手にしているというわけではなく、黒人は白人に比べてすべてのテストで平均得点が低い。そのため、ＩＱ得点の人種差はテスト項目の文化的バイアスのせいとは言いきれない。それなら、ＩＱ得点の人種差は何によって生じているのか。純粋に環境の違いによるのか。それとも部分的には遺伝要因の違いによるのか。ハーンスタインとマレーはこの問題に関して、現状では不可知論を支持するほかないと言ったが（Herrnstein & Murray 1994, p.311）、遺伝が影響している可能性をほのめかしたことで顰蹙を買った。

ＩＱ得点の人種差に関する遺伝と環境の影響を検討する際に忘れてはならないのは、平均ＩＱの人種差に関する遺伝と環境の影響をめぐる意見の対立は、前節で検討した知能の遺伝仮説と環境仮説の対立とは別物だということである。遺伝率は集団内の個体差にかかわる統計量であって、集団間の差に対して用いることはできない。仮に知能の遺伝仮説が正しかったとしても、平均ＩＱの人種差が遺伝の影響で説明されるとは限らない（Bodmer & Cavalli-Sforza 1970）。

平均ＩＱの人種差に遺伝が関わっている可能性は論理的にありうる。いまから六、七万年ほど前に人類の祖先がアフリカを出たあと、彼らは集団ごとに異なる環境にさらされたために、集団ごとに異なる肌の色や体格の違いが生じた。ＩＱの分散に遺伝が寄与しているとして、もしＩＱに自然選択の圧力が働いたのだとすれば、平均ＩＱの高い集団と、高くない集団が生じたとしてもおかしくない。しかし、論理的な可能性ということでいえば、他にもいろいろな可能性がある。哲学者のネッド・ブロックが指摘するように、黒人集団と白人集団の間での平均ＩＱの違いは環境をそろえれば消えるかもしれないし、ひょっとしたら黒人集団の方が高くなるかもしれない（Block 1995）。あるいは、遺伝と環境の相互作用はもっと複雑で、環境をそろえたとしても、ある種の環境下では白人集団の方が黒人集団よりも平均IQが高くなるが、別の環境下では黒人集団の方が白人集団よりも平均IQが高くなるということも考えられる。

平均IQの人種差に対する遺伝・環境の影響をめぐる主張は物議を醸しやすい。たとえば、ジェームズ・ワトソンはDNAの二重らせん構造の発見が評価されてノーベル賞を受賞した生物学者だが、彼は二〇〇七年に記者のインタビューに答えるなかで、「アフリカの可能性については悲観せざるを得ない」「われわれの社会政策はすべて、アフリカ人の知能がわれわれと同じだという前提に基づいているが、実験結果はすべてそうでないことを示している」「黒人労働者と交渉しなければならない雇用主なら、そうでないことをわかっている」などと発言して非難を浴びた。[23] ワトソンは人種差別の意図はないと釈明したが、「実験結果はすべてそうでないことを示している all the testing says not really」というのは事実を歪曲しているし、発言のトーンも侮蔑的に思える（cf. ロスリング 2019）。

このような話題を政治的に中立の立場から科学的に論じることなど本当にできるのか。グールド『人間の測りまちがい』の主張は、知能研究は人種に関する偏見を持ち込んでおり、自然科学の客観性を装っているというものだった。しかし、平均IQの人種差は純粋に環境のみの影響で説明できると主張する人のなかには、遺伝の影響を指摘する学者にレイシストのレッテルを貼って済ませるのではなく、彼らの挙げる証拠に向き合って批判的に検討している学者がいる。ここで取り上げるのは、そうした人々の議論である。

以下では、まず、人種が生物学的にまともな分類カテゴリーとはみなされていないという大まかな合意ができていることを確認する（5－1節）。ただ、人種が生物学的にまともなカテゴリーでないという主張はにわかに信じがたい。そこで、人種とスポーツの関わりなどを例にとって、人種の見かけ上のリアリティに関する説明を紹介する（5－2節）。そのうえで、本題であるＩＱ得点の人種差に関する研究（5－3、5－4節）を取り上げる。

5－1　近代的な人種概念の興亡

人種とは、現生人類を骨格や皮膚の色、毛髪などの遺伝可能な形質的特徴によって区分した集団である。人種の数についての合意は存在しないが、一八世紀ドイツの人類学者ヨハン・フリードリヒ・ブルーメンバッハによる、コーカサス人（白人種）、モンゴル人（黄色人種）、エチオピア人（黒人種）、アメリカ人（赤色人種）、マレー人（茶色人種）という五大人種説がよく知られている。

肌の色によって人を差別することは古くから広く行われてきたが、近代的な人種概念は一七、一八世紀の啓蒙の時代にルーツがある。それまでの常識では、人々はさまざまな身分のもとに生まれ、キリスト教のさまざまな宗派、あるいはユダヤ教などの異教徒の集団に属すると考えられてきた。啓蒙思想はこうした身分制秩序、宗教的な枠組みを否定して、理性にもとづく科学的な区分に置き換えようとした。人種は古い区分にとってかわる新しい区分として構想されたといえよう（藤川 2011, p.61）。

人間には平等に理性が備わっているという理念にコミットする哲学者には、人種の違いはたいした問題でなかった。啓蒙思想家の多くは奴隷制に概して批判的で、異文化理解にも積極的だった。ゴットフリート・ヴィルヘルム・ライプニッツやクリスティアン・ヴォルフといったドイツの哲学者は中国思想の中に理性の支配を見てとった。アフリカ出身の黒人哲学者もいた。アントン・ヴィルヘルム・アモーはガーナからアムステルダムにわたり、その後、ドイツ啓蒙思想の牙城ハレ大学で哲学を、ヴィッテンベルク大学で医学・生理学・哲学を修めて、一七三四年に心身二元論に関する論文で哲学博士号を取得した。彼は一七四七年にアフリカに帰国するまで、ハレ、ヴィッテンベルク、イエナの各大学で哲学の講師として教鞭をとった（石川 2009, p.96）。

ただし、異人種への寛容がこの時代にそこまで一般的だったわけではない。デイヴィッド・ヒュームの差別発言がよく例に挙げられる（Gould 1996, p.72f［邦訳：上巻 p.105］）。彼は「国民性について」という小論で次のように述べた。

> わたしは、黒人と一般に他の人間種のすべて（四つか五つの異なる種が存在している）が生まれながらに白人より劣っていると思っている。白人以外に、どんな他の肌の色を持つ文明化された民族もまったく存在しなかったし、行動であれ思弁であれ、卓越した個人でさえもまったく存在しなかった。他方で、古代のゲルマン人や現在のタタール人のような、白人のうちでもっとも残酷で野蛮な人々でさえ、依然として、勇猛さ、統治形態、あるいは他の特別な何かにおいて、かれらよりも優れた何かをもっている。このような画一的で不変な相違は、もし自然がこれらの人間の種のあいだに始元的な区別をもうけなかったならば、これほど多くの国々と時代に生じることはできないであろう。[24]

一般に、ヒュームは迷信と偏見を厳しく批判した哲学者とみなされている。実際、『人間本性論』では、多くの反対証拠が与えられているにもかかわらず「アイルランド人は機知に欠ける」とか「フランス人は堅実でない」といった偏見を人々が広く信じる心理的要因を論じている（第1巻第3部11節）。しかし、同じような批判は非白人に対する迷信と偏見にまで及ばなかった。ヒュームはレイシズムの理論的権威であり、レイシズムの反対者にとっては戦うべき敵とされてきた。

一九世紀後半から二〇世紀にかけて、人種は科学的にまっとうな分類単位なのかに関して、徐々に疑問符がつけられるようになってきた。まず、人種の数についての合意が存在しないという点が問題になる。ブルーメンバッハの五分類のほか、白色人種・黄色人種・黒色人種の三分類を提案する論者もいれば、一〇〇以上の人種を措定する論者もいる。分類単位に関する合意ができない一つの理由は、人種は生殖可能性によって区別できないからである。かつては混血が虚弱体質をもたらすといった俗説があり、それが異人種間の結婚を禁じる理由とされたこともあったが、ダーウィンはこの種の俗説を批判している(ダーウィン 2016, 上巻 p.277f)。

異人種間で生殖可能であることから生じる別の問題は、分類の周縁部における差異の曖昧さである。たとえば、バラク・オバマ前大統領はどの人種に属するのか。一般にアメリカ初の黒人大統領と言われているのだから、黒人に決まっているのだろうか。しかし、彼の両親は黒人と白人である。黒人と白人という二つのルーツをもつのに、なぜ彼を黒人に分類するのか。考えられる一つの根拠は、一滴でもアフリカ系の血が入っていれば黒人、という悪名高いルール(一滴主義 one drop rule)である。だが、このルールが恣意的であることは、アメリカで最初からこのルールが適用されていたわけでもなかったことからもわかる。たとえば、ヴァージニア州では、アフリカ系の血を四分の一以上もつ者が黒人とされていたのに、一九一〇年に州法が改訂されて一六分の一以上ということになった。その結果、それまで白人だったものが法律上は黒人になった。そして、一九二四年の人種純血保全法により、先祖のなかに一人のアフリカ系の血を持つ者がいない完全に純粋なコーカソイドだけが「白人」と定義された(藤川 2011, p.148)。

このように、人種には歴史的に形成された側面が濃厚である。

さらに、二〇世紀の遺伝学者は、人種内の遺伝的変異(遺伝的多様性)が人類全体の遺伝的変異とほぼ同じくらい大きいことを発見した。血中たんぱく質をコードしている一七の遺伝子の変異を調べたルウォンティンの研究によれば、人種間の差異に帰属できる変異は六・三パーセントである。八五・四パーセントの変異は地域集団内で起こり、残りの八・三パーセントは同じ人種内の地域集団間で生じる。[25] 天変地異が起こってニューギニアの森林の奥深くに住む小さなグループだけが生き残ったとしても、人類の無数のグループ内にある大半の遺伝的変異は保存されるだろう(Gould 1996, p.353〔邦訳:下巻 p.234〕)。

そもそも、ヒトは遺伝的変異の小さな生物種である。アフリカのごく限られた地域に生息し、ヒトよりもはるかに個体数が小さいチンパンジーですら、ヒトよりも大きな遺伝的変異を抱えている。これは、われわれの祖先が約一〇万年前に人口の激減を経験したことを反映している。危機を生き延びたわれわれの祖先はそこから立ち直り、人口が爆発的に増加した。人種間の違いはその後に、主に気候への適応として生じたにすぎない。人種間の遺伝的差異が少ないのはそのためである。人種はほかの動物種の亜種に相当するような区分ではない。

一九五〇年、「人種に関するユネスコ声明」が採択された(第1章3節)。この時点では、テオドシウス・ドブジャンスキーをはじめとする多くの生物学者がユネスコ声明に反対していた。人種概念を差別のために誤用するのが問題なのであって、人種概念それ自体に問題があるわけではない。しかし、ドブジャンスキーも最終的に人種概念を放棄した(Yudell et al. 2016)。

それでも、人種の生物学の終焉を認めない人はいる。人種間の交配は地理的に妨げられてきた。何千年もの間、アジア人はアジア人と、ヨーロッパ人はヨーロッパ人と、アフリカ人はアフリカ人と交配してきた。人種間の交配が活発になったのはごく最近である。人種間に帰属できる遺伝的変異は八・五パーセントで、個人間の変異よりずっと小さいというのが事実だとしても、違いが存在しないわけではない。鎌形赤血球性貧血や地中海貧血（サラセミア）など、特定の人種・民族集団に偏った病気もある。人種の区分を生物学的にまともなものとして存続させられる可能性がないわけではない。[26] しかし、仮にそういう可能性を認めたとしても、人種にステレオタイプ的に帰属されているさまざまな特性まで遺伝的に説明されるわけではない。

今日では、人種の区別は社会的な構築物にすぎないという言い方が好まれる。[27] ある区別が社会的な構築物であるとはどういうことか。たとえば、台風の風速が正確にどのくらいなのかは自然の側で客観的に決まっている。一方で、風速が毎秒一五メートル以上なら強風、毎秒二五メートル以上なら暴風といった区別を立てるのは人間社会が自分たちの活動のためにこしらえたにすぎないと思われる。境界が曖昧なところに建てられた人種の区別は、台風の例と同様に人工的に思える。

5-2 人種の見かけ上のリアリティの謎を解く

人種が科学的に信用のおけない分類単位だという主張は、にわかに信じがたいところがある。本節では人種の見かけ上のリアリティを作り上げる二つの要因を取り上げる。

（1）人種の知覚

人種のリアリティを作り上げる一つの要因はわれわれの知覚である。ある個人がどの人種に属するのか、見ればだいたいわかることではないか。たいていの大人は、初対面の人に会ったとき、その人を性別と年齢、そして人種という三つの属性で自動的に記憶すると言われる。どういう服装や髪形をしていたのかは、これらの属性よりも記憶に残りづらい。相手が子どもなのか大人なのか、男なのか女なのか、同じ人種なのかどうか、これらはよく覚えている。

このことは「記憶混乱パラダイム」と呼ばれる種類の実験によって確かめられる。研究者は被験者に、人々の顔写真をその人のセリフつきで何枚も連続して見せる。写真の枚数は多いので被験者はどうしても覚えきれないわけだが、記憶違いには系統的なパターンがある。若いアジア系の女性のセリフを、高齢のヒスパニック系の男性のセリフと間違える、といったことはなく、同じくらいの年齢・同じ性別・同じ人種の人々の顔写真とセリフを間違える傾向にある、ということがわかる。

この現象は不思議である（Cosmides, Tooby & Kurzban 2003；ブルーム 2015, pp.114–118）。たしかに、個人を記憶するときに性別と年齢と結びつけるのは進化上の利点がありそうだ。しかし、先史時代を生きていたわれわれの祖先たちは、徒歩で移動できる比較的狭い地域で生活していて、異なる人種に出会うことなどほとんどなかったはずである。そもそも人種が科学的にまともな分類単位でないという点もあわせると、人種を見分けなければならない場面などなかったのではないかと思える。

したがって、人種を見てしまうわれわれの傾向は自然選択によってデザインされた適応形質ではなく、別の能力の上に築かれた副産物だと推測される（適応と副産物の区別は、第1章4節を参照）。そこで、人種の知覚はどのような能力の副産物なのか、という問いが立てられる。

進化心理学者のロバート・クルツバンらは結託説（coalition theory）を提案した。ヒトは集団で生活する動物だが、集団同士はしばしば衝突する。そのため、誰が仲間で誰が敵なのかをわかりやすくするために、人間を分類する必要があった。そこで、われわれは肌の色や頭の形などの目立った身体的特徴を、ひとがどの集団に属しているのかを見極めるための目印として利用する生得的な傾向を有している。ただし、結託の目印となる特徴は、いわゆる人種と結びつけられる身体的特徴でもありうるし、そうでなくてもよい。初対面の人と会ったときに人種が記憶に残りやすいのは、偶然である。

クルツバンらは結託説の正しさを確かめるために、記憶混乱パラダイムに基づく実験を行っている。先ほど述べたように、研究者は被験者に、人の顔写真をセリフつきで何枚も連続して見せる。写真の枚数が多いので、被験者はどうしても覚えきれないわけだが、記憶違いには系統的なパターンがある。クルツバンらは、はっきりと違う色をした二つのバスケットボール・チームのジャージを着た人々の写真をセリフつきで何枚も連続して提示した。それぞれのチームには黒人と白人を同数振り分けた。この場合、被験者は肌の色に基づく間違いよりも、ジャージの色に基づく間違いをする方が圧倒的に多かった。実際、スポーツの試合を観戦するときなどには、選手の人種よりもどのチームに属するのかに注目するだろうから、ここで観察されたような間違いが起こるのは不思議ではない。この結果は、われわれが初対面の人を記憶するのに人種という属性を利用するのは生物学的な必然性ではなく偶然にすぎないことを示唆する。

（2）人種とスポーツ

人種のリアリティを作り上げる別の要因はスポーツである。日本では、黒人の身体能力が生まれつき優れていると見なす風潮が強いと言われる（川島 2012）。陸上競技で圧倒的な強さをみせる黒人アスリートの姿はテレビや新聞を通して繰り返し伝えられているし、近年は陸上短距離走のサニブラウン・アブデル・ハキーム、テニスの大坂なおみ、バスケットボールの八村塁など、黒人の血を引く日本人アスリートが活躍していることから、こうした風潮はいっそう強まっている。多くの人は次のように考えているのではないか。たしかに、黒人のなかには運動が苦手な人もいるだろう。しかし、陸上競技で上位にくるアスリートの多くが黒人で占められているということは、やはり黒人の平均的な身体能力は優れているのだろう、と。

黒人は身体能力が生まれつき優れているという仮説は、黒人自身によって肯定的に受けとめられることもあった。奴隷船という過酷な試練を生き延びることのできた黒人奴隷はわずか五人に一人で、その後もきびしい労働で仲間が次々と命を落としていった。自然選択の圧力が黒人奴隷の集団に働いたはずであり、だからこそ、黒人アスリートたちの筋肉組織は遺伝的に優れている……。こうした進化のシナリオがまことしやかに語られたこともあった（川島 2012, p.119f）。

しかし、人種内にも膨大な変異があるという点を考慮しなければならない。スポーツの世界は、人種内に膨大な変異があるという主張を理解するための試金石となる。黒人といっても一枚岩ではない。たとえば、陸上競技の中でも長距離走で活躍する黒人アスリートの多くはエチオピアやケニアなどの東アフリカに出自をもつのに対し、短距離走で活躍する黒人アスリートの多くは西アフリカに出自をもっている。黒人が陸上競技に強いという見方は肌理《きめ》が粗い。

それでは、東アフリカ系の黒人は長距離走に強い遺伝因子をもっており、西アフリカ系の黒人は短距離走に強い遺伝因子をもっているのだろうか。そうなのかもしれない。たとえば、西アフリカ人は多くの速筋線維をもつため短距離走のような短期間の爆発的な運動に向いている。東アフリカの黒人は乳酸など筋肉疲労の原因となる物質をあまりつくらないので彼らの筋肉は耐久力がある、など（ラシュトン 1996, p.214）。

しかし、東アフリカの黒人、西アフリカの黒人という分類でもまだ肌理が粗いという指摘もある。たとえば、ジャマイカとドミニカの黒人は西アフリカに出自をもっている。ウサイン・ボルトに代表されるジャマイカは短距離走に強く、オリンピックでもメダルを量産しているのに対して、ドミニカは野球人気が高く、大リーグ選手を多く輩出している。この対比は宗主国の文化からの影響が大きい。ジャマイカは英国の植民地で、ドミニカはアメリカの植民地だった。ヨーロッパではマイナースポーツの野球がドミニカで人気なのは、アメリカ文化の影響に違いない（川島 2012, pp.226–229）。

黒人は身体能力が優れていると思っている人でも、黒人があらゆるスポーツ種目で優れた成績を収めているわけではないことは知っている。たとえば、水泳競技の第一線で活躍する黒人アスリートは少ない。これに関しても、黒人は骨密度が高く体脂肪率が低いので水泳に向いていない、など遺伝要因を指摘する人はいる。（ラシュトン 1996, p.214）。しかし、そうした指摘が黒人全体にあてはまるのかどうかは疑問もある。川島によれば、黒人は水泳が苦手だというのは今日のステレオタイプで、つねにそう見なされてきたわけではない。大航海時代の探検家たちはガーナやセネガル、ガボンなどの地でアフリカ人の驚異的な泳力を目撃してきたし、奴隷となったアフリカ系アメリカ人は海や河川でサメやワニと戦って仕留めてきたという。だとすると、水泳競技の第一線に黒人アスリートが少ない原因は、黒人コミュニティには子どもが水泳に親しむための設備や機会が端的に不足しているから、と考える方が自然に思える。

黒人アスリートが少ないのは水泳競技だけではない。地上最強の格闘家ともいわれるボクシングのヘビー級王者ですら、二一世紀になって黒人王者は激減している。スポーツにおける環境の影響を過小評価すべきではない。[28]

5―3　ＩＱ得点の人種差は遺伝の影響を受けているのか

本節の冒頭で述べたように、アメリカの白人と黒人の平均ＩＱにはおよそ一標準偏差ぶんの開きがある。この差には一部遺伝の影響もあるのだろうか。

ＩＱ得点の人種差に遺伝の影響があるとする議論は無数にある。一例として、脳容量の人種差に訴える議論を取り上げよう。[29] 脳容量とＩＱの間には〇・二から〇・四程度の正の相関があることが知られている。ラシュトンとジェンセンは、黒人の脳容量が平均して白人よりも小さいことから、ＩＱ得点の人種差は一部遺伝的であると論じる（Rushton & Jensen 2005）。

グールドの『人間の測りまちがい』を読んだ人は、脳容量とＩＱの間に正の相関があるというのは信じられないかもしれない。頭の大きさや形は環境の影響を受ける。ボアズはアメリカで生まれたさまざまな人種の人々はヨーロッパ出身の両親よりも頭が大きい傾向にあると指摘し、その原因を栄養状態に求めた（Gould 1996, p.140［邦訳：上巻 p.216］）。

ただし、グールドが批判したような、頭の大きさと知能の間に関連を求める頭蓋測定学は一九世紀の研究である。二〇世紀後半に核磁気共鳴画像法（ＭＲＩ）が普及して、生きたままの脳の状態が観察できるようになると、脳容量とＩＱの相関がふたたび議論されるようになった。そうした研究によれば、成人では頭の大きさと脳容量の相関は〇・六程度しかない。そして、ＭＲＩで測定した脳容量とＩＱの間には〇・二から〇・三程度の弱い相関があるようだ（村上 2007, pp.116–118）。

しかし、脳容量の遺伝性や脳容量とＩＱの相関、そして脳容量の人種差をすべて認めたとしても、集団間の差が同じ原因で生じているとは限らない。ニスベットは、妊娠中の黒人女性は白人女性に比べて栄養状態の悪さや飲酒など、体と脳を小さくするような条件を抱えていることを指摘している（Nisbett

2009, p.220［邦訳 p.272］）。

ＩＱ得点の人種差は遺伝の影響を受けているという説を疑う理由にも目を向けてみよう。一つの理由は、白人や黒人と一口に言っても同質ではない、ということである。先ほどスポーツの成績を例に出して論じたのと同じようなことが、知能に関しても言えるのではないか。たとえば、アメリカの黒人は南部出身者のほうが北部出身者よりＩＱが低い。アメリカよりも同質性が高いブリテン諸島でも、白人の間で組織的な差があることが報告されてきた。すなわち、ロンドンを中心とするブリテン島の南東部は平均ＩＱが一〇二と高く、そこから地理的に遠ざかるにつれて平均ＩＱは徐々に低下していく。アイルランドの平均ＩＱは最低の九六で、ブリテン島南東部と六ポイントの開きがある（Lynn 1979）。白人種の中の下位グループ間でも平均ＩＱに差があるのだから、平均ＩＱの人種差は純粋に環境の影響で説明されるのではないか。[30]

この推論は移住の影響を考慮していないという点で不満が残る。ＩＱの遺伝率が〇・五程度あるとすれば、人種の中の下位グループ間で見られる差にも遺伝の影響があるのかもしれない。ＩＱの低い人々が集中している地域の平均ＩＱは下がっても不思議でない。アイゼンクの仮説によれば、能力が高く冒険心に富んだアイルランド人はよその土地に移住してしまい、頭の鈍い人が多く残された。アイルランド人の平均ＩＱはアメリカの黒人の平均ＩＱとそれほど変わらず、イングランド人のサンプルを大幅に下回る、と彼は言う（Eysenck & Kamin 1981, p.140［邦訳：p.261］）。

しかし、移住だけで平均ＩＱの差の説明がつけられるとは考えにくい。アイルランド人の平均ＩＱはアメリカの黒人の平均ＩＱとそれほど変わらないというためにアイゼンクが依拠しているのは、二〇世紀中ごろのデータである。ニスベットによれば、一九六〇年代に始まった教育戦略のおかげで、現在のアイルランドの一人あたりGDPはイングランドよりも高く、子どもの読み書き熟達度も高い（Nisbett 2009, p.108［邦訳 p.136］）。現在のアイルランド人の学力の高さを考慮すれば、アイゼンクは教育の影響を過小評価したのではないか、と疑いたくなる。

ＩＱ得点の人種差は純粋に環境の違いに訴えて説明できると推測したくなる別の理由は、格差が解消されたエスニック集団が存在することである。南欧や東欧からアメリカに移住した人々、ゲール語（アイルランド語やスコットランド語）を話す人々など、文化の主流から外れるマイノリティの平均ＩＱは、マジョリティ集団より低かったものの、数世代のうちにこの格差は解消された。アメリカの黒人と白人の間にはまだ差があるが、かつて奴隷だったアメリカの黒人は移民とは状況が違うので、黒人と白人の格差が縮小するにはまだ時間がかかるのだろう（Pinker 2002, p.144［邦訳：中巻 p.19］）。

ただし、どのくらい時間がかかるのかは明らかでない。ラシュトンとジェンセンは差がほとんど縮まっていないと主張する。彼らによれば、一世紀近くにわたって白人と黒人の差はおおよそ一標準偏差のまま推移している。これに対し、ニスベットは、差は着実に縮まっていると主張する。知能テストの種類によって幅は異なるが、一九七二年から二〇〇二年までの間に四・五から七・〇ポイントも縮まった、と言う（Nisbett 2009, p.232［邦訳 p.288］）。ラシュトンとジェンセンは反論に応えて、ニスベットが依拠している研究データはいくつかのテストを省いていて縮小幅を過大評価している、と言う（Rushton & Jensen 2010a）。本当のところはわからない。仮に差が縮まっていないとしても、それはむしろアメリカ社会の根深い黒人差別が本質的に何も変わっていないことを示しているのかもしれない。

5－4　何がIQ得点の人種差をもたらしたのか／もたらしているのか

　IQ得点の人種差はどのようにして生み出されたのか、あるいは、生み出されているのだろうか。IQ得点の人種差に対する遺伝の影響を強調する人々は自然選択によると言う。いまから六、七万年前に現生人類の出アフリカが生じたとして、その後のどんな選択圧が人種間のIQ差を作り上げたというのだろうか。

　ラシュトンによれば、白人や東アジア人の高い知能をもたらしたのは寒冷化の影響である。厳しい寒さはより挑戦的な環境を生み出す。北ユーラシアの平原での狩猟は、隠れるところが少ないので熱帯・亜熱帯の森林での狩猟よりも難しい。暖をとるにも、自然な火事が頻繁に発生するアフリカよりもユーラシアの方が火を起こすのが難しく、動物の皮を縫い合わせて衣服を作るには針を骨から作らねばならない。そのため、現在の狩猟採集民の用いる道具の複雑さは緯度と関連がある。歴史をさかのぼると、東アジア人の先祖は氷河期には寒さが厳しいヒマラヤの北部に住んでおり、白人の祖先はアルプスの北部に住んでいた。これに対し、黒人は認知的要求の低い暖かいアフリカに住んでいた、と（ラシュトン1996, pp.329–331）。

　このシナリオは、白人が抱きがちなステレオタイプと合致している。「多くの北ヨーロッパ人は、気候の厳しいところでは生存するために技術が進歩するが、バナナが実って落ちてくるような温和な気候のところでは、衣食住に苦労しないので、技術も進歩しない、と考えている」（ダイアモンド2012, 下巻p.77f）[31]。そのため、ラシュトンは白人に好都合な世界観を披歴しているだけだと揶揄する人もいるのだが、仮にそうだとしても、ステレオタイプが現実世界を反映しているという可能性もないわけではない。

　ラシュトンのシナリオには明白な反例がありうる。たとえば、中国人は氷河期にまったく異なる場所からやってきた二つの集団の混合である。漢民族はヒマラヤ北部に住んでいたが、マレー系の中国人はアラビア海岸沿いを通ってインドを経て東南アジアを抜けて中国にきた。後者のタイプの中国人は一度も厳しい寒さを経験してない。ところが、マレー系の中国人には広東省出身のシンガポール人などがおり、彼らのＩＱ得点は非常に高い（Flynn 2013, p.52［邦訳：p.65］）。こうした反例は、ラシュトンのシナリオを完全に退けないにしても、説得力を弱めるように思う。

ＩＱ得点の人種差の原因を過去の歴史に求めるのでなければ、現在の環境の違いに求められることだろう。ＩＱ得点の人種差が純粋に環境要因だけで説明できるかどうかに確信が持てないとしても、たいていの人は改善すべき環境の違いがそこかしこにあると思っているはずである。以下では、ＩＱ得点の人種差を生み出していると言われる三種類の環境要因を紹介する。これらが考えられる環境要因のすべてだというつもりはない。

5-4-1　生理学的要因

まず、栄養失調が平均ＩＱを低下させている可能性が考えられる。たしかに、栄養失調仮説は知能研究者の間では長いこと否定的に扱われてきた。決定的とされたのは、オランダの一九歳の新兵二万人のテスト成績を集めた研究である（Eysenck & Kamin 1981, p.58f［邦訳 p.100］）。彼らの母親は、ドイツ軍占領期間中に出産にとって決定的な数ヵ月の間ひどい飢餓を被った。それでも、母親が飢餓の状態になかった新兵一〇万人とこれらの新兵を比べても、永続的な知能の遅滞は認められなかったという。

しかし、カロリーベースの栄養が足りていても、ミネラルやビタミン不足によって認知能力が最適に機能していないという可能性もある。実際、サプリメントの摂取によって先進国の子どもですらＩＱ得点が改善するという報告がある。ＳＥＳの低い家庭の子どもはビタミンやミネラルが不足しがちであり、黒人集団は白人集団よりもＳＥＳの低い家庭が多いので、この意味での栄養失調仮説は平均ＩＱの差を環境の違いによって説明する有力な候補となる。ビタミンやミネラルの認知能力への効果を検証する実験は再現に失敗している場合もあるので、確実に効果があるとは言えないまでも、そこまでコストが高いわけでもないので試す価値がある（Eysenck 1991; Herrnstein & Murray 1994, chap. 17）。

認知能力を高める物質もあれば、認知能力を損なう物質もある。ペンキ塗料に含まれる鉛は、知能の発達に明らかに負の影響を及ぼすことが問題視されている。ここで考えられるのは環境レイシズム、すなわち、マイノリティ集団に有毒廃棄物施設などの環境汚染および汚染源を多く押し付けられているという問題である（Washington 2019）。黒人集団は白人集団よりも鉛など知能の発達に有害な物質に接触する機会が多く[32]、環境レイシズムは人種間の平均ＩＱの差に関与しているかもしれない。

5-4-2　経済的要因

二つ目の可能性は経済的要因である。ニスベットによれば、アメリカの黒人社会は二つの変化が同時に進行している（Nisbett 2009, pp.101–103［邦訳 pp.128–130］）。一方では、中流階級の黒人が増えて経済環境を良くしている。アファーマティブ・アクションが功を奏しているのかもしれない。ただし、成功した黒人の中には、自らの能力に自信を持ち、アファーマティブ・アクションは逆差別だと批判する者もいる。他方で、下流階級の黒人の経済状況はますます悪くなっており、特に若い黒人男性の労働意欲が下がっている。社会が彼らを信用していないために、その傾向に拍車がかかっている。

雇用市場で黒人が差別されていることを示す一つの証拠は、監査調査法（audit study）から得られる。

これは、差別が疑われる属性においてのみ異なる監査員のペアが、同じ職に応募して同じ結果が得られるかどうかを調べるものである。たとえば、ニスベットは次のような研究を紹介している。黒人と白人の男子大学院生に下級職への求職者になりすましてもらう。全員、身だしなみをよくしてはっきりしゃべり、高校を卒業して同じ資格を持っていると自己紹介する。すると、驚くべきことに、経歴に汚点のない黒人よりも、重罪で前科があると認めた白人求職者のほうが、雇用者からは好意的な反応を得たという。高校を卒業していてもここまで差別されるなら、学校でちゃんと勉強しようという意欲が削がれても不思議ではない。

監査調査法には弱点もある。肌の色以外すべての点で同じペアの監査員を得るのは簡単ではないし、監査員は研究目的が何であるかを知っているので、面接における彼らの振舞いは歪められたものになるかもしれない。しかし、雇用市場で黒人が差別されていることを示す研究は他にもある。たとえば、シカゴとボストンの新聞の求人広告にさまざまな履歴書を送付した実験がある（Bertrand & Mullainathan 2004）。この実験の肝は、一つの広告につき四通りの履歴書を作成したことである。二つは典型的な白人の名前で、残りの二つは典型的な黒人の名前で作成されており、内容の良いものと悪いものに分かれる。こうして作成された約五〇〇〇通の履歴書を送付したところ、白人の履歴書のほうが黒人の履歴書よりもコールバック率が五〇パーセントも高かった。しかも、黒人の履歴書は、内容の優劣がコールバック率に及ぼす影響は白人の履歴書よりも小さかった。この実験は二〇〇一年から二〇〇二年にかけて行われたので、やや古いが、その後の二〇年で状況が大きく改善されたのかは疑問である。

ニスベットは他にも、黒人男性よりも黒人女性のほうが高学歴の傾向があるという事実を指摘している。実際、アメリカ合衆国国勢調査局の二〇一八年のデータで、二五歳以上の黒人に関して、大学の学位取得者、修士、博士の男女比を調べてみると、すべてにおいて女性の方が三割以上も上回っている。[33]このような性差を遺伝要因で説明するのは無理がある。

5－4－3　心理的要因

三つ目の可能性として、もっと精妙な心理的要因が考えられる。たとえば、期待効果である。教育心理学者ロバート・ローゼンタールらは南サンフランシスコの小学校で、今後成績が伸びる学習者を割り出すテストと称して、普通の知能テストを実施し、無作為に選んだ生徒たちの名簿を教師に与えて、彼らは今後成績が伸びる学習者であると伝えた。最初のテストは六年生を対象に九月に実施された。翌年の一月と五月に再テストを実施したところ、名簿に載っていた生徒たちはたしかに成績が上昇した。ローゼンタールらはこの実験結果から、教師から期待をかけられることで生徒のＩＱ得点が上昇すると報告した。

彼らの報告は「ピグマリオン効果」としてもてはやされ、[34]ＩＱ得点の人種差は、白人が教師によって期待されやすいのに対して、黒人は教師から期待されないからではないか、と言われた。しかし、アイゼンクはローゼンタールらの実験には不可解な点があると言う。たとえば、統制群として用いられた生徒の平均ＩＱ得点は三一とされるが、これほど低い知能の子どもたちを集めるのは困難だし、それほど知能の低い子どもが普通学級に通えるとも思えない。また、後に行われた九件の追試のすべてでローゼンタールらが得た結果は再現されなかった。たしかに、先入見は人の眼を曇らせる。教師たちも最初は名簿に名前が挙がっている生徒たちが優秀だと信じた。しかし、遅かれ早かれ嘘はバレるもので、教師たちは最終的に名簿とは無関係に授業を行ったようだ。そういうわけで、アイゼンクは「心理学で想定された現象でこれほど決定的に反駁されたものはほとんどない」と結論している（Eysenck 1979, pp.222–224）。

集団間の差を生み出す心理的要因として、最近はステレオタイプ脅威の効果が注目を集めている。世の中には「黒人は知的に劣っている」「女性は数学が苦手」などといった特定の集団に関する負のステレオタイプがある。ステレオタイプ脅威とは、そうした特定の集団に属する主体が負のステレオタイプに直面する状況を指す。最近注目されている仮説によれば、ステレオタイプ脅威の下に置かれると、人は本来の実力を発揮できず、成績が下がってしまうとされる。

たとえば、SAT（アメリカの大学進学適性試験）で同程度の成績を収めた黒人と白人の大学生（スタンフォード大学の学部生）を集めて、異なる条件下でGRE（大学院に進学するための共通試験）の国語セクションに含まれる問題から構成された三〇分の小テストを受けさせた実験がある。あるグループには知能を測るテストだと伝え、別のグループには実験者が考案したテストとだけ伝えて、知能測定との関連をにおわせることはしない。そうすると、白人の成績はどちらの条件でも変わらなかったが、黒人の成績は知能を測るテストだと告知された場合の方が悪かった（Steel & Aronson 1995）。黒人がテストを受けるときには、知的に劣っているという黒人のステレオタイプにあてはまるようなスコアを出さないか心配になるために成績が下がるのかもしれない。

ステレオタイプ脅威の研究は知能テスト・学業・スポーツ競技・意思決定など、さまざまな領域で進められている。ただ、ステレオタイプ脅威の効果の過大評価を指摘するメタ分析も出ている。オーレン・シェワチらは、実験室で観察されたステレオタイプ脅威の効果は現実世界にも一般化できるのかを検討した（Shewach et al. 2019）。たとえば、ステレオタイプ脅威の効果を調べた研究の中には露骨にステレオタイプ言説を提示したもの（「このテストは男性の方が女性よりもよくできます」）もあったが、現実のテストでそこまで強くステレオタイプを意識させられることはないだろう。ステレオタイプ脅威の効果に関する二一二の研究の中から、大学入試のように、明確な合否判定があり、人の一生を左右しうる大事なテスト（いわゆる「賭け金の高いテスト high-stake tests」）とは異なる状況を設定している研究を振るい落としたところ、残った四五の研究で見出された効果量（コーエンのd）の平均はマイナス〇・一四であった。これは二一二の研究全体で見出された効果量の平均であるマイナス〇・三二の半分以下である。過大評価が疑われる点は他にもある。たとえば、被験者はしばしば授業の一環でテストに参加させられるが、賭け金の高いテストでは参加者のモチベーションがもっと高いはずである。実験への参加報酬を高く設定すると、わずかだがステレオタイプ脅威の効果量は下がる傾向にある。加えて、帰無仮説（ステレオタイプ脅威効果はないという仮説）の棄却に失敗した研究は人目につきにくいというお蔵入り問題（出版バイアス）も考慮すると、推定される効果量はさらに小さくなる。

念のために補足しておくと、シェワチらはステレオタイプ脅威の研究を全否定しているわけではない。人工的で不自然な状況ではあったとしても、ステレオタイプ脅威がどういう効果をもたらすのかを調査する意義はある、と彼らは慎重に言っている。また、ステレオタイプ脅威効果とは別の話になるが、負のステレオタイプが特定の集団に対して不利に働いているということ自体は事実だろう。ニスベットは、熱心に勉強する黒人の少年は非黒人的に振舞っているとしていじめの対象になりやすい、といった例を挙げている。ステレオタイプ脅威の効果が過大評価だったとしても、モチベーションの低下をもたらすようなステレオタイプを無視してよいことにはならない。

6　人類の知能は向上しているのか——フリン効果をめぐって

知能研究は、集団内でのIQ得点のばらつきや人種差だけではなく、五〇年とか一〇〇年といった長期的な変化も扱っている。長期的な変化に関しては、大まかに言って、人類の知能は劣化する傾向にあるという悲観論と、環境の改善によって人類の知能は向上しているという楽観論がある。

優生学の創始者ゴルトンは次のように考えた（第1章2節）。文明社会は、自然の状態では死んでしまうような適応的でない人間たちを医学や慈善事業によって生き永らえさせる。ところが、貧しく品行のよくない人間ほど繁殖力が高いのに対して、優秀で思慮深い人々は晩婚化の傾向があり、貧しく品行のよくない人々と比べて繁殖が遅いのではないか。

この予想の正しさをめぐる大規模な調査と論争が、長い間行われてきた（Herrnstein & Murray 1994, pp.343–348; Mackintosh 1998, pp.104–107）。その結果、中流家庭の人々も多くの子どもをもうけた戦争直後のベビーブームの時期を除いて、二〇世紀を通じて、アメリカ社会やその他の先進国では、子どもの数とIQの間には弱い負の相関がみられ、またIQの高い人ほど晩婚化の傾向がある、という合意が一九八〇年代までに研究者の間では形成された。

そうすると、現代人の再生産パターンが知能の遺伝子を劣化させているというゴルトンの予想はある程度正しかったということになるのかもしれない。先進国は一八五〇年頃から優生学とは反対方向の劣生学的な傾向にはまりこんだと言う人もいる。それ以前は、上流階級が自分たちの遺伝子を次世代に受け渡せて、下流階級の子どもは貧困や疾病、育児放棄によって死亡する割合が高かった。ところが、一八五〇年代から次第に公衆衛生が改善し、社会が豊かになって福祉の事情もよくなった。現代の高学歴者は低学歴者よりも子どもの数が少ない傾向にある。

しかし、こうした陰鬱な見方に代わる、もっと希望の持てる見方もある。たとえ人類の知能の遺伝子が緩やかに劣化する傾向にあったとしても、環境の改善によって、遺伝子が劣化するスピードを大きく上回る勢いで人類の知能が向上しているとしたらどうか。昔のエリートなら知的に劣っているとみなしたであろう人々こそが、人類の知能を押し上げているのかもしれない（Flynn 2013, p.44［邦訳：p.55］）。

なぜそのような可能性があるのかといえば、遺伝率は形質の可変性（mutability）について何も言っていないからである。遺伝率が高い形質であっても、環境の変化によって大きく変化する場合がある。たとえば、身長の遺伝率は〇・八五から〇・九だが、二〇世紀後半に世界中の多くの地域で一世代以内に平均身長が一標準偏差分以上も高くなっている。知能にも同じことがあてはまるとすれば、仮に知能の遺伝仮説が正しかったとしても、知能の発達は環境の影響を大きく受ける可能性がある。

実際、知能テストの成績は年々上昇していると言われる。もちろん、知能テストの結果からIQ得点を計算するときにはいつも標準化されてしまうので、IQ得点の平均点は常に一〇〇のままである。では、どうして知能テストの成績が上昇しているとわかるのか。そのからくりは次のようである。

出版業社から知能テストを購入して実施する場合、テスト結果の素点をIQ得点に計算するための換算表も送られてくる。得点は年齢とともに変化するので、年齢ごとに換算方法を示した表によって、受験者は同年齢の母集団で自分がどこに位置づけられるのかを知ることになる。政治学者のジェームズ・フリンは、知能テストの得点の換算表が頻繁に改訂されていることに注目した。そして、換算表が単に時代に合わなくなってきているというだけでなく、そこに一貫した傾向があることを見出した。つまり、新しい世代が生まれるごとに知能テストの平均点は上昇している。そのため、たとえば、一九七二年の基準でＩＱ一〇〇の人が、一九四八年の基準だとＩＱ一〇八になる、といったことが起こる。

のべ七五〇〇人の参加者を含む七三の研究から得られたデータをまとめると、一九三二年から一九七八年までにアメリカの白人のＩＱ得点は、ほぼ一標準偏差に相当する一四ポイントも上昇した。年平均で〇・三ポイントの上昇である（Flynn 1999）。上昇量の大きさにばらつきがあるものの、こうした上昇傾向じたいはヨーロッパ諸国でもみられ、おそらく世界的な現象である。そして、ＩＱの上昇傾向は人種とも関係なくみられる。ハーンスタインとマレーはこの現象を世に知らしめた功労者にちなんで「フリン効果」と名付けた（Herrnstein & Murray 1994, p.307）。二一世紀に入って、北欧など一部地域では知能の上昇に陰りがみられるという報告もあり、知能が際限なくどこまでも上昇していくことはないだろうが、世界全体では上昇のトレンドがまだ続いているとされる。

素朴に考えるとこれは喜ばしいニュースだが、皮肉なことに、フリン効果は知能研究者にとって悩みの種となっている。一つの問題は、ＩＱの急激な上昇に見合うだけの表立った変化が生じたとは思えないことである。ルネサンスのような文化的変革が生じたわけでもなければ、学生の学業成績すらさほど向上していないのではないか。フリンは、知能テストの成績が上昇するのと並行してＳＡＴの成績はむしろ下がった、と指摘している。もっとも、この比較は少しアンフェアかもしれない。ＳＡＴの平均点が下がったのは、一九六〇年から八〇年頃に大学が貧しい学生やマイノリティの学生に門戸を開いたために受験者数が大幅に増えたからであろう。全体の平均点は下がったが、層別に見れば平均点はむしろ上がっているようだ（オニール 2018, p.205）。[35] それでも、知能テストの成績上昇に見合うだけの学業成績の伸びが見出せるかどうかは疑問が残る。新しい世代の子どもたちがますます賢くなる一方で学校教育がどんどん劣化しているとは考えにくい。いったい何が起きているのか。これはとにかく奇妙な現象である。

フリン効果は知能テストの有効性を全否定するわけではない。ＩＱ得点が学業成績や職業成績を予測するという点は変わっていないからである。しかし、知能テストの成績の伸びが学業成績の伸びを反映していないという点を考慮すると、知能テストは知能を測っている、という仮説には疑問が生じてくる。知能テストは知能らしきものを測っているが、知能そのものではなく、それと似た何か別の性質を測っているのかもしれない。

フリン効果の発見が知能の理論にどう影響するのかは諸説ある。保守的な考え方によれば、知能とは一般知能の因子 g であるという点は揺るがない。知能テストの成績は g と相関してはいるだけで、g そのものを測っているわけではない。知能テストを構成するさまざまなサブテストは大なり小なり g 因子の影響を受けるものの、どのくらい影響を受けるのか（g 負荷量）はテストごとに異なる。g 負荷量の大きなサブテストは g の影響力が大きく、g 負荷量の小さなサブテストは g の影響力が小さい。ラシュトンとジェンセンは、知能テストのさまざまなサブテストを g 負荷量の大きい順に並べると、g 負荷量とフリン効果による上昇量の間には負の相関がみられると主張している。つまり、成績の急上昇は g 負荷量の小さなサブテストに偏っているということである。もしそうだとすれば、g そのものはたいして変わらないのに、知能テストの成績が全体として上昇したように見えても不思議でない。ちなみに、彼らは g 負荷量の大きなサブテストほど遺伝率も高いとも主張している（Rushton & Jensen 2010b）。

たしかに、これはありうるストーリーである。知能テストの成績がこれほど大きく伸びるということは遺伝よりも環境の影響が大きいのだろうと推測される。そして、知能テストの成績の上昇量はテスト課題の種類によってばらつきがあり、上昇量が大きかった課題もあれば小さかった課題もある。してみると、成績が大きく上昇した課題は遺伝率が小さく、おそらく文化的な影響を受けやすいのだろうと推測される。

フリンやニスベットはこの保守的な見解を受け入れていない（Flynn 2013, chap, 2; Nisbett 2009, p.241［邦訳 p.315］）。サブテストの*g*負荷量と上昇量の間に負の相関がみられたとしても、その原因は遺伝とは別のところにあるのかもしれない。というのも、彼らによればＷＡＩＳのサブテストの中で最も得点上昇量が大きかった課題は、行列推理や類似のように、文化的な影響が希薄だと思われていた課題だったからである。これらの課題に顕著な特徴は抽象性である。類似や行列推理といったサブテストでは、異なる種類の物事の共通点を見出し、仮説的な状況について論理的に推論する、といった技術が求められる。こうした技術は文化的な影響が希薄どころか、むしろ近代社会でますます有用になってきた心の習慣なのかもしれない。フリンは傍証として、一九二〇年代に産業化以前の暮らしをしている旧ソ連の農民に対して行われた心理学の研究調査を引き合いに出している。当時の農民に「ウサギと犬の共通点は何か」と尋ねれば、ウサギを狩るためにイヌを用いる、といった的外れの答えが返ってくる。ウサギとイヌが哺乳動物であるという事実は農民たちにとって気付くに値しない事実である。また、「雪が降る地域ではどこでもクマは白い、北極圏には雪が降る、北極圏のクマは何色だろうか」といった質問をしても、「茶色のクマ以外は見たことがないが、北極からやってきた信頼できる証言者の言葉なら信じるかもしれない」といった答えが返ってくる。現実の問題でない質問にどう答えればよいのか彼らはわからず、途方にくれてしまう（Flynn 2013, p.3f［邦訳：p.4f］）。いまのわれわれがこうした問題を簡単だと感じるのは、われわれが一〇〇年前の旧ソ連の農民より賢いからではなく、当時の農民とは違った心の習慣を身に付けるようになったからなのかもしれない。

フリン効果をどう解釈すべきかは厄介な問題だが、フリン効果の原因が何なのかという問題も悩ましい。一つの可能性は、テスト慣れである。開発された当初こそ知能テストは人々にほとんど知られていなかったが、知能テストと似たような課題が学校教育にも取り入れられるにつれて知能テストに取り組む技術が向上したのかもしれない。また、栄養状態が改善したからという可能性もある。第二次世界大戦の前後で、ヨーロッパ諸国では栄養状態が大きく改善した。そのことは平均身長の上昇においてはっきり観察されており、同様の効果が知能テストの成績にも表れているのかもしれない。あるいは、学校教育の影響もあるかもしれない。第一次世界大戦の頃から人々は学校教育を受ける時間が徐々に長くなっていったからである。

これらの仮説は、どれも単独ではフリン効果を十分に説明できないと言われる。テスト慣れは一九三〇年代から四〇年代にかけての成績向上をうまく説明するかもしれないが、それ以降の成績向上には適用できるとは考えにくい。栄養改善に関しては、たしかにいまでも世界中には栄養不足が深刻な地域はあるものの、一九八〇年代や九〇年代になっても先進諸国でかつてと同じくらいの勢いで栄養状態が改善しているとは考えにくい。それに、栄養状態の改善の影響を受けやすいのは貧しい人々のはずだが、成績上昇は人口全体に及んでいる。学校教育の影響は、知能テストの成績向上が就学前の児童にも見られることや、教育を受けた期間が同じ一一歳の子どもを比較しても観察されるといった事実を説明できない。しかし、これらの仮説はどれも部分的には真実を捉えているのかもしれない。長いスパンで持続的に生じている現象を単一の要因で説明する必要はない。時代・地域ごとに異なる無数の要因が組み合わさってフリン効果が生じたのだろう（Mackintosh 2011, pp.291–295）。

7 知能研究とわれわれの社会の未来

ている人はいまも多い。

7－1 知能研究の悪用・誤用は避けられないのか：認知疫学と職業選抜

知能テストは差別に利用されたという過去を持つ。そのため、ＩＱについて否定的なイメージをもっている人はいまも多い。

知能テストの悪用と誤用は戦前に限られない。たとえば、英国の一一歳試験（イレブンプラス）は悪名高い。子どもたちは一〇歳か一一歳でこの大規模な試験を受けさせられ、得点の高い二割程度の子どもたちは大学入試の準備をするグラマースクールに振り分けられるが、残りは高等教育には不適格とみなされて、職業訓練校に相当するテクニカルスクールとモダンスクールに追いやられた。一一歳試験は一般知能の因子を評価するための試験とされており、知能研究を背景にした選抜方法だった。一一歳という受験の時期にもそれが現れている。個々人のＩＱは一一歳頃になれば安定し、その後は生涯を通して大きくは変化しないだろうという理屈だったという。

この選抜方法は一九四四年にはじまったが、予測力が低かった。というのも、一一歳試験は習得知識に依存する結晶性知能のテストに偏っていて、流動性知能を測っていなかったからである（Eysenck & Kamin 1981, p.30［邦訳：p.51］）。しかし、それ以上に問題視されたのは、将来の可能性を早期に決めつけることの残酷さだった。グールドはこの選抜制度が実施されていた時代の英国に住んでいたときの思い出として、子どもたちは学校の立地条件によって差別されており、大学の受験資格がないことがすぐにわかる制服姿で毎日登校していた、と述べてしている（Gould 1996, pp.323–325［邦訳：下巻 pp.181–185］）。一一歳試験は労働党が一九六〇年代中頃に廃止を誓約するまで実施され、その後、公立の中等教育を担ってきたグラマースクールとモダンスクールは総合学校へと一元化されていった。[36]

日本における知能テストの実施状況はどうか。ウェクスラー式の知能テストには日本版もあるが、心理学者の村上宣寛によれば、日本版ＷＡＩＳ－Ⅲの妥当性研究はないに等しく、このテストの得点が学力や社会的地位を予測するという証拠はないという。もっとまずいことに、子ども用のウェクスラー式知能テストＷＩＳＣ－Ｒの日本版はＩＱ得点が過小評価される傾向にあった。そのため不適切に多くの知的障害者が認定されてしまった可能性があるという（村上 2007, pp.111–113）。

こうした事例からもわかるように、知能研究は悪用と誤用にさらされる危険性がある。とはいえ、誤用される可能性があるからというだけで使用に反対するのは良くない、という意見もある。それなら、社会的に有益な知能テストの応用先とは何か。

一つの有力候補は医療である。医学者との共同研究を進めている知能研究者イアン・ディアリによれば、知能は健康や病気、死に関するさまざまな指標と関係する（Deary et al. 2011）。知能テストの成績が悪かった子どもほど、大人になって入院治療が必要となる精神疾患にかかるリスクが高く、そういう病気の中には統合失調症やうつ病、アルコール関連の病気などが含まれる。また、知能の低い人たちほど喧嘩や乱闘に巻き込まれたり、交通事故など不慮のケガに見舞われる可能性が高い。

ただ、知能がどのようにして健康や病気の違いをもたらしているのかはまだ不確かな点が多い。ディアリたちも、知能の低さだけが精神的・身体的な問題の原因になるとは言っていない。経済的な要因もある。知能はＳＥＳと相関していて、貧しい人ほど治安の悪い場所で暮らしていることが多い。過酷な肉体労働に従事し、栄養価の高いものを食べられず、病院にかかれないかもしれない。文化的な要因も考えられる。フリンは、知能の低い人々は名誉を重んじる文化に取り巻かれていることが多いと指摘する。ギャングは挑発されたら応じなければならない。争いを避けていると臆病者とみなされてしまう(Flynn 2010, cf. ウィリス 1996, pp.89–95)。

しかし、これらの事情を考慮に入れたとしても、知能は有用な予測因子でありうる、とディアリは言う。知能の低さは何らかの精神疾患の初期段階にあることを反映しているのかもしれない。知能が低い人は周囲の状況をうまく把握できないために、リスク認識が甘かったり、他人との不要な口論を避けるのが苦手なのかもしれない。もし知能差が健康や病気の違いをもたらしているのだとすれば、そのメカニズムの解明は社会全体の福祉を向上させる手がかりになる。こうした研究は「認知疫学」と呼ばれる。将来的には、知能の低い人に対して医療従事者や教師が健康により良い選択をするように介入することで、どんな知能レベルの人でも健康状態を維持できるようになるかもしれない……。ただ、これはいくぶん空想的だし、認知疫学が将来使いものになるかどうかかはわからない。使い物になったとしても、こうしたパターナリスティックな介入をわれわれの社会は許容するのかという問題も議論すべきだろう。

もっと古典的で、イメージしやすい知能テストの応用先は職業選抜である。組織にとって、どういう人間を、どのように選抜するかは重要な課題である。雇用主は、職場にあった人材を選抜しようとする。雇用後の勤務成績をうまく予測できれば、会社にとって経済的価値は大きい。[37]

過去の研究を総括すると、将来の勤務成績を最もよく予測するのは一般知能gらしい。構造化面接(面接官による評価のばらつきを防ぐため、あらかじめ評価基準と質問項目を決めておいて、すべての応募者に対してマニュアル通りに質問する採用手法)も高い予測妥当性をもつが、知能テストはそれを上回る。見習い期間の観察（半年程度にわたって実際の仕事をさせる）も優れた選抜テストだが、知能テストはそれに匹敵するくらい仕事の成績との相関が高いうえに、集団での実施も可能で、一時間程度と短い所要時間で済む。投入する労力や費用を考慮すると、知能テストの効果は大きい（Deary 2000, p.97［邦訳 p.120f］）。

これだけ見ると、知能テストを職業選抜に利用するのは、少なくとも一つの選択肢になりそうである。専門職や管理職など高いスキルが要求される仕事ほど知能テストの予測妥当性は高いというから、それらの仕事では特に有用かもしれない。しかし、知能テストは差別的であるという理由で職業選抜に利用されておらず、企業は代わりに別の適性テストを利用している。ビッグデータの商業利用の危険性に警鐘を鳴らしているキャシー・オニールによれば、雇用の場面で現在利用されている適性テストの予測妥当性は知能テストよりはるかに低く、不公平性の源泉になっている（オニール 2018, p.165）。差別をなくすはずの手段が不公平性をもたらしているとすれば、皮肉なことである。

日本では、知能テストと類似した筆記テストが職業選抜で利用されている。有名どころでは、新卒者向けの適性テストであるSPI、中間管理職候補の中堅クラスの社員を対象に管理職としての適性を測るNMATなどがある。しかし、村上はこれらのテストの妥当性に関して懐疑的である（村上 2007, pp.202–205）。NMATを管理者の選考に用いている企業二二社、一九五二名のデータをもとに、職務遂行能力評価を基準にした妥当性のメタ分析によれば、NMATの予測妥当性は最大でも〇・二五から〇・三〇と推定される。NMATに含まれる知能テストは概念的理解と論理的思考を測定するとされるが、これらはせいぜい流動性知能の一部に関係するのみで結晶性知能にはまったく関係していないため、一般知能 *g* の測定に失敗している。日本には職業選抜に利用できるような知能テストはそもそも存在しない、と村上は結論している。

これが実情だとすれば、残念なことである。企業が成功率の低い雇用戦略を続ける一方で、[38] 就活にはげむ学生は能力を適切に予測してくれないテストへの対策に貴重な時間を費やしていることになる。知能テストの悪用・誤用の可能性には目を光らせるべきだとしても、われわれの社会は知能研究にもう少し関心をもってもよいのではないか。

7―2　ハーンスタインとマレーの議論：知能に基づく階層社会が到来するのか

職業選抜に知能テストの結果が利用されていようがいまいが、現代社会では知能テストで測られるような知能が大きな役割を果たしている、という見解もある。

ハーンスタインは一九七〇年代に次のような未来予測を行った（第1章4節）。環境が平等になるにつれて、人々の知能差は遺伝によって決まる割合が大きくなるはずである。また、社会が平等になって家柄や相続財産など身分に基づく特権が無くなるにつれて、社会は流動的になって、知能の高い人ほど立身出世の道を歩み、知能の低い人は経済的にも困窮していくだろう。人々は自分と同じくらいの知能の人と結婚する傾向にあり、知能差は部分的に遺伝するので、平等な社会では、従来の社会よりも知能の遺伝子に基づいて階層化されることになるだろう。

もちろん、環境が平等になるにつれて知能の遺伝率が上がるというのは単純な算術の問題である。しかし、ハーンスタインの予測はトリビアルではない。知能の遺伝率はそんなに高いのか。知能の高い人ほど立身出世するというのは本当か。人々は自分と同じくらいの知能の人と結婚する傾向にあるというのは本当か。これらの仮定は数学的に証明できないので、彼の予測は経験的な調査を必要としている。

『ベルカーブ』（一九九四年）は、アメリカ社会が現に遺伝子に基づいて階層化されていることを統計に基づいて証明しようとする試みである。彼らの結論はこうである。大学進学者がそれほど多くなかった二〇世紀前半までのアメリカでは、知能の高い人もそれほど知能が高くない人々に交じって農業に従事し、工場で労働していた。ところが、一九六〇年代以降のアメリカでは、技術の発展を受けて高度な知識を必要とする頭脳労働が比重を増してきた。大学に進学する人が増えて、大卒者は大卒者と結婚するようになった。[39] そのため、人々は知能の違いに応じて異なる階層へと分断されはじめた。アメリカが向かっている未来は暗い。新たに出現した知的エリートは孤立を深めている。ゲーテッド・コミュニティに暮らす知的エリートはもっぱら知的エリート同士で付き合うようになり、世の中の大多数の人々と関心がずれているのに、ずれていることにすら気付いていない。他方で、知能の低い人々はというと、政治にあまり関心をもたず、貧困・失業・犯罪・薬物依存・婚姻外出生などによる不安定な生活をほとんど余儀なくされている（Herrnstein & Murray 1994, chap. 21；マレー 2013)。

ハーンスタインとマレーの事実認識がまったくの見当違いとは思えない。戦後のアメリカ社会には束の間の経済的平等が実現したものの、過去半世紀の間に不平等が拡大していて、ＳＥＳの低い人々が不安定な生活スタイルを余儀なくされているのは事実だろう。ＳＥＳの低い人々の間ではアメリカの伝統的な美徳（仕事・結婚・家庭・信仰）が崩壊しつつあり、彼らは幸福から遠ざけられている。[40]

しかし、不安定な生活スタイルの原因は、彼らが言うように、知能の違いに求められるのだろうか。『ベルカーブ』の第二部は全米青年長期調査（ＮＬＳＹ）と陸軍適性テスト（ＡＦＱＴ）のデータをもとに、[41] ＩＱ・親のＳＥＳ・年齢を説明変数として、貧困や失業、犯罪行動、若年出産などを目的変数とするロジスティック回帰分析を行っている。ロジスティック回帰分析は重回帰分析の延長にある考え方で、目的変数が二値の質的変数の場合に用いられる。『ベルカーブ』から一例をとってくると、貧困に関する目的変数は「下位五パーセント以下の貧困線以下である」と「貧困線以下でない」の二つの値である。重回帰分析と似て、ロジスティック回帰式の回帰係数はそれぞれの説明変数の目的変数に対する影響度を表している。[42] ハーンスタインとマレーは、貧困線以下であるかどうかに関する影響度は、ほかの説明変数が同じ場合、IQ得点の方がSESよりも大きいと結論づけている（年齢はほぼ無視できる）。失業や犯罪行動などの分析もほぼ同じである。

批判者たちは、『ベルカーブ』の付録4に記されている回帰分析の決定係数R^2は、高くても〇・三を上回る程度でほとんどが〇・一を下回っていることを指摘する。たしかに、『ベルカーブ』の第二部に掲載されている多くのグラフを見ると、貧困や失業に対する影響度はSESよりIQの方が大きい。しかし、R^2の低さを考慮すると、それらのグラフがデータにあてはまっているとは思えない。グールドは、不都合なデータを本文中ではなく数字だらけの付録のなかにこっそり埋め込んだのは不誠実だと批判している（Gould 1996, pp.374–376〔邦訳：下巻 pp.268–272〕; 村上 2007, p.179）。

この批判には応答できるかもしれない。重回帰分析と比べて、ロジスティック回帰分析ではR^2が小さめに出ることが知られている。R^2があてはまりの良さを表すのに適当な統計量かどうかは微妙であり、ロジスティック回帰を利用した文献でもR^2が明記されていないことはある。[43] たしかに、〇・一すら下回るからにはあてはまりが相当悪いはずであり、ハーンスタインとマレーも、個人の将来をIQ得点によって予測することはできないと認めている（Herrnstein & Murray 1994, p.117）。それでも、回帰係数のp値は十分に小さいので、IQのほうがSESよりも影響度が大きいと考えられ、集団レベルでみれば、IQの違いが生活スタイルの違いをもたらすはずだ、というのが彼らのロジックである。

IQは人生を左右するのかもしれない。しかし、仮にそうだとしても、『ベルカーブ』の分析はIQ

の影響力を過大評価しているのではないか、と疑ってもよいだろう。フリンによれば、アメリカの白人の子どもに関するＷＩＳＣの成績を見ると、職業階層の上位三分の一に入る子どもの平均ＩＱは一〇五、中位三分の一の平均ＩＱは一〇〇、下位三分の一の平均ＩＱは九五である。この傾向は一九四八年から一九八九年までずっと変わっていないという。つまり、親の職業的地位と子どものＩＱの間にはずっと安定した相関がみられ、ＩＱ差は拡大していない（Flynn 1999）。

ハーンスタインとマレーは知能に基づく社会の階層化は不可避だと主張している。「認知的分断は続くだろう。それが止まらないのは、推し進める力が止まらないからだ」（Herrnstein & Murray 1994, p.511）。こうした見方からすると、職業階層の上層と下層のＩＱ差が拡大していないとしても、それは当座の話でしかないということになる。マレーは、より最近の著作でも、アメリカ社会は知能に基づいて階層化されているという立場を崩していない（マレー 2013）。

7―3　能力主義が格差の拡大を招いているのか

知能に基づく階層社会の到来が不可避かどうかは別にして、われわれはそのような社会をよいと思うだろうか。それとも悪いと思うだろうか。これは知能研究から離れたところにある問題だが、簡単にでも考察する価値はある。

ハーンスタインとマレーは、知能によって階層化された社会の暗い側面を描くことでアメリカの未来が上層と下層のどちらの人々にとってもあまり好ましいものではないと主張した。しかし、彼らは階層社会の暗い側面を描きつつも、機会の平等に基づく能力主義（メリトクラシー）そのものは高く評価している。二〇世紀前半までのアメリカでは、知能の高い人もそれほど知能が高くない人々に交じって農業・工場労働・主婦業などに携わっていた。彼らはある意味で才能を持て余しており、自らの境遇に不満を抱くこともあったかもしれない。それと比べれば、名家に生まれようと貧しい家庭に生まれようと、才能があって努力した人が評価されて、お金持ちになる可能性に開かれているのはアメリカの理想に近い（Herrnstein & Murray 1994, p.511）。

したがって、いくら平等が好ましいとはいっても、能力主義そのものにも良いところはあると彼らは言う。高い知能が要求される難しい仕事は誰もができるわけではない。そういう仕事を知能の高い人が行い、それによって高給をとることは経済的な効率性からいっても理に適っている。

このストーリーは能力主義のよさを過大評価している、という批判を受けるかもしれない。能力主義は自己責任論と相性がよく、おちこぼれた人々に対する寛容の心を奪っている、と批判されることがある。社会的に成功した人々は、自分たちは努力したからこそ能力が開花して成功を収めることができたのだが、おちこぼれた人々は努力が足りなかったのだから貧困にあえいでも自業自得だ、と考えがちである。

しかし、『ベルカーブ』は自己責任論を唱えているわけではない。努力したからこそ自分は成功を収めることができた、と主張する成功者は思い上がっている。知能は個人の努力によって簡単に変えられるものではない。彼らは低い知能によって社会の下層に落ち込んだとしても、それは彼らが選択した過ちではない。選択した過ちではないのだから、ペナルティが与えられるようなことはあってはならない。したがって、能力主義そのものは捨てずに、誰もが社会の中に居場所を持てる方策を考えるべきである、という風に話は進む（Herrnstein & Murray 1994, p.527f）。

では、どうすれば誰もが社会の中に居場所を持てるのか。ハーンスタインとマレーはいくつかの提言を行っている（Herrnstein & Murray 1994, pp.538–549）。彼らによると、伝統社会と違って、現代社会ではふつうに暮らすだけでも知能が要求される。確定申告や社会保障などの複雑な制度設計は知的エリートを有利にするだけである。よって、知能が低くても暮らせるようにルールの単純化が必要である。

しかし、彼らの提言は、細かくみていくと首をかしげたくなる部分も出てくる。たとえば、性革命を糾弾する議論を取り上げよう。男性の視点からすると、かつては女性とのセックスが許される唯一の方法は結婚だった。この単純なルールを理解するのに大した知能は必要なかった。ところが、一九六〇年代以降、結婚に関するアメリカ人の規範は大きく変わった。結婚していなくても同棲してよいし、子どもをもってもよい。ただし、結婚している場合とそうでない場合でまったく同じというわけではないのだが、と。こうした言説のポイントは、セックスを結婚の周縁に追いやることで、結婚のもっと本質的な側面（パートナー間で愛情を独占する権利？）を浮かび上がらせることにあったのかもしれないが、知能の低い人には理解が難しい。それならいっそ結婚と法的責任の結びつきをもっと強めるべきだとして、非婚の母親には父親に子どもへの援助を要求する根拠などなく、非婚の父親には子どもの面倒をみる責任はない、と彼らは主張する。たしかにルールは単純だが、この主張は男性が婚外子を作るのを促すだけではないのか。

アメリカの知的水準を引き上げるためと称する提言にも疑問がある。ハーンスタインとマレーはフリン効果に冷淡で、[44] 劣生学的な再生産の傾向を憂いている。そこで彼らは、子どもがいる女性への政府の支援プログラムを打ち切れば、母子家庭の母親と子どもがいなくなって劣生学的な傾向も改善するだろうと言う。しかし、フリンも言うように、世界中をみれば貧しい人々ほど多くの子どもをもつのだから、福祉を打ち切れば貧しい母親が子どもをもつことが抑制される、というのは疑わしい（Flynn 2013, p.48

［邦訳：p.60］）。別の箇所では、シングルマザーのもとに生まれた子どもは生まれた時点ですぐに養子に出すのが一般的だった昔の社会の方がよかった、とまで言っている（Herrnstein & Murray 1994, p.416）。全体的に、彼らの提言は女性に対してずいぶん厳しい。

ところで、前節の最後でも指摘したように、ハーンスタインとマレーは、貧困や失業や犯罪などに対する知能の影響度を過大評価している可能性がある。現代アメリカにおける所得格差の拡大は深刻である。結局のところ、所得格差の拡大こそが諸々の社会問題の元凶にあると考えられないだろうか。

この疑問には、所得格差が拡大しつつあるのは現代のアメリカ社会がすでに知能に基づいて階層化されているからだ、という答えが返ってくるかもしれない。現に、パソコンやインターネット、人工知能といった新たな技術の登場によって、高度な機械を開発し、維持修理するのに必要なトレーニングを受けた労働者の需要が増える一方で、単純作業に従事する労働者は仕事を奪われつつある。技術革新を背景とした能力主義の台頭と知能に基づく階層社会の到来こそが、富裕層と貧困層の所得格差を拡大させている。

しかし、この考え方には異論がある。経済学者のポール・クルーグマンは、アメリカ社会で所得格差が拡大する根本的な原因を、富裕層におもねる政治家たちが再分配の制度や労働組合を破壊したことに求めている。その結果、ごく少数の高額所得者は税制上の優遇措置を受ける一方で、大多数のアメリカ人は経済発展の恩恵にあずかれない。これは制度的な欠陥であり、その証拠に、ヨーロッパは情報技術をアメリカと同じくらいの早さで導入しているにもかかわらず、アメリカほど所得格差が拡大していない（クルーグマン 2008）。

一般に、機会の平等と結果の平等は別物とされている。しかし、結果に大きな格差があるようでは機会の均等を実現できない、とクルーグマンは強調している。[45] 彼の分析が正しければ、知能に基づく階層社会が到来しているのだとしても、低所得者が貧困にあえぎ、富裕層が国の中にあたかも独立国家を作り出しているかのような現状は、能力主義からの必然的な帰結ではない。それは政治的に解決できる問題なのである。

8　個人差の原因が何であろうと……

駆け足ではあったが、知能の遺伝について基本的な論点と主な係争点は網羅した。最後に、次章以降の内容とも関連する注意点を述べて本章を終える。

能力主義にもそれなりに良い面があると主張するにあたって、ハーンスタインとマレーは、アメリカ建国の父たち、さらには革命権を裏付けたジョン・ロックの思想が能力主義と両立することを示そうと心を砕いている。建国の父たちは万人の平等を説いたのではなかったか、という疑問がありうるからである。ハーンスタインとマレーは、建国の父たちは法的な権利の平等を説いたのであって、個々人の知的能力や身体能力に違いがあるのは言うまでもないことだった、と主張する。たとえば、ロックは次のように述べている。

人々の知性にかんして人々の間にこうした違いのあることは（…）隣人たちと多少でも話をしたことのある者は疑問としないだろうと、私は思う。人々の知力のこうした大きな違いが、思考に特に適応した身体器官のなにかの欠陥から起こるのか、使わないためそれらの機能が鈍かったり扱いにくかったりするので起こるのか、ある人の考えるように人々の霊魂それ自身の自然の違いで起こるのか、それともまた、これらのあるもの、あるいは、全部いっしょで起こるのか、その検討はここではどうでもよい。(『人間知性論』第4巻20章5節)

この箇所で、ロックは知的能力に個人差があることを当然のように認めている。しかも、個人差が生じる原因については断言せず、頭の鈍い人は思考に適応した身体器官の欠陥からそうなっているという可能性を否定していない。[46]

この文章に当惑する人もいるかもしれない。われわれの心は生まれたときは「白紙」だとロックは主張したのではなかったか、と(『人間知性論』第2巻1章2節)。しかし、その疑問はおそらく的外れである。われわれの心が生まれたときは白紙というとき、ロックは、個人差の由来ではなく、人間の心に関するもっと一般的な問題、つまり、生得主義と経験主義の対立を念頭に置いている。これが次章のテーマとなる。

文献案内

日本語で読める知能研究の入門書はいくつかあるが、**イアン・ディアリ『知能』**（繁枡算男訳、岩波書店、二〇〇四年）が出発点として最適である。もう少し進んだ概説を読みたい人には **Nicholas Mackintosh, *IQ and Human Intelligence***, Second edition, Oxford University Press (2011) を薦める。私自身は初版（一九九八年）で勉強し、第二版は本書を執筆する際にときどき参考にした程度なのだが、第二版は初版と章立てが大きく変わっていて、脳科学に関する知見が多く盛り込まれている印象である。

知能発達の遺伝要因に重点を置いた議論は、**ハンス・アイゼンク、レオン・ケイミン『知能は測れるのか――IQ討論』**（斎藤和明ほか訳、筑摩書房、一九八五年）のアイゼンク担当箇所から入るとよい。**Richard Herrnstein & Charles Murray, *The Bell Curve***, The Free Press (1994) も一読の価値がある。大量の統計データに面食らうが、統計学の予備知識を仮定せず非常に基本的なところから解説しており、その意味では親切な本である。すべてのページに目を通そうなどとは考えず、気になった部分だけでも読むとよい。

知能研究の歴史の暗い側面に関しては、何と言っても、**スティーヴン・J・グールド『人間の測りまちがい――差別の科学史』**（鈴木善次訳、河出書房新社、二〇〇八年）である。知能研究の主流派からは嫌われているが、一度は目を通しておくべき本である。双生児研究や養子研究に対する古典的な批判は、ハンス・アイゼンク、レオン・ケイミン『知能は測れるのか』（同前）のケイミン担当箇所を参照。**リチャード・ニスベット『頭のでき——決めるのは遺伝か、環境か』**（水谷淳訳、ダイヤモンド社、二〇一〇年）は、知能の発達の環境要因に重点を置いた議論を展開している。この本には、グールドやケイミンに見られるような知能研究への強い敵意は感じられない。ＩＱ得点の人種差という話題に関して、本書ではアメリカの黒人と白人に焦点を当てたが、ニスベットの本は東アジア人やユダヤ人についても紙幅を割いている。

人類遺伝の研究については、**ルイジ・ルカ・キャヴァリ＝スフォルツァ『文化インフォマティックス——遺伝子・人種・言語』**（赤木昭夫、産業図書、二〇〇一年）が参考になる。これはコンパクトにまとめられた一般向けの解説書だが、歯ごたえがあるので、**太田博樹『遺伝人類学入門——チンギスハンのDNAは何を語るか』**（筑摩書房、二〇一八年）で下準備しておくとよいかもしれない。

コラム　ファルコナーの公式を導出する

ここでは双生児どうしの相関係数の推定値から遺伝率を推定する方法について、本文より詳しい説明を行う。まず、別々に育てられた一卵性双生児どうしの相関係数を推定することが、遺伝率を推定することにつながることを説明する。次に、一緒に育てられた一卵性双生児と二卵性双生児の比較から遺伝率を推定するファルコナーの公式を導出する。

一卵性双生児（monozygotic twins）のペアからなる集団があったとして、双生児の一方をグループ1、他方をグループ2へとランダムに割り振る。二つのグループにおける身長や体重といった連続的な形質（表現型）を P_{MZ1}, P_{MZ2} という確率変数で表すと、これらの相関係数 $\rho(P_{MZ1}, P_{MZ2})$ は、

$$\rho(P_{MZ1}, P_{MZ2}) = \frac{Cov(P_{MZ1}, P_{MZ2})}{\sqrt{V(P_{MZ1})}\sqrt{V(P_{MZ2})}}$$

である。二つのグループの分散は等しいと仮定すると、分母は $V(P_{MZ1})$ となる。分子については次のように考える。まず、表現型は遺伝の効果と環境の効果の和として表れると仮定すると

$$P_{MZ1} = G_{MZ1} + E_{MZ1}$$

$$P_{MZ2} = G_{MZ2} + E_{MZ2}$$

という式が立てられる。よって、共分散 $Cov(P_{MZ1}, P_{MZ2})$ は

$$Cov(P_{MZ1}, P_{MZ2}) = Cov(G_{MZ1}, G_{MZ2}) + Cov(G_{MZ1}, E_{MZ2}) + Cov(G_{MZ2}, E_{MZ1}) + Cov(E_{MZ1}, E_{MZ2})$$

と分解できる。一卵性双生児のペアではすべての遺伝情報が同じなので、

$$G_{MZ1} = G_{MZ2}$$

となるため、一つ目の項は

$$Cov(G_{MZ1}, G_{MZ2}) = V(G_{MZ1})$$

である。また、遺伝と環境が独立だと仮定すれば二つ目と三つ目の項は無視できる。問題は四つ目の項である。双生児は同じ年に同じ家庭で生まれ育つので、それぞれの形質におよぼす環境の効果には相関があると予想されるため、この項を無視することは、ふつう、許されない。例外は、ここで検討している集団が「別々に育てられた」一卵性双生児ペアからなる集団の場合である。その場合には、E_{MZ1} と E_{MZ2} は独立とみなせるので、四つ目の項も無視できて、結局、

$$\mathrm{Cov}(P_{MZ1}, P_{MZ2}) = V(G_{MZ1})$$

となる。したがって、

$$\rho(P_{MZ1}, P_{MZ2}) = \frac{V(G_{MZ1})}{V(P_{MZ1})}$$

である。右辺はまさに遺伝率なので、別々に育てられた一卵性双生児からなる集団のペアに関しては、形質の相関係数を推定することと遺伝率を推定することが一致する。

この方法はシンプルだが、別々に育てられた一卵性双生児ペアは極めて稀なので、データ収集が困難である。実行可能性を高めるには、一緒に育てられた一卵性双生児の相関係数から遺伝率を推定する方法が欲しい。しかし、一緒に育てられていたらE_{MZ1}とE_{MZ2}が独立にならない。

そこで、一緒に育った一卵性双生児といえども、環境の効果が何から何まで同じということはありえないという点に着目し、環境の効果を二種類に分ける。同じ家庭に属する双生児や兄弟姉妹を互いに似たものにし、家庭の外の人々とは異なったものにする環境の効果がある。これを共有（common）環境という。他方で、同じ家庭に属するすら双生児や兄弟姉妹の間の違いを生むような環境の効果もある。これを独自（unique）環境と呼ぶ。

共有環境と独自環境を区別すると、環境の効果は一般に、

$$E = C + U$$

と表せる。双生児ペアの場合には

$$E_{MZ1} = C_{MZ1} + U_{MZ1}$$
$$E_{MZ2} = C_{MZ2} + U_{MZ2}$$

となる。よって、一緒に育った双生児の環境の効果の共分散は以下のように分解できる。

$$Cov(E_{MZ1}, E_{MZ2}) = Cov(C_{MZ1}, C_{MZ2}) + Cov(C_{MZ1}, U_{MZ2}) + Cov(U_{MZ1}, C_{MZ2}) + Cov(U_{MZ1}, U_{MZ2})$$

双生児ペアの中で共有環境の効果は等しいので、一つ目の項は

$$Cov(C_{MZ1}, C_{MZ2}) = V(C_{MZ1})$$

となる。そして、C_{MZ1} と U_{MZ2}、U_{MZ1} と C_{MZ2}、U_{MZ1} と U_{MZ2} はそれぞれ独立だと仮定すると、残りの三つの項は無視できる。したがって、一卵性双生児の相関係数は

$$\rho(P_{MZ1}, P_{MZ2}) = \frac{V(G_{MZ1})}{V(P_{MZ1})} + \frac{V(C_{MZ1})}{V(P_{MZ1})}$$

となる。

しかし、これだけでは遺伝率を求めるのに情報が足りないので、一緒に育った二卵性双生児(dizygotic twins) 同士の相関係数も参照する。二卵性双生児同士の相関係数は、

$$\rho(P_{DZ1}, P_{DZ2}) = \frac{Cov(P_{DZ1}, P_{DZ2})}{V(P_{DZ1})} = \frac{Cov(G_{DZ1}, G_{DZ2})}{V(P_{DZ1})} + \frac{Cov(C_{DZ1}, C_{DZ2})}{V(P_{DZ1})}$$

である。話を簡単にするため、表現型分散は一卵性双生児と同じであり、さらに、環境の効果の共分散は一卵性双生児と同じと仮定しよう（等環境仮説）。問題は遺伝の効果の共分散である。これについては次のように考える。

まず、一卵性双生児はすべての遺伝情報が等しいが、二卵性双生児は平均して半分の遺伝情報が等しい。また、遺伝の効果（G）は相加的な効果（A）と優性の効果（D）の和で表されるが、二卵性双生児同士で相加的な効果が同じになる確率は二分の一だが、優性の効果が同じになるためには、父由来の遺伝子と母由来の遺伝子がともに同じにならなければならないので、優生の効果が同じ確率は四分の一となる。ここでは話を簡単にするため、優性の効果は無視して、遺伝の効果は相加的な効果に等しいとみなしておく。優性の効果を無視すれば、二卵性双生児における遺伝の効果に関する共分

散は、一卵性双生児の半分、つまり

$$Cov(G_{DZ1}, G_{DZ2}) = \frac{1}{2} Cov(G_{MZ1}, G_{MZ2})$$

となる。[47] こうして、遺伝率を表す $V(G_{MZ1})/V(P_{MZ1})$ と共有環境の影響の大きさを表す $V(C_{MZ1})/V(P_{MZ1})$ という二つの変数をもつ連立方程式が得られる。

$$\rho(P_{MZ1}, P_{MZ2}) = \frac{V(G_{MZ1})}{V(P_{MZ1})} + \frac{V(C_{MZ1})}{V(P_{MZ1})}$$

$$\rho(P_{DZ1}, P_{DZ2}) = \frac{1}{2} \cdot \frac{V(G_{MZ1})}{V(P_{MZ1})} + \frac{V(C_{MZ1})}{V(P_{MZ1})}$$

この連立方程式を遺伝率に関して解くと、ファルコナーの公式

$$\frac{V(G_{MZ1})}{V(P_{MZ1})} = 2(\rho(P_{MZ1}, P_{MZ2}) - \rho(P_{DZ1}, P_{DZ2}))$$

が得られる。

ファルコナーの公式はシンプルで、双生児相関から目分量で遺伝と環境の効果を推定する便利な方法である。ただし、こうした算術的な方法で形質の遺伝率を求めることは、現在の行動遺伝学では行われていない。優性の効果を無視しているし、いとこや半兄弟など多様な血縁関係のデータを遺伝と環境の効果の推定に利用することもできないからである。こうした問題を解決するために、現在では、構造方程式モデリングの手法を利用するのが一般的になっている。詳しくは、安藤 2014, 3章を参照。

第3章

言語

文法能力は本能か、習慣か

1　はじめに

伝説によれば、古代イスラエルのソロモン王はどんな動物とでも会話することができる魔法の指輪を持っていたとされる。また、中世の修道士アッシジのフランチェスコは動物と心を通わすことができて、小鳥に説教をしたと伝わる。こうした伝説を真に受けることはできないが、動物と言葉を交わすことができたら素敵なことである。彼らはいったい何を感じ、何を考えて生きているのだろうか。

素朴に考えると、動物と言葉を交わすには二つの方法がありうる。もし動物が人間とは別の何らかの言語を使っているなら、彼らの言葉を解読すればよい。たとえ動物が言葉を持たないとしても、そのときはわれわれの言語を教えてやればよい。かつて、多くの研究者は二つ目の方法が有力だと考えて、チンパンジーやゴリラ、ボノボといった大型類人猿にわれわれの言語を教えようと試みてきた。

一九七三年、バラス・スキナーのもとで行動心理学を学んだハーバート・テラスは、生後三日のチンパンジーを入手してアメリカ手話を教えはじめた。いつかそのチンパンジーと自由に語り合えることを願って、ノーム・チョムスキーにちなんで「ニーム・チンプスキー」と名付けた。愛称は「ニム」である。ニムは一歳になるまでに同じ年頃の人間の子どもと同じくらいの数のサインを学習し、やがて複数のサインをつなげた文も作るようになった。

すべては順調に思われた。しかし、まもなくテラスは考えを改めた。「類人猿は文を創るのか」(Terrace et al. 1979) という論文が報告するところによれば、ニムが作った三語文で最も高い頻度で見られる文はplay me Nim (me はニムを指す)、四語文では eat drink eat drink だった。文がもっと長くなっても単純な要素を繰り返しているだけで内容が複雑にならない。また、撮影したビデオテープで確認したところ、ニムの手話は実験担当者が直前に発したものを真似しているだけであることもわかった。[1]

動物に言語を教える試みは成功の見込みがあると思われていた一九六〇年代には、類人猿が記号を用いる様子がメディアによってセンセーショナルに伝えられてきた。しかし、テラスとその同僚による論文は、類人猿の言語研究という分野に壊滅的な打撃を与えた。どれほど工夫しても、類人猿は言語を学ぶことができないらしい。[2]

そんなのは当たり前ではないか、という意見もある。言語は人間を他の動物から分ける特徴だという見解は古くからある。古代ローマの政治家ユリウス・カエサルの故事にちなんで、言語はルビコン川にたとえられる。現生人類は言語というルビコン川を渡ることで高度な文明を築く足掛かりを得たのだ、と。

われわれが普段何気なく用いているにもかかわらず、言語は並外れて複雑である。動物にさまざまな芸を仕込むことはできるが、動物に言語を教えることはできなかった。人間の大人にとっても、第二言語を獲得するのは大変な苦労を伴うのが普通である。

それにひきかえ、人間の子どもは急速に言語を獲得する。もちろん、子どもが言語を獲得する過程は、何もかもが順調というわけではなく、いくつもの波乱に満ちた「冒険」である(広瀬 2017)。歩くこともおぼつかなかった子どもが次第に言葉を使いこなすようになる様子を見るのは、周囲の大人にとって大きな喜びに違いない。しかし、大人の科学者でも自然言語にどのような規則性があるのかを十分に見通せないことを思うと、子どもが急速に言語を獲得するのは不思議なことである。どうしてそんな芸当が可能なのか。

言語獲得に関して生まれを重視する立場は生得主義と呼ばれる。生得主義によれば、言語獲得は子どもが成長するにつれて歯が生え、歩けるようになるのと類比的なプロセスで、いわば本能の発達とみなせる。他方で、言語獲得に関して育ちの側面を重視して、言語本能なるものの存在を否定する立場は経験主義と呼ばれる。経験主義によれば、自然言語は社会的な人工物であり、言語獲得は教育を通じて達成される。

二〇世紀中頃まで、多くの哲学者は言語獲得に関して経験主義的な立場をあまり疑うことなく採用してきた。われわれは生まれ育った場所によってかなり違う言語を使うように成長する。歩き方にも文化差が多少あるかもしれないが、言語の多様性はそれとは比べものにならないほど豊かである。地球上で使われている個々の自然言語は、われわれの祖先が遠い昔にどこかで発明し、発展させ、いくつもの変化を被りながら代々譲り渡してきた伝統工芸品のようにも思える。

こうした見解は今でも人気がある。それでも、二〇世紀後半になって状況は大きく変わった。第1章4節で触れたレネバーグは、言語獲得は厳密に定められた発達の予定表に従って生じるプロセスで、視覚能力の発達と同じように臨界期が存在する、と主張した。レネバーグの仕事に強い刺激を受けたチョムスキーは、生得主義を現代によみがえらせた。現時点で生得主義と経験主義のどちらの方が優勢なのかはともかく、経験主義がかつて思われていたほど自明な立場ではなく、生得主義がかつて思われていたほど奇妙な立場でなくなったのは確かである。

ところで、一口に言語能力といっても、いくつかの側面がある。本書の「はじめに」で触れたように、私は多くの言語学者・哲学者と同様、言語の無限性に興味を持っている。すなわち、われわれはこれまでに発したことも聞いたこともない無数の文を作り出し、理解することができる。これを可能にしているのは、単語を組み合わせて句や文といったより大きなまとまりを作る能力である。言語学者や哲学者は、単語を組み合わせて句や文を作るための規則の体系を文法と呼んでいる。[3] われわれが知っている単語の数は有限個でも構わない。単語の組み合わせ方が無限にあるおかげで、われわれはこれまでに見たことも聞いたこともない文を作り出せる。文法能力こそ無限を有限の形で貯蔵する秘訣である。

そこで、本章では、文法能力に関する生得主義と経験主義に焦点を当て、両陣営の間で（現在進行形で）続いている複雑に入り組んだ論争の中身を見ていきたい。[4] 本章は以下のように進行する。2節では、生得主義者が提案する文法獲得のあり方を素描する。文法能力の生得主義を支持する議論にはさまざまなものがあり、3節では刺激の貧困論法を、4節と5節では刺激の貧困以外のデータを検討する。6節では、言語の起源に視野を広げて、生得主義と経験主義それぞれの立場が古人類学的な議論とどのような関係にあるのかを考察する。

2　生得主義の主張を理解する

2－1　普遍文法：言語に特化した獲得メカニズム

本章で取り上げる文法能力の生得主義のコアにあるのは、文法の知識が教育の産物ではないという主張である。文法と聞いて、国語や英語の時間に学んだ動詞の活用形とか、ら抜き言葉は文法的に不適切であるといった小言を思い出す人は、この主張に困惑するかもしれないが、その種の文法は「規範文法」

と呼ばれる。これに対し、ここでいう文法（記述文法）は、普通の言語話者が、単語を組み合わせて句や文といった大きなまとまりを作るときに無意識に使用している規則の体系を指す。

いま「無意識に」と言ったように、記述文法の規則には親や周囲の人から明示的に教わったとは想像しづらいものが含まれる。一例を挙げよう（フォスター＝コーエン 2001, p.142）。これは英語の例だが、ネイティブでなくても十分理解できる。

（1）I saw John.（私はジョンを見た）

（2）Who(m) did you see?（あなたは誰を見たのか）

（3）I saw John and Mary.（私はジョンとメアリーを見た）

（4）*Who(m) did you see John and?（あなたはジョンと誰を見たのか）

（1）が答えになるようなＷＨ疑問文を作るには、通常のやり方で疑問文を作ってから、答えの位置を空にして疑問詞 who を文頭に置く、という規則が考えられる。しかし、（3）と（4）を見ると、この単純な規則は上手くいかない。二つの名詞を and でつないだ複合名詞句の一部を who に置き換えることはできない（＊印をつけた例文は、非文であることを表す）。この変形操作が許されない理由は、それほど簡単ではない。（4）が何を言おうとしている文なのかは理解できるし、（4）とほぼ同じ内容を表現する文法的な文も作れるからである。

（5）Who(m) did you see John with?

言っていることは理解できるのにそういう言い方をするのは奇妙である（4）のような例文のことを、哲学者のジョージ・レイは、「ホワイノッツ（WhyNots）」と呼ぶ。ホワイノッツの奇妙さに関しては、ほぼすべての母語話者が合意する。そして、レイによれば、このことから二つの疑問が生じる（Rey 2020, p.26）。一つ目は、なぜそんな広い合意が成り立つのか、という疑問である。言っていることは理解できるのだから、誰かがホワイノッツを使ってもよさそうなものなのに、なぜ誰も使おうとしないのか。そして、二つ目は、そもそも母語話者はどうやってホワイノッツが奇妙だと判断できるようになるのか、という疑問である。ほとんどの母語話者はホワイノッツのような例文のことをこれまでに聞いたことも考えたこともない。それなのに、彼らはみな「言われてみると、たしかにそんな言い方はしないな」と判断する。彼らはそういう傾向性をどこで獲得したのか。

これら二つの疑問に促されて生得主義者たちは、記述文法は社会的慣習・規約では説明がつかない、と論じる。人々はホワイノッツが奇妙だということを周囲の大人から明示的に教えられたわけではない。むしろ、人々はホワイノッツが奇妙であることを無意識に知っているのだ。そして、この無意識の知識は「生得的」だろう、と言う。

「生得的」とはどういう意味か。素朴に考えると、生得的とは先天的、つまり、誕生した瞬間から備わっているということだと思いたくなる。しかし、生得主義者のレイ・ジャッケンドフは、そういうことではないと言う（Jackendoff 1995, p.29）。無意識の知識が生まれた時点で発現していると考えなければならない理由はない。誕生してからある程度時間が経って発現するのかもしれない。[5] ジャッケンドフによれば、文法の知識が生得的であるという主張にとって重要なのは、それが教育の産物ではないということ、そして、生物学的な発達の予定表によって定められているということである。[6]

具体的にイメージするため、生得主義者がしばしば言及する動物行動学の知見を取り上げよう。たとえば、渡り鳥のルリノジコは、夜空を見上げて恒星が北極星のまわりをどのように回転するのかを調べることで方角を定める。彼らはどうやってそんな高度な方法を学んだのだろう。学んでなどいないのではないか。たしかに、ルリノジコは夜空をじっくり観察している。しかし、それは、どの星が北極星なのかは学習しなければならないからである（地球の歳差運動により、長期的なスパンでみると北極星は変わる)。この学習はルリノジコの方向定位能力を局所的な条件にあわせるためだけのものにすぎない（マーカス 2005, p.29f)。むしろ、方向定位能力を発達させるプログラムが生得的に組み込まれている、と言いたい。

学習心理学は、訓練や教育によって何かを学習するときに働く学習メカニズムについて研究してきた。たとえば、条件づけと模倣。そして、推測と反駁（カール・ポパーの方法論)、単純枚挙、最善の説明への推論、アナロジーといった帰納的推論。しかし、これらは広範な領域に適用されうるという意味で、汎用（domain general）の学習装置である。生得主義者によれば、たいていの動物は、特定の本能的能力を獲得するためだけに存在する回路も備えていると考えられる。[7] そうした専門的（domain specific）な能力の獲得装置は、感覚器官を介した刺激を引き金として作動する。ルリノジコの場合には、夜空を見るという経験が引き金となって方向定位能力を獲得する。ヒトの文法能力の獲得も同じなのかもしれない。生得主義者は、われわれには英語や日本語といった個別言語の文法（個別文法）を獲得するための文法獲得装置が備わっていると考え、その装置を「普遍文法」と呼ぶ。普遍文法は感覚器官を介した言語的刺激を引き金として作動する。

2―2　原理とパラメータのアプローチ

生得主義がどういう立場なのか、おぼろげながら見えてきた。しかし、個別文法を獲得するのは普遍文法のおかげであると言うのは説明になっているのだろうか。たとえば、「アヘンを服用するとなぜ眠くなるのか」と尋ねてきた人に「催眠力があるからだ」と述べただけでは、ほとんど説明になっていない。[8]それと同じように、ヒトは普遍文法を持っているから個別文法を獲得できると言うだけではほとんど説明になっていないではないか（ディーコン 1999, 1章）。それに、地球上では膨大な数の言語が使われていて、それぞれの個別文法はきわめて多様である。生得主義者は人間言語の多様性にも向き合わねばならない。

こうした批判に答える一つのやり方として、一九八〇年代に登場した「原理とパラメータのアプローチ」がある（以下、P&Pと略）。P&Pによれば、普遍文法は少数の原理と未設定のパラメータという二つの側面を持つ。

原理はすべての自然言語に共通する鋳型であり、言語獲得をする子どもが野放図に文法規則を考え出さないように制約をかける。[9]そのため、人間の子どもたちに獲得する文法は一定の範囲内に収まる。生得主義者によれば、ホワイノッツの存在はそうした鋳型が存在することを推測する手がかりであり、また、後の議論の先取りになるが、自然言語に共通する普遍的特徴も原理の存在を示唆する。

では、個別文法の多様性はどう説明されるのか。ここで鍵になるのが「パラメータ」というアイデアである。これはいわゆる「二〇の質問」になぞらえることができる（Rey 2020, p.73）。二〇の質問とは、二人のプレーヤーの間で行われるもの当てクイズである。出題者は、特定のキャラクターや動物の種類など、何か一つのものを頭に思い浮かべる。回答者はそれを当てるために、「それは空を飛ぶか」とか

	パラメータ1	パラメータ2	パラメータ3	…
言語1	オン	オフ	オフ	…
言語2	オフ	オフ	オン	…
…				

表3-1　パラメータの値を設定することで個別言語の文法を定める。

「それはペットショップで売られているか」など、「はい」か「いいえ」で答えられる質問を合計して二〇回まで行うことができる。うまく質問を選んでいけば、回答者は出題者が思い浮かべているものを言い当てることができる。実際、「アキネーター」と呼ばれるプログラムが作られている。生得主義者のいうパラメータについては、自然言語に関する「はい」か「いいえ」で答えられる質問をイメージするとよい。個々のパラメータは通常は二者択一の選択肢であり、すべてのパラメータの値を設定すると個別文法が定まる（表3－1を参照）。パラメータが全部でN個あるとすれば、単純計算では2^N個の個別文法が存在しうることになる。[10]

より具体的なイメージを得るために、パラメータの例を三つほど紹介する。以下の説明はマーク・ベイカーの解説に基づく（Baker 2001）。

英語で疑問詞を用いて疑問文を作るときには、"What did you buy?" のように文頭に疑問詞を移動しなければならない。これに対し、日本語の疑問文「あなたは何を買ったか？」とその答えである「私は本を買った」を比較すれば明らかなように、日本語では疑問詞は答えになる語と同じ位置に疑問詞が現れる。この違いは、次のパラメータによって表現できる。

疑問移動パラメータ：疑問詞は文頭に移動しないといけない（英語など）、あるいは、疑問詞は他の名詞句と同じ位置に現れる（日本語・中国語など）。

別の例。自然言語の中にはイタリア語のように、時制のある節では主語を省略できる言語がある。たとえば、英語では"It is raining."と言うところが、イタリア語では"Piove."という動詞だけの一語文になる。また、倒置文を作るとき、主語を省略できない英語では"it" "there"などの虚辞(ダミー表現)を主語の位置に置く必要がある。たとえば、英語では"Appeared a boat."とは言えず、"There appeared a boat."と言う。イタリア語にはそういう制約がない。この違いは次のパラメータによって表現される。

空主語パラメータ:時制のある節にはかならず明示的な主語がある(英語・フランス語など)、あるいは、時制のある節には明示的な主語がなくてもよい(イタリア語・スペイン語など)。

一つのパラメータの違いから、大規模な語順の違いが生じることもある。たとえば、英語の基本語順はSVOであり、日本語の基本語順はSOVであると言われる。実際には、この違いは動詞と直接目的語の語順だけに関わっているわけではなく、もっと多くの違いと連動している。たとえば、

The child might think that she will show Mary's picture of John to Chris.
子どもは彼女がメアリが持っているジョンの写真をクリスに見せると思うかもしれない

という例文を比較しよう。SVO型の英語では、動詞thinkやshowが直接目的語となる埋め込み節や名詞句よりも前にくるのに対して、SOV型の日本語では、動詞が後にくる。ここまではわかる。だが、

要素A	要素B	英語	日本語
動詞	直接目的語	AがBに先行	AがBに後続
動詞	前／後置詞句	AがBに先行	AがBに後続
動詞	埋め込み節	AがBに先行	AがBに後続
前／後置詞	関連する名詞句	AがBに先行	AがBに後続
名詞	関連する前／後置詞句	AがBに先行	AがBに後続
補文標識	埋め込み文	AがBに先行	AがBに後続
助動詞	動詞	AがBに先行	AがBに後続

表 3-2　英語の語順と日本語の語順

同じような逆転現象は他にも見つかる。英語では名詞 picture が、写真に写っているものを示す of John よりも前にくるが、日本語では逆に、名詞の方が後にくる。英語の助動詞 might は動詞 think よりも前にくるのに対し、日本語の助動詞「いる」は動詞「思って」の後にくる。英語では、埋め込み節をつくる補文標識 that が埋め込み文の前にくるが、日本語では補文標識「と」が埋め込み文の後にくる。そして、英語では前置詞を用いるので to Chris となるのに対し、日本語の助詞は後置詞であり、「クリスに」という風に名詞の後にくる。

以上の対照をまとめると、表3－2のようになる。

英語と日本語の語順に関して、こうした一般性（系統的な違い）が見つかっただけなら、単なる偶然に思える。しかし、実際には、世界中の言語の九五パーセント以上が、英語風と日本語風のどちらかのタイプに分類できる。すなわち、基本語順がSVOの言語はここでいう英語風のパターンを示し、SOVの言語は日本語風のパターンを示す傾向にある。七つの一般性が本当に何の関係もないのであれば、自然言語は $2^7 = 128$ 通りの語順パターンがあってもよいはずだが、そうはなっていない。もっと細かく調査すれば、こうした観察には例外も出てくるが、それでも、自然言語の間には深いところで共通の原理があって、見かけ上の多様性は少数のパラメータの値の違いに還元されうる、ということが示唆されるのではないか。
P&Pの考え方では、英語風の語順と日本語風の語順の違いを説明するため、次のパラメータを措定する。

主要部パラメータ：より大きな句を作る際に主要部が先行する（英語・タイ語など）、あるいは、後続する（日本語・バスク語など）。

主要部（head）とは何か。どんな言語でも、文はいちどにできあがるのではなく、より小さな単位から少しずつ組み合わさってできあがる。そのため、一番小さな単位である単語と一番大きな単位である文の間には、一つの人形の中に別の小さな人形が何重にも入っているロシア人形のような階層構造が生じる。ここまではどの言語でも同じだが、新しく単語や句を付け加えるときに、すでにできた句の前に付けるか後に付けるかで選択の余地がある。英語風の言語ではより大きな句を作るときに、その句の中核となる単語がほぼ一貫して最初にくるのに対して、日本語風の言語では主要部がほぼ一貫して最後にくる。主要部とは、句の中核となる単語のことをいう。
先ほどの表で「要素A」と呼ばれたものは主要部に相当する。表では英語と日本語の語順に見られる七つの一般的パターンが羅列されている。しかし、主要部パラメータは同じことをより簡潔に捉えているし、表にはないパターンも捉えられる。たとえば、形容詞についてまだ考えていなかったが、形容詞を前置詞句や埋め込み節と組み合わせて形容詞句を作ると、「クリスが自慢だ proud of Chris」「クリスマスがやってくるのがうれしい happy that Christmas is coming」のように、英語では形容詞が最初にくるのに対し、日本語では最後にくる。これは主要部パラメータから予想されることである。

もっとも、英語と日本語の語順が鏡に映したようにあらゆる点で対称的というわけではない。主語の位置は英語と日本語で変わらないし、先の例文でも「メアリーがもっている写真Mary's pictures」は「写真pictures」を主要部とする名詞句に思えるが、英語と日本語で語順が変わらない。また、英語にあって日本語にない冠詞をどう考えればよいのか、といった問題もある。こうした問題を扱うには句構造についてもっと細かな議論をしなくてはならないので、ここでは深入りしない[11]。

2―3　原理とパラメータのアプローチへの批判

疑問移動パラメータ、空主語パラメータ、そして、主要部パラメータという三つのパラメータを紹介した。個別文法がこうしたパラメータによって分類できるとすると、文法獲得に関して次のようなシナリオを想定しうる。まず、ヒトはみな同じ初期状態（普遍文法）から出発する。つまり、母語の文法獲得を可能にする生物学的基盤は同じである。しかし、普遍文法は、各個別言語で不変的に成り立つ原理と、まだ設定されていないパラメータのセットから成り立っている。環境から言語的刺激を受けることで各パラメータの値が定まっていき、母語文法に習熟した最終状態に達する（図3―1を参照）。

しかし、あまりにも話が出来すぎている、と訝《いぶか》しく思うかもしれない。まず、パラメータによって多様な個別言語の文法を分類するというアイデアは魅力的だとしても、これですべての言語を分類しつくすことなどできるのか、という疑問がありうる。有名な反論を一つ挙げると、たとえば、主要部パラメータの違いは基本語順がＳＶＯの言語とＳＯＶの言語の違いに対応するように思える。しかし、Ｖ２言語と呼ばれる種類の言語では主文と副文で語順が異なり、主文ではＳＶＯ語順だが、副文では動詞が末尾

普遍文法（初期状態）　⇒　個別文法（最終状態）

↑ パラメータの設定

言語的刺激

図 3-1　普遍文法から個別文法へ

にくるSOV語順となる（ドイツ語など）。こうした事例は主要部パラメータで扱えるだろうか。

また、仮にP&Pが自然言語の比較・分類に有用だとしても、言語獲得のありようを説明できるかどうかはまた別の問題である。というのは、自然言語の文法を習熟することがパラメータの設定に相当するのだとしても、パラメータが設定されるメカニズムの詳細はまだ闇の中だからである。これまでの説明は、パラメータの設定をあたかも物理的刺激によるスイッチのオン／オフ切り替えという単純なプロセスとして記述している。[12] しかし、パラメータの設定がそんなに簡単な作業とは思えない。中華料理屋で中国語に接したり、テレビで英語のニュース番組が流れるために、日本語の文法を獲得しようとしている子どもの獲得経路が大きく乱されてほしくはないし、実際乱されることはない。また、子どもがバイリンガルに成長する場合に、どのような仕方でパラメータが設定されているのかもここまでの説明からはよくわからない。普遍文法のなかには二つあるいは三つ以上の言語獲得が必要な場合に限って設定されるパラメータのセットが複数あったりするのだろうか（フォスター＝コーエン 2001, p.212f）。

少なくとも、一般向けの啓蒙書でみられるような、パラメータの設定を過度に単純化した説明には慎重でありたい。たとえば、ピンカーは、主要部が先行するかどうかは“Eat your spinach!”のように動詞が目的語の先に先行するか、「ほうれん草を食べなさい」のように動詞が目的語に後続するかを耳にするだけで定まる、と言う(Pinker 1994, p.112[邦訳：上巻 p.152])。しかし、どの表現が動詞句の主要部でどれが補部なのかがわかってないとこの議論は成り立たない（Fodor 2001)。空主語パラメータの設定にも同じようなことがいえる。英語でも“Couldn't give a damn.”（知ったこっちゃない）など、空主語の発話は見られるので、空主語の文を耳にするかどうかという基準だけに頼ることはできない。空主語を許容するがいくつかの文脈では虚辞（ze）を主語に用いるヘブライ語のような言語もあるので、虚辞が使われるかどうかという基準でも不十分である（Cowie 1999, p.259)。

このように見ていくと、生得主義に懐疑的な人なら、P&Pは結局のところ文法能力の獲得という難題を子どもがどうやって解決しているのかを何も明らかにしていない、と結論づけるかもしれない。しかし、生得主義に好意的な見方をするなら、P&Pはあくまでも子どもがいかに言語獲得という難問を原理的には解決できるのかをスケッチしただけで、細部を埋めるのはこれから、ということになる。V2言語の語順をどう考えればよいのか、パラメータ設定の詳細がどうなっているのかといった問題は、生得主義者に対してさらなる探求を促している。それでも、子どもたちは可能な文法の空間から母語の文法を絞り込むために、統語的属性・抑揚・心の理論など、ありとあらゆる手段を総動員してパラメータを設定しているのは確実だ、と生得主義者は言うだろう（ブックス 2012, p.141)。

3　刺激の貧困論法を検討する

生得主義者は、子どもが普遍文法から個別文法を獲得するに至る過程をスケッチするのと並行して、個別文法の獲得を説明する方法は他に存在しないことを証明しようとする。その議論は「刺激の貧困論法」と呼ばれている。出発点となったのはチョムスキーの次のようなコメントである。

多くの子どもが、第一または第二言語を、特別な取り計らいをして教えなくても、また、その進歩に特別な注意を払わなくても、とても見事に獲得することは明らかなように思われる。観察される実際の発話の多くは、断片や、様々な種類の逸脱した表現から成っているということも明らかなように思われる。したがって、たとえ、子どもが理論構築の際に基礎とする一次言語データが、構築しようとしている理論の見地からすると様々な点で不十分だとしても、子どもは、適格性を定義し、文に解釈を付与する生成文法を「創り出す」能力を持っているに違いないと思われる。(チョムスキー 2017, p.165n14)

検討しやすいように、この議論を次のように定式化しておく。

- 貧弱な言語的刺激(一次言語データ)に基づいて文法を獲得できるような汎用の学習メカニズムは存在しない。
- 子どもは貧弱な言語的刺激から文法を獲得する。
- したがって、子どもは文法を汎用の学習メカニズムでは獲得しない。

以下では、この論証の二つの前提について順に考察する。

3―1　貧しい刺激からの学習は不可能か？

刺激の貧困論証の一つ目の前提は、貧弱な言語的刺激に基づいて文法を獲得できるような汎用の学習メカニズムは存在しない、というものである。生得主義者は、この前提を消去法によって正当化しようとする。

3―1―1　オペラント条件づけ

経験主義的な傾向をもつ哲学者たちは古くから、学習は連合によってなされると考えてきた。徹底した行動主義者なら、われわれの言語行動も連合学習の一種であるオペラント条件づけ（第1章3節）によって獲得され、維持されていると主張するだろう。[13]

しかし、われわれの言語行動にはそれまで使ったことのない文の発話が含まれるし、聞き手はそれまで聞いたことのない文であっても理解できる。行動主義者はその事実をどう説明するのだろうか。この点を考える手がかりとして、一九三四年に哲学者のアルフレッド・ノース・ホワイトヘッドが行動主義者のスキナーと夕食を共にしたときの会話を取り上げよう（Skinner 1957）。

スキナーの回想によると、彼はこのときホワイトヘッドに行動主義の学習理論を宣伝したらしい。すると、ホワイトヘッドは、「私がここに座って「このテーブルには黒いサソリが落ちていない（No black scorpion is falling upon this table.）」と言ったとするると、あなたは私の行動をどう説明するのかみてみたい」と質問した。この質問は、新奇な発話を理解できるのはなぜか、という趣旨の質問として解釈できる。

スキナーの答えは次のようである。ホワイトヘッドの発話は過去の条件づけの歴史からの帰結に違いない。たとえば、「このテーブルの上には黒いゴミが一つも落ちていない」といった発話が過去に強化されたために、偶然以上の確率で当該の発話を生み出すことが可能だったのかもしれない。ホワイトヘッドの過去の言語行動に関する詳細な記録は存在しないので確実なことは言えない。しかし、だからといって行動分析家を責めないでほしい。たとえるなら、彼らが会話した夕食会が行われた部屋の温度変化の記録が残っていたとして、なぜこのときの温度はしかじかだったのか、と物理学者に質問しても答えられないのと同じだ。窓が開いて風が吹いたからだろうとか、推測で何か言えるかもしれないが、それ以上のことは言えない。

つまり、こういうことだろうか。ホワイトヘッドの過去の詳細はわからないが、ある語句を「サソリ」に置き換えたときに「このテーブルには黒いサソリが落ちていない」と同じになるような文の発話が過去に強化されたと仮定する。その場合、「このテーブルには黒いサソリが落ちていない」という文を発したのはある意味でランダムだが、それでも、過去に似たような文を発したことがあるという意味で、猫がタイプライターをでたらめに叩いて偶然この文が出力されるよりはるかに高い確率で、ホワイトヘッドはこの文を発することができた。

しかし、新しい文を発話するとき、これまでに発話してきた文と似た文をランダムに発話するとは考えにくい。これは、言語行動だけでなく、われわれの行動についてもっと一般的に言えることだ。われわれはこれまでに遭遇したことのない状況でも、ランダムよりはるかに高い確率で適切な行動を選択できる。たとえば、強盗に銃を突きつけられて「財布を出せ」と脅されたとする。ほとんどの人は強盗に遭遇した経験などないので、こういう場合のいかなる行動も強化されていない。それでも人々は財布を渡すという賢明な行動をすることができる（Chomsky 1959）。われわれの行動は、オペラント条件づけの産物とみなすには、先見の明がありすぎる。

もっとテクニカルだが、次のような問題点も指摘もできる。スキナーは次のように考えていると思われる。すでに学習した文の一部を別の言葉で置き換えるとか、あるいは、すでに学習した文に言葉を追加するなどして新たに作った文をしかるべき場面で発話し、それが報酬を得ることにつながれば、その新たな文を発話する頻度は上がるだろう。[14] このようにして言語行動の学習は進む、と。しかし、ある文に現れている言葉を別の言葉に置き換える場合、二つの文が表面的にはどれほど似ていようとも、文の本質的な構造がガラッと変わってしまうことがある。たとえば、

（6）Struggling artists can be a nuisance.（もがいている芸術家は厄介である）

（7）Marking papers can be a nuisance.（テストの採点は厄介である）

二つの文は表面上よく似ている。しかし、（6）の主語は"artists"なのに対し、（7）の主語は文頭の"making"である。二つの文が構造的に違うことは英語話者には直観的に明らかだが、こうした違いがオペラント条件づけによってどのように説明されるのかは想像しがたい（Chomsky 1959）。

問題点は他にもまだある。文法能力がオペラント条件づけによる学習の産物ならば、訓練すればするほど効果があがると予想するのは自然である。しかし、その予想は当たらない。デイケア・センターに収容されている労働者階級の二歳半児を対象とした研究によれば、機能語が脱落して単語を羅列した電文体のような発話をするたびに、そこで省略されている単語を補って言い直しをさせたところ、訓練をほどこした実験群ではあまり効果があがらず、何も訓練しない統制群とは差がなかった。むしろ、一緒に絵本を見ながらおしゃべりをした群の方が三ヵ月後に行った言語運用の成績がよかったという（内田

1999, p.50)。刺激が豊富な場合ですら、オペラント条件づけは文法能力の獲得に大きな影響を与えないとすると、どうして刺激が貧しい場合にうまくいくのか理解しがたい。

3−1−2　模倣

文法能力の獲得をオペラント条件づけで説明するのは無理だと結論してよいと思う。そうすると、模倣についても同様にうまくいく見込みは薄い。たしかに、子どもは模倣によって語彙を増やしていく。周囲の人々が話す言葉を子どももまねて話すようになると考えるのは自然である。しかし、模倣が文法の獲得に関しても大きな影響をもつかどうかは疑わしい。複雑な文になると逐語的に反復するのは困難だし、注意がおろそかだと単純な構文ですら復唱は難しい。なにより、復唱させられる文は発話の文脈を離れては実用的な意味をもたない（内田 1999, p.52)。

3−1−3　推測と反駁

子どもが言語を獲得する方法は、歯を磨くとか自転車に乗るといった習慣や一般的な行動を学習する方法とは別物だと考えられる。言語を使うには、語彙項目とそれらに対応する概念、そして、語彙を並べて概念相互の関係を作り出す文法を獲得しないといけない。しかし、周囲の人々が文法規則を子どもに説明してやるわけではないとすると、子どもは社会的なやり取りをするなかで、複雑な自然言語の文の背後にある文法規則について、自発的に仮説を立てて、その仮説に即した文を作っていかねばならない。

文法を獲得しようとしている子どものおかれている状況がこのようなものだとすれば、子どもはまさに小さな科学者である。そこで、ポパー的な方法論（推測と反駁）を用いて文法規則を模索する科学者をイメージしよう。科学者は想像力を働かせてそれまでに得られた証拠を説明できるような仮説として何らかの文法規則を立てる。その仮説は新たな証拠によって反証されるが、そのときは再び新たな仮説を立てる。これを繰り返す。

たしかに、この方法でも文法を獲得することは原理的には可能かもしれない。しかし、それには仮説群を棄却するための豊富な証拠が必要になるだろう。

たとえば、主節の動詞がbe動詞である英文をyes/no疑問文に変形する規則について考えよう（Chomsky 1975, p.31）。英文法について無知であれば、最初に思いつきそうな仮説は「疑問文を作るには、最初に出現したbe動詞を文頭にもってくればよい」といった規則かもしれない。もちろん、この仮説には"The man who is tall is in the room."といった反例がある。したがって、この仮説を棄却することはできる。しかし、それは、こうした反例に出くわすことができれば、の話である。後で考察するように、生得主義者はこのような例文が貧弱な一次言語データに含まれるということを疑っている。

3−1−4　中間考察

いまの議論は、推測と反駁によって貧弱な証拠から文法を学習することは不可能だということを示している。しかし、経験主義者は動じないかもしれない。ホワイノッツの存在からも示唆されるように、たしかに、個別文法には明示的に教わったとは想像しがたい精妙な規則がたくさん含まれている。でも、よく考えてみると、明示的に教わっていないことを学習し、帰納的に推論するというのはごく普通に行われていることではないか。物理学や生物学の一般的信念もまた、限られたデータからの帰納的推論によって獲得されたはずである（cf. Stich 2011, p.31, Ramsey & Stich 1990, sec.2）。

生得主義に批判的な哲学者フィオナ・カウィはこんな例を挙げる(Cowie 1999, p.215)。われわれはカレーについて知っている。しかし、タコスやキッシュがカレーではないことをたいていの人は明示的には教えられなかったはずである。タコスやキッシュがカレーではないことなど、わざわざ教えられずとも現にわれわれは知っている。では、なぜ教えられなくても知っているのか。これは不可解である。よって、われわれにはカレーとは何かを知るための専門的な獲得メカニズムがあるに違いない……とはふつう考えない。だから、生得主義者の議論はどこかがおかしい、と。

生得主義者はこの疑問に対して、文法に関する無意識の知識が貧弱な感覚刺激に基づいて生じる仕方と、すべてのカラスは黒いといった一般的信念が貧弱な感覚刺激に基づいて生じる仕方は重要な点で異なる、と応答する(Rey 2000)。主節の動詞が be 動詞である英文を yes/no 疑問文に変形する規則を再び取り上げよう。生得主義者によれば、最初に思いつきそうな仮説は「疑問文を作るには、最初に出現した be 動詞を文頭にもってくればよい」といったものである。なぜなら、この仮説は主節の動詞が be 動詞である多くの英文にあてはまる最も単純な仮説だからである。しかし、それにもかかわらず、子どもは(先のような複文の疑問文を耳にする前に)この仮説を採用するということをせず、複雑な構造依存的規則にいきなり達するように見える。そういう実験的事実がある。[15] この点で、文法能力の獲得は自然科学の一般的信念を獲得するのとは本質的に異なる。普遍文法は、子どもが親や周囲の言葉に耳を傾けて獲得する文法の範囲に強い制約を設けることで、文法の獲得を助けるのである。

経験主義者はこの応答に納得しないだろう。現代の心理学では、まだ人間の高度な学習能力についてわかっていないことが多すぎる。われわれは仮説を反証する証拠が提示されなくても、貧しいデータから学習する何らかの洗練されたメカニズムを備えているに違いない、と彼らは考えている。

3－1－5　単純リカレントネットワーク

洗練された学習メカニズムの一候補として、単純リカレントネットワーク（ＳＲＮ）を用いたジェフリー・エルマンの古典的な研究を取り上げよう（Elman 1991; 1993）。ＳＲＮはニューラルネットワークの一種で、時系列データの処理に広く利用されている汎用の学習メカニズムである。時系列データとは、株価や降水量、音声といった時間的に変化する現象を記録した情報である。自然言語の文も、単語を並べたリストにすれば時系列データの一種とみなせる。

ＳＲＮは、入力層・中間層・出力層という三層のフィードフォワードネットワーク（1章5節）に加えて文脈層をもつ。文脈層は、中間層とループ状に結びついており、中間層から受け取った活性化状態を次の時点で中間層に送り返す（図3－2を参照）。一時点前の中間層の状態を入力にとることができるという意味で、ＳＲＮは一種の記憶をもつ。中間層から文脈層へ向かう結合強度を固定しておけば、ＳＲＮの訓練は通常のフィードフォワードネットワークと同様のアルゴリズム（誤差逆伝播法）によって実行できる。

エルマンは、ＳＲＮに文脈自由言語に相当する人工言語の文法を学習させることを試みた（文脈自由言語についてはコラムを参照）。彼が用いた言語は、わずか二三語（八個の名詞、二個の固有名、一二個の動詞、関係代名詞 who）と文末記号のピリオドからなる英語風の人工言語だが、それでも主語の人称と動詞の語尾の一致を要求し、埋め込み文を許容する程度には複雑だった。入力には以下のような例文が使われた。

mary walks.
boys chase dog.

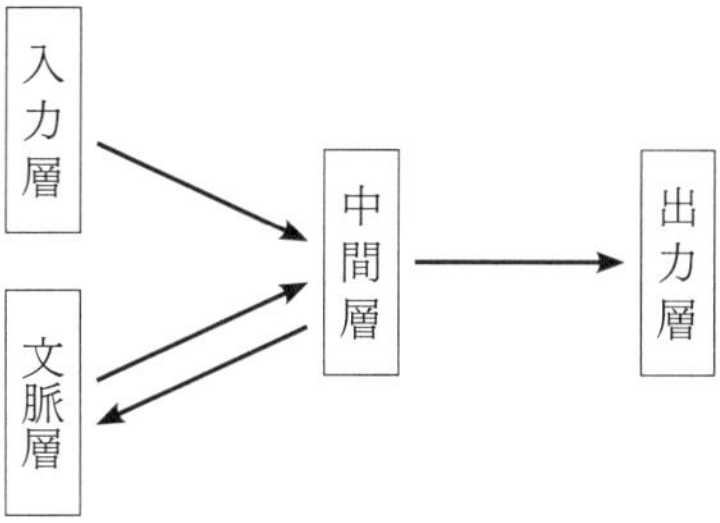

図3-2　単純リカレントネットワーク

boys who chase dogs see girls.
dogs see boys who cats who mary feeds chase.

SRNの入力層と出力層には単語の数だけユニットを用意し、個々のユニットが一単語に対応するようにした。つまり、一か所だけ1で他の箇所を0とするベクトルによって単語を表現するということである。名詞の単数形と複数形、動詞の語幹と三単現の-sが語尾についた活用形はまったく別の単語として扱われるため、主語の人称と動詞を一致させるための手がかりは単語間の統計的パターン（遷移確率）に限定される。中間層とその出力をコピーする文脈層には七〇個のユニットが用意された。こうしたネットワークに、人工言語の文を一単語ずつ入力して、次の単語を予測するという課題に取り組ませた。[16]

訓練により、このネットワークは、たとえば、単数形の名詞の“boy”が提示されると、次の単語として関係代名詞の“who”と三単現の-sをつけた動詞のユニットがほぼ等確率で発火し、-sがつかない動詞はまったく発火しなくなった。複数形の“boys”が提示された場合には逆の振舞いを示した。こうした結果は、ネットワークが次の単語の種類を予測できるようになったと解釈できそうである。

この研究では訓練に用いた例文は平叙文だけだったが、のちに疑問文の学習にも応用された（Lewis & Elman 2001）。訓練に用いる例文は二種類あって、一つは“Is NP ADJ?”という形の疑問文（NP は関係節を含まない）で、もう一つは“X NP Y”という形の記号列（X, Y は任意の表現、NP は関係節を含みうる）である。こうした条件下で訓練されたSRNは“Is the boy who smoking is nice?”のような非文を与えられたとき、“who”の直後に分詞の単語を予測することはなかった。

また、SRNを用いた上述のシミュレーションは文の構成単位である単語を所与としているが、このことは大きな問題ではないとされる。ヒトの乳児は統計的パターンを発見する高度な能力をもっているからである。ジェニー・サフランと共同研究者たちは次のような実験を行った（Saffran et al. 1996）。言葉を発する以前の八ヶ月児に、音節が連なった合成音声（たとえば、“bidakupadotigolabu...”）を報酬なしに二分間聞かせる。この合成音声には三音節を単位とする複数の無意味単語（“bidaku”, “golabu”など）が出現するが、単語の境界を示すイントネーションやポーズは含まれていない。その後、合成音声の新しい連鎖を二つ、一方は乳児の左側から他方は右側から同時に聞かせ、どちらを好んで聞くかを調べたところ、最初に聞かせた合成音声の中に出てきた単語を好み、同じ音節を含むが音節の組み合わせ順序が異なる単語は好まなかった。このことから乳児は単語（の境界）を学習したと考えられる。サフランたちの仕事に刺激され、コネクショニストたちは言語獲得の統計的学習モデルを作ることは可能だと主張した（Bates & Elman 1996）。

しかし、これで刺激の貧困論法を退けられるのかという疑問も残る。たとえば、一般にSRNは収束が遅いことが知られており、わずか二三語からなる言語の学習ですら、エルマンのネットワークは訓練中にどの単語も一万回以上は提示されている。語彙爆発の現象を考慮すると、この回数は現実離れしている（波多野 1997）。それに、SRNが疑問文に関して誤った一般化を免れたのは課題に用いられた例文が単純だったからという可能性もある。訓練中に入力として与えられた埋め込み文のレベルを超えた複雑さをもつ例文を用いれば違った結果が得られるかもしれない（Berwick *et al.* 2011）。

単語の境界の学習に関するサフランたちの研究はどうか。ヒトの乳児が高度な統計的分析を行う能力をもっているという仮説自体は言語獲得に生得的な制約があることと両立するが、[17] それを踏まえたうえで、生得主義者は次のように指摘する。まず、この方法によって単語の境界を見出すにはそもそも音節の概念を持っていなければならない。また、サフランたちの実験は、三音節の単語だけから成る人工言語を用いていたことも問題である。この不自然な設定は、単語の境界を隣の音節との遷移確率が低いところに見出す、という彼らの方法論を反映している。現実の自然言語には単音節語が豊富にあり、しかも、単音節語に別の単音節語が後続する確率は平均すると八五パーセントにのぼるという。よって、単音節語が含まれる場合、サフランたちの統計的学習モデルはそのままではうまく機能しないことがわかっている。[18]

貧弱な言語的刺激に基づいて文法を学習する汎用の学習メカニズムは知られている限り現時点では存在しない、という主張は正しいかもしれない。ただし、「現時点では」正しいとしても、将来反駁される可能性は残る。将来的には絶対に反駁されるとか、あるいは、絶対に反駁されない、と言うことはできない。

3―2　刺激は本当に貧しいのか？

刺激の貧困論法の二つ目の前提に移ろう。二つ目の前提は、子どもは貧しいデータから文法を獲得する、というものである。チョムスキーは、子どもが文法を獲得する際に頼りとする言語的刺激は質・量の二つの面で貧しいと推測した。

一次言語データは、文に関する有限量の情報から成っており、さらに、実際に存在する時間制限を考えるとその範囲はかなり限られ、質の上でも相当劣悪なものに違いない（…）。たとえば、ある言語信号は適格な文として許容されるが、他のものは――言語学習者の試みを言語共同体の側で訂正する結果――非文として分類される。（チョムスキー 2017, p.89）

質に関する貧しさは、舌がもつれたり咳き込んだりして発話がとぎれたり、注意が脇にそれるなどして非文法的な文を発話してしまうことを意味している。これに対して、量に関する貧しさは、そもそもデータの量が有限であり、子どもが急速に言語を獲得することも踏まえるとさらに制限が厳しくなることを意味している。

経験主義者は量に関する貧しさの方を強く疑ってきたので、ここでは量に関する貧しさについて検討しよう。なお、量に関する貧しさはさらに二種類に分けられるのだが、それを述べるために、帰納的推論の研究でよく用いられる用語を導入する。まず、言語Lを記号列の（無限）集合とみなす。このとき、ある記号列がLに属するという情報をLの「肯定的証拠」という。また、ある記号列がLに属さないという情報をLの「否定的証拠」という。こうした区別をたてることの意義はコラムで説明するが、ともかく、ここでは刺激の貧困を否定的証拠の欠如と肯定的証拠の貧困の二種類に分けて議論する。

3－2－1　否定的証拠の欠如

行動主義に共感していた哲学者ギルバート・ライルは、チョムスキーを批判して次のように述べた。子どもは与えられたデータを観察して、それを支配する法則的なパターンを見出そうとする孤独な科学者などではない。子どもの言語行動は、適切に話した場合には褒められ、不適切に話した場合には矯正されることで発達するのだ、と[19]（Ryle 1974）。

たしかに、言語獲得は完全に受動的なプロセスというわけではないようだ。たとえば、昔、両親が聴覚障害者である場合には子どもにテレビ番組をたくさん見せるとよい、と言われていた時期があった。もし子どもが言語的刺激の中に規則的パターンを見出そうとする小さな科学者なら、テレビの音声が入力刺激であってもよいはずだ。しかし、親が聴覚障害者で主にテレビを見て母語（英語）に接していた兄弟についてのケーススタディによれば、子どもたちは口数が少なく文法もかなりおかしかったという（Sachs et al. 1981）。この研究は、一方的に聞いているだけでは正常に言語を獲得できないことを示唆する。

とはいえ、周囲の人々と言語的なやりとりをしなければならないということと、適切に話したら褒められ間違ったときには修正されなければならないというのは別である。言語発達の研究者によれば、親は子どもがおかした文法上の間違いをあまり訂正しようとはしないようである。一つの理由は、そもそも子どもは文法上の間違いをあまりおかさないからである。最初に出現した be 動詞を文頭にもってきて奇抜な疑問文を作ることはないし、もっと幼い子どもが使う二語文や三語文でさえ、長い文からいくつかの二、三の単語を抜き出したように見える（Pinker 1994, p.268［邦訳：下巻 p.63］）。別の理由は、子どもが文法的に間違った発話をしたとしても、大人が会話において気にかけるのは意図の伝達や発話内容の真偽であって、発話の非文法性は重要でないからである。たとえば、ミッキーマウスの絵を見ている子どもが「あれは、ポパイの絵だよ（That's Popeye's.)」と言ったら、文法的には正しい表現でも、親は「ちがう（No.)」と否定するだろうし、「あれミッキー（That Mickey.)」と言ったら、文法的に誤った表現でも、親は「そう（Yes.)」と答える。また、親は子どもが下品な言葉を使ったときには注意するかもしれないが、上品な話し方はここで問題にしている意味での文法（記述文法）とは別物な上に、その種の訂正がなされるのは子どもの言語発達がより進んだ五歳くらいになってからとされる（内田 1999, p.52)。

否定的証拠はないという議論に対して、経験主義者は、文法上の間違いを指摘する間接的なシグナルならば与えられているのではないか、と疑ってきた。たとえば、親が理解しそこなったり、使われてもよさそうな特定の構文を親が一貫して避けているといったことは文法上の間違いのシグナルとして機能するかもしれない（Bohannon et al. 1990; Cowie 1999, p.211)。

この指摘に対して、生得主義者は、否定的証拠は間接的なシグナルという形で与えられているとしても、子どもがそれをノイズではなくシグナルとして適切に受け取ることができるかどうかは別問題だと応答してきた（Marcus 1993)。いま挙げたような間接的なシグナルは精妙で、子どもがそれを自分の発話が文法的におかしいというシグナルとして受け取れるかどうかは疑問だ、と。また、そもそも親が文法上の間違いをしつこく指摘し、訂正しても、子どもはあまり気にしないという報告もある。もしそうだとすれば、間違いを訂正するシグナルに反応するメカニズムが子どもには欠けており、否定的証拠が与えられていたとしても子どもにとっては存在しないも同然ということになる。

3-2-2　肯定的証拠の貧困

先ほど述べたように、主節の動詞がbe動詞である英文を疑問文に変形する規則の候補は無数にある。

その中から「疑問文を作るには、最初に出現したbe動詞を文頭にもってくればよい」といった単純だが間違った仮説群は、この規則では生成できない例文が提示されれば棄却されるだろう。しかし、そのような例文は子どもには提示されていないのではないか、と生得主義者は言う。同様の議論が他の文法規則についても展開できる。

これに対して、間違った仮説を棄却するための証拠は現に与えられているという批判がある。疑問文変形について言えば、"Is the boy who was crying still here?" といった文が子どもに提示されていればよいわけである。言語学者のジェフリー・プラムによれば、書き言葉のコーパス、たとえば『ウォール・ストリート・ジャーナル』紙にはこうした例文が豊富にある。そして、子どもに対してだけは単純な構文を用いて話しかけるよう意識的にコントロールできるほど大人は器用ではないかもしれない。そうだとすれば、子どもとの会話でも同様の構文が使われていると推測される（Pullum & Scholz 2002, p.23）。

この推測は正しいかもしれない。しかし、もし正しいとすれば、その代償として、経験主義による言語獲得のシナリオは、子どもは最初からいきなり複雑な構文を受け取っていてそこから文法規則を学習している、というものにならざるをえない（Crain & Pietroski 2001, p.174）。そんなことが可能なのか。

エルマンはこの問題に次のように応答した。先ほど紹介したように、彼はＳＲＮに英語風の人工言語の文を一単語ずつ入力して次に入力される単語を予測する課題に取り組ませたのだった。たしかに、入力に最初から複雑な文を含めてしまうとネットワークの学習はうまくいかず、最初は単純な文を用いて学習させ、次第に複雑な文を入力に含めるように工夫する必要があった。しかし、入力を徐々に複雑にしていく代わりに、訓練の過程で文脈層から中間層へ向かう方向の結合強度を徐々に上げていくことでも、高い予測精度を達成できることがわかった。こうすることで、訓練の序盤では単純な文だけを受け付けてそこからパターンを抽出し、複雑な文はノイズとして排除できる。エルマンによれば、SRNの文脈層は心理学的には作業記憶に相当し、この操作は、子どもが成長するにつれて作業記憶の容量が増加することを模している、と解釈できる。

3―3　クレオール化

平均的な家庭の子どもは幸運なことに豊富な証拠にさらされているとしても、子どもは平均よりもさらに刺激が貧しい環境下ですら言語を獲得することができる、という議論もある。[20] 極端に刺激が貧しい環境で獲得される言語として、クレオールの言語が注目を集めてきた（Pinker 1994, pp.32–39［邦訳：上巻 pp.38–49］；ブックス 2012, pp.67–70）。

「クレオール」という言葉はもともと植民地で生まれた白人のことを意味していたが、やがて黒人奴隷の子孫や植民地に由来するさまざまな物事に適用されるようになった（クレオール言語、クレオール文学、クレオール料理など）。クレオール言語の例としては、たとえば、ハイチ語が挙げられる。ハイチ語は西アフリカの諸言語の影響を受けたピジン・フランス語から発展した。ハイチ語はフランス語がくずれたものではなく、他のどの言語と比べても遜色ない豊かな表現力を持ち、多くの文学作品が生まれている。

クレオールの諸言語の間には文法上の共通性がみられる。たいていのクレオール言語の基本語順はSVOであり、主語を省略しない。動詞の前に助動詞をおいて時制や法、アスペクトを表現するという。

言語学者のデレク・ビッカートンは、クレオールにみられるこうした文法の共通性を説明する方法として、バイオプログラムという仮説を提案した（ビッカートン 1985）。クレオール言語が成立した経緯を、ビッカートンは次のように推測する。植民地の農園には母語の異なる奴隷たちが集められた。奴隷たちは言葉が通じないので、共同作業をするために当座の言語をつくることになる。これをピジンという。ピジンの語彙は奴隷を使役する主人の言語（上層言語）や奴隷たちの言語（基層言語）から採用される。ただし、ピジンの文はいくつかの言語に由来する単語を並べたものにすぎず、語順が変化しやすく接辞や論理的関係を示す語彙をほとんどもたない。よって、ピジンは厳密には言語とは言えない。しかし、植民地で生まれた第二世代の奴隷の子どもたちは彼らの親が使うピジンのような言語断片ではなく、助動詞や格変化、関係節といった複雑な文法項目が織り込まれた新たな言語を創り上げる。このようにして成立したのがクレオールの言語である。ピジンがクレオール言語に変化する過程をクレオール化という。

もっとも、現実に存在するクレオールの諸言語が成立した経緯には細かな点でさまざまな違いがある。そこで、クレオール化を生物学的なプログラムの発露と解釈するビッカートンは、「純粋なクレオール」を取り出すために二つの条件を課す。

（Ⅰ）先行するピジンより生じたが、そのピジンは二世代にわたっては存在しなかったような言語である。

（Ⅱ）人口の多くとも二割が上層言語を母語としていて、残りの八割はさまざまな言語集団から成るところに生じた言語である。

これらの条件を満たすクレオール言語には、文法上の共通点が多くみられるだけでなく、上層言語の文法とも基層言語の文法とも異なっている。もしこれが本当だとすれば興味深いことである。たしかに、クレオールの言語を創り出した子どもたちは、親たちが用いるアフリカの言語を聞かされていただろうから、言語的真空状態のもとで成長したわけではない（この点はよく誤解されるので注意）。それでも、クレオールはピジンをもとに創り上げられた言語であり、上層言語や基層言語とは違う文法を備えているのだとすれば、彼らは入力に含まれていない新たな言語を生み出したと言うことはできる。ひょっとすると、自然言語の多様な文法を特徴づけるパラメータにはデフォルト値があるのかもしれない。これは面白い仮説である。先の二条件を満たすような純粋な条件下で発生したクレオール言語は、パラメータがデフォルトの値に設定されるがゆえに、多くの点で共通した文法を備えるようになるのかもしれない。

しかし、ビッカートンが採用した二つの条件はかなり厳しいため、現実のクレオール言語を広範囲に調査してみると、彼が主張する文法上の共通性には多くの例外があると批判されている。ビッカートン自身も例外があることは認めている。上層言語の話者が多い集団で発生したクレオールであれば上層言語の文法の影響を強く受けるだろうし、逆に、基層言語の話者が多ければ基層言語の文法の影響を強く受けるだろう。そういう場合のクレオール言語の創出は、ふつうの言語獲得と似ている。また、クレオールの言語の中には成立してから何百年も経過したものもある。長い歴史の中で文法が変化するのは自然である（脱クレオール化）。

ハイチ語など多くのクレオール言語が成立したのはかなり昔のことなので、ビッカートンの仮説をテストするのは難しいという問題もある。バイオプログラム仮説に懐疑的な言語学者は、クレオールの文法（の共通性）は何らかのアフリカの祖語に由来するのではないか、と考えることができる。

最近になって、言語学者は子どもたちによって新たな言語が創り出される現場をリアルタイムで観察する機会を得た。それは耳の不自由な聴覚障害者たちによる言語創出である。かつてデカルトは「人間は、生まれつき耳も聞こえず口もきけず、ほかの人に話をするのに役立っている器官が、動物と同じか動物以上に欠けていても、ふつう何かの記号を自分たちで発明し、その記号によって、つね日頃いっしょにいてその言語を習いおぼえるゆとりのある人たちに自分たちのことを理解させるのである」と述べた（デカルト 1997, p.76f）。これは事実らしい。聴覚障害の子どもたちは、家族の中で孤立していてほかの人々から手話を学ぶ機会を与えられてこなかった。しかし、彼らにも話したいという欲求がある。聴覚障害の子どもたちがいっせいに集められると、彼らは他の言語と比べても遜色ない慣習化された手話を自分たちで創り上げるという。聴覚障害の子どもたちが創り出したクレオール言語の例としては、一九八〇年代の中米のニカラグアで聴覚障害者たちが既存の手話（ＬＳＮ）から発達させた手話（ＩＳＮ）、イスラエル南部の村に暮らす聴覚障害者たちが発達させたアル＝サイード・ベドウィン手話などがある。

クレオール言語の文法は、親から授けられたものというより子どもの産物に見える。子どもたちが接した大人たちが用いる言語（ピジン）は複雑な文法を備えていない。このような状況では、適切に話した場合には褒められ、不適切に話した場合には矯正される、といった仕方で子どもたちが複雑な文法規則を学習したと考えることはできない、と生得主義者は言う。しかし、経験主義者は納得しない。新たな言語を生み出したかに見えた子どもたちは多くの自然言語に触れていたのかもしれないし、そうでなくても、言語革新が急速に進むのはありうることだからである（Tomasello 2003, p.287f［邦訳：p.313］）。

4　自然言語に共通する普遍的特徴はあるのか

前節で取り上げた刺激の貧困論法は生得主義を支持する有名な議論だが、文法能力の生得主義を支持する経験的証拠は刺激の貧困の他にもある。本節では、自然言語に共通する普遍的特徴の存在を取り上げる。

4－1　自然言語の多様性を説明する試み

地球上には数千の自然言語が存在するといわれる。[21] このように膨大に存在する自然言語だが、いずれも他の言語にはない独特の文法体系を備えているように見える。一九世紀にヨーロッパの言語学者や人類学者が北アメリカやオーストラリア先住民の諸言語を調査しはじめたとき、彼らは言語の数の多様性に心をうたれた。カリフォルニアの山々だけでもヨーロッパのすべての言語を合わせたよりも多くの言語が話されている。名詞と動詞の区別が曖昧な言語（ヌートカ語など）、異常に長い単語を有していたり、語順がいちじるしく自由な言語もある（モホーク語やワルビリ語など）。

しかし、詳しく調べてみると、最初は大きく異なると思われた言語間にも意外な共通点が見つかることがある。たとえば、ヌートカ語には次のような例文がある。

Mamu·k-ma　　qu·ʔas-ʔi
働く－（現在）男－その

「その男は働いている（The man is working.）」

Qu·ʔas-ma　mamu·k-ʔi
男－（現在）働いている人－その
「その働いている人は男である（The worker is a man.）」

"-ma" は現在時制を表す接尾辞であり、最初の文では "mamu·k" が動詞として、二番目の文では名詞として使われている。同じ単語が名詞としても動詞としても使われるので、名詞と動詞の区別は曖昧だ、というわけである。しかし、英語にも次のような言い回しがある。

Everybody must work.（すべての人は働かなければならない）
Work is a must for everybody.（働くことはすべての人の義務である）

ここでは "must" と "work" が動詞としても名詞としても現れている。また、"-ma" は現在時制の接尾辞としてではなく、先頭の語を主題化するための表現として別様に解釈することもできるかもしれない（Aitchson 1996, p.178）。

モホーク語はかなり自由な語順を許す。たとえば

Sak ranuhwe's ne atya'tawi.

サク好む　その　服
「サクはその服を好む」

これは文法的な語順だが、この語順に特別な意味があるわけではなく、以下二つのどちらを言ってもよいし、主語名詞句や目的語名詞句を省略することも許される。

Ranuhweʼs ne atyaʼtawi ne Sak.
Ranuhweʼs ne sak ne atyaʼtawi.

しかし、主語の省略ならイタリア語でもみられ、これは空主語パラメータによって説明がつけられる（2節）。また、語順が固定されている英語でも、前置詞句どうしは入れ替えられるし、代名詞を残すことで以下のように比較的自由な語順が可能になる。

That dress, Sak really likes it.
He really likes that dress, Sak.

単語が異常に長く複雑になりうる、という点についてはどうか。ベイカーは人工的だと断りつつ、次のようなモホーク語の例文を挙げる。

Washakotya'tawitsherahetkvhta'se'.
「彼は身に着けるもの（服）を彼女のために醜くした」

しかし、モホーク語話者もこんな単語をまるごと覚えているわけではなく、より単純な一個の部分から作られた複合語として理解している。[22] モホーク語は複合語形成のメカニズムを備えている。たとえば、名詞と動詞が一緒になって新しい単語を作る現象を名詞編入というが、これで「身に着けるもの」と「醜くする」が一語になる。また、モホーク語の使役表現「醜くする」は「醜い」から作られている。これは十分納得できる。実際、日本語や英語でも、限定的ではあるが、「皿洗い（dishwashing）」のように名詞編入は生じるし、「美化する（beautify）」のような使役表現も存在する。

こうした共通性に気付くと、自然言語の根底には普遍性があって、自然言語の見かけ上の多様性はパラメータの違いによって十分に記述可能なようにも思えてくる。自然言語に普遍的特徴が存在するとすれば、それは単なる偶然とは考えにくい。文法の獲得には人類共通の何らかの制約（普遍文法）が働いており、それゆえに自然言語に普遍的な特徴が現われる、と考えれば辻褄があう。[23]

4-2　批判と応答

普遍的特徴が本当に存在するとしても、そのことは生得主義を仮定しなくても別の仕方で説明できるのではないか。哲学者のヒラリー・パトナムは、あらゆる自然言語の共通祖先となる単一のオリジナル言語があったと仮定すれば、普遍的特徴が存在することは説明がつく、と論じた（Putnam 1967, p.18）。普遍的特徴は単一のオリジナル言語の特徴に他ならず、すべての自然言語がそれを引き継いでいるのかもしれない。なお、この議論の前提であるオリジナル言語が存在したという説は、人類のアフリカ起源説とも符合する。現代の自然言語の起源はかつてアフリカにいた集団の言語にあるのかもしれない。

ピンカーによれば、この議論には二つの弱点がある。まず、人類がアフリカ起源であるということは、言語が歴史上ただ一度だけ誕生したということを含意しない。すべての言語が共通の起源を有するかどうかは不確かである（Cavalli-Sforza 2001, p.142〔邦訳 p.176〕）。クレオールのような現象は、言語が突然出現しうることを示唆する。第二に、たとえ唯一のオリジナル言語が存在したとしても、そのことが普遍的特徴の存在をうまく説明するとは限らない。言語は世代から世代へと受け継がれる際に大きく変化することがあるので、なぜ自然言語に共通する普遍的特徴だけは変化しないのかを説明することまではできないからである（Pinker 1994, pp.234–235〔邦訳：下巻 pp.13–14〕）。

普遍的特徴の存在はなんら不思議ではない、という見方もある。どのような対象のペアも何らかの点で似ているのだから、何らかの抽象的なレベルで自然言語に普遍的にあてはまるような特徴を見出せるのは当然のことではないか（Goodman 1967）。しかし、言語学者が提案してきた自然言語の普遍的な特徴は、「グルー」のような人工的に無理やり作り出した特徴ではなく、予測に利用しうる。[24] 彼らは新たに自然言語を発見・調査するたびに、その言語が問題の諸特徴を有するのかをテストしてきた。

ベイカーは普遍的特徴の有力候補として、動詞と最初に組み合わされる最初の名詞句は動詞の目的語であるべし、とする「動詞・目的語制約」を擁護している。この制約は空虚な仮説ではなく、あらゆる言語に主語と目的語の区別があることを含意する。また、先に紹介した名詞編入にも一定の制約を設けることになる。たとえば、「夫の皿洗いに感謝する」とは言えるが「皿の夫洗いに感謝する」とは言えない。これは英語でも同じだし、モホーク語でもどうやら同じらしい。

それでは、この動詞・目的語制約という仮説には反例がないのだろうか。二種類の厄介な事例がある。次に示すグリーンランド語の例文では、格接尾辞 -p は主語に、-q は直接目的語に、-nut は間接目的語についている。

Juuna-p　atuaga-q miiqqa-nut nassiuppaa.
ジューナ本　子ども　送る
「ジューナは本を子どもたちに送った」

ところが、直接目的語がない文では、主語に -q がつく。

Atuaga-q tikissimanngilaq.
本　来ていない
「本はまだ来ていない」

グリーンランド語のように、他動詞の目的語と自動詞の主語が同じ格標識をとる言語を能格言語という。能格言語では主語という概念は大した重要性を持っておらず、能格言語をこのように「主語」や「目的語」といった用語で特徴づけるのは的外れだと考える人もいる。そうだとすれば、動詞・目的語制約への反例ということになる。

より印象的な例としては、ウェールズ語がある。というのも、次の例文が示すように、ウェールズ語の基本語順はVSOである。

Darllenais i y llyfr.
読む 私 その本
「私はその本を読む」

ここでは動詞と最初に組み合わされる最初の名詞句が目的語とは思えない。そういうわけで、能格言語やVSO語順の言語は動詞・目的語制約に深刻な問題を突きつけるように見える（Evans & Levinson 2009）。これら二つの事例に対するベイカーの考えは次のようである。グリーンランド語にも名詞編入の現象があり、そこでは動詞・目的語制約が働いている。よって、グリーンランド語でも主語の概念は無意味ではなく、格標識から主語を読み取れないのだと考えればよい。英語とグリーンランド語の違いは、次のパラメータによって表現される。

能格パラメータ：自動詞の主語の格標識が他動詞の目的語の格標識と等しい（グリーンランド語・バスク語など）、あるいは、自動詞の主語と他動詞の主語が同じ格標識をとる（英語、日本語など）。

ウェールズ語についてはどうか。ベイカーは、ウェールズ語でも助動詞が現れる場合には主語が助動詞と動詞の間に現れることに注目する。

Naeth　y　dyn brynu car.
（過去）その男　買う　車
「その男はたしかに車を買った」

この語順は、助動詞が文頭に移動してきた英語の疑問文 "Did the man buy a car?" と似ているが、ウェールズ語では平叙文である。こうした例文まで考慮すると、ウェールズ語が動詞・目的語制約への反例であると単純に言い切ることは難しくなる。とはいえ、もちろんウェールズ語の基本語順がVSOであることは否定できない。そこで、ベイカーはVSOの語順は何らかの変形操作（移動）から派生してきたのではないか、という風に議論を進めている。ここから先の議論はやや複雑なので省略する。興味のある人はベイカーの本に当たってほしい。

ベイカーの議論は、ありもしないパズルを解こうとする荒唐無稽な試みだと言う人もいるだろう。「普遍文法は存在しない」、「生成文法は死んだ」と主張してる心理学者マイケル・トマセロは、生成文法学派の議論はあらゆる自然言語の文法をラテン語との比較で型通りに理解しようとする「ラテン語の誤謬」の現代版だと切り捨てる。ウェールズ語の標準的な平叙文がVSOという語順をとるという明確な反例を前にしてなお自説をとりさげないことに、自然言語の多様性を重視したボアズの伝統に立つ人々はいらだちを隠さない。

人類が誕生してから現在までの間に、無数の言語が現れては消えていった。ある研究によれば、ホモ・サピエンスが出現して以来、五〇万ほどの言語があったと推測される（Evans and Smith 2009）。現在のわれわれがかろうじて確認できる言語はその二パーセントに満たず、それらはランダムサンプリングによって抽出されたわけでもない。そのため、仮に現在確認できる地球上の言語に何らかの普遍的な特徴を見出すことができたとしても、経験主義者はそれを単なる偶然とみなすだろう。

5　生得主義を支持するその他の観察——知能からの独立性と臨界期効果

刺激の貧困や自然言語に共通する普遍的特徴の存在は文法能力の生得説を支持する代表的な材料とされているが、生得主義を支持するとされる材料は他にもある。本節では、それらの解釈をめぐる生得主義者と経験主義者の議論の応酬を紹介する。

生得主義者によれば、文法能力の獲得は言語以外の文化の産物を獲得する場合には一般にあてはまらない特徴を持っている。たとえば、ＩＱの低いダウン症候群やウィリアムズ症候群の患者も正常な人々と本質的に同一の文法能力を獲得すると言われる。言語獲得は話者の知能の高さからある程度独立しているようだ。この特徴は、文法能力が生得的だと考えることで最もうまく説明されるのかもしれない。

経験主義者は、どの話者も本質的に同一の文法能力を獲得する、という点を否定し、言語習熟の程度には個人差があると反論するだろう。心理言語学者の間でも、ダウン症やウィリアムズ症候群の患者が正常な話者と本質的に同一の文法能力を持っているのかどうかは合意があるわけではない。ウィリアムズ症候群の人々は言語サヴァンと見なされていたこともあったが、実際には彼らの全般的な言語能力はずっと遅れていて、精神年齢から予測がつきやすいと言う人もいる（Cowie 2008, sec. 3.6）。

文法能力の獲得が知能とはある程度独立しているとしても、それを生得主義の証拠とみなす必要はないかもしれない。一般知能よりも、他者の意図理解や共感といった社会的知能の方が文法能力だけでなく言語獲得にとって必須だという考え方もある。自閉症者の事例がこうした考え方の根拠の一つになっている。自閉症というと、人付き合いが苦手な一方で、特殊な能力を持っていることがしばしば強調される。自閉症を有名にした映画『レインマン』の主人公は、ぎこちなく歩き、他人とほとんど目を合わせないが、分厚い本でも一度読んだだけで覚えてしまうような並外れた記憶力を持っている。しかし、自閉症者のなかにこうした突出した能力をもつ人がいる一方で、約半数の自閉症者は言語を獲得できない。[25] それは、自閉症者が他者のコミュニケーション意図を、健常者がするのと同じようには理解できないことが大きく関係しているのかもしれない。トマセロは、自閉症の子どもは典型的なごっこ遊びをしないのに対し、言語が得意な子どもはよく物を象徴的に使ってごっこ遊びをする傾向がある、といった事実を引き合いに出して、言語とごっこ遊びの間には相関があるのかもしれない、と言う（Tomasello 1999, p.133［邦訳：p.176］）。

これは興味深い観察だが、約半数が言語獲得しないとしても残りの約半数が言語獲得することはどう説明されるのかは腑に落ちない。[26] また、ボノボやペットの犬のように、明らかに社会的相互作用を持つのに本格的な言語を獲得できない動物がいるのはなぜか、という疑問も残る（マーカス 2005, pp.176–178）。

さて、文法能力の生得主義は臨界期の存在によって支持されることもある。文法能力の正常な発達には、それまでに言語的刺激を受け取るべき決定的な時期があるとされる。臨界期については、すでに第1章でレネバーグの議論を紹介したので、ここではレネバーグ以後の仕事を取り上げよう。

大人になってから第二言語を獲得するのは、第一言語（母語）の獲得と同じようにはいかない。[27] たしかに、第二言語をかなり流暢に話せる人はいるが、大人になってから学んだ第二言語をネイティブと同じレベルで流暢に話せる人は少ない。このことは、英文法の習熟度と移住年齢に関する大規模な調査によっても裏付けられている(Johnson and Newport 1989)。この研究の調査対象は中国と韓国からアメリカに移住したイリノイ大学の学生ないし教職員四六人である。彼らはみな中国語ないし韓国語を母語とし、移住後は英語を第二言語として育った。最低五年間は毎日英語に接しており、経済的背景も同質だが、移住した年齢は三歳から三九歳までばらつきがある。こうした条件のもとで、参加者にテープに録音された二七六個の英文を聞かせて、文法に関する正誤を判断させた。また、その際には統制群として二三人の英語母語話者と比較した。その結果、英語の習熟度と移住年齢の間には強い負の相関がみられた。七歳までに移住してきた人々のスコアはネイティブと遜色ないものの、それ以後に移住した人々の平均スコアは徐々に下がっていく。さらに、移住した年齢が遅いほどスコアの分散が大きくなるため、移住した年齢から英語の習熟度を予想できなくなる。こうした知見は、七歳あたりが母語と第二言語の境を決める時期であることを示唆する。[28]

また、ある時期を過ぎると単に効率が落ちるだけでは済まない。一定の年齢に達するまでに適切な言語環境にさらされないと第一言語の獲得は絶望的になると言われる。ある程度成長した子どもが遭難したり捨てられたりして、他の人間とほとんど接触することなく生存していた場合や、幼少の頃に適切な養育を受けることなく、長期間にわたって幽閉されていたり放置されていた場合に、そういうことが起きる。[29] ジニーの事例はよく知られている。

ジニーは一歳半のときから騒音を嫌う父親によって納屋に閉じ込められ、沈黙の中で育った。母親は子どもを泣かせないように命令され、食事を与えるとき以外には関わらないようにしていた。たまりかねた母親が一三歳半になったジニーを連れて福祉事務所に駆け込んだことで事態が明るみにでた（一九七〇年）。発見当初は、二〇語ほどの語彙と、「やめて」を意味する“stopit”などの短い句をわずかに発するだけだったという。保護された後のジニーは集中的な訓練を受けることで、次第に単語をつなげて使うようになった。比較的長い文を発することもあった。しかし、彼女の文法能力が正常な終着点にまで達していたとは言えない。ジニーが発した文をいくつか挙げると、“Want milk.”“I is sitting.”“Curtiss come.”“Bathroom have big mirror.”“Want buy dessert.”“I want Curtiss play piano.”といった具合である。意味するところは明確で、ジニーにコミュニケーションの能力と欲求があることはわかる。しかし、動詞には形態的変化がなく、冠詞を使えておらず、“want to buy”のように言うべきところで動詞を単純に直列につなげてしまっているので、文法的な発話ではない。カウンセラーたちの努力にもかかわらず、こうした問題を修正することはできなかった（フォスター＝コーエン 2001, pp.165–170）。

他方で、一定の年齢よりも手前であれば、言語獲得が絶望的に見えても回復の見込みがあるらしい。たとえば、アレックスはスタージ＝ウェーバー症候群という脳の病気で、幼年期にはほとんど発話ができず、精神年齢は三歳から四歳程度だった。しかし、八歳半のときに左脳皮質を除去され、九歳で抗けいれん薬の投与が終わると、まもなく音節や単語を話すようになった。一五歳になったときには、正常に近い発話能力と理解能力を備えるまでになった（Vargha-Khadem et al. 1997）。

文法能力は専門的なメカニズムによって獲得されると主張する生得主義者は、言語に特化した専門的な獲得メカニズムは一定の年齢までしか維持されない、と仮定することで臨界期の存在を説明する。私たちは成人になって以降も新しいことを学び続ける必要があるので、汎用の学習メカニズムは退化しない。しかし、言語はその限りではない。言語を獲得する上で最も重要な時期は幼少期である。そして、ひとたび言語を獲得してしまえば、獲得する能力は失われても問題ない。ピンカーはこのロジックを、コンピュータとのアナロジーで説明している(Pinker 1994, pp.294–295［邦訳：下巻 pp.99–100］)。ソフトウェアをインストールするにはCD–ROMドライブ（もはや死語か？）が必要だが、いったんインストールしてしまえばCD–ROMドライブはもう必要ない。言語獲得についても同じように考えられる。言語獲得の能力を維持するのにはコスト（酸素、カロリーなど）がかかるので、自然はそのような無駄を許容しないのではないか。それゆえに、言語を獲得する能力は、急激ではないにせよ、徐々に失われていく。

臨界期に基づく議論に対して、経験主義者はまず、言語獲得に臨界期が存在することを疑うかもしれない。たとえば、思春期以後に移住した場合には、音韻論や形態論的な側面はともかく、文法に関してはネイティブと同程度の流暢さを獲得しうるという可能性は捨てきれない。年齢が上がってから第二言語を学習した人々は、動詞のアスペクトや名詞の単数・複数の使い分けを間違える傾向がある。これは形態素解析に失敗していると解釈しうる。なぜこういうことが生じるのか。一つの説明は次のようである。一見すると、子どもはかなりできの悪い学習者である。作業記憶は短命で、注意散漫。だからこそ、ある程度大きくなってから学校に行く。しかし、このハンディキャップが言語獲得には有利にはたらくのかもしれない。情報処理の容量が小さく、注意のスパンが短いからこそ、子どもは刺激の小さな部分しか知覚・貯蔵できない。ひるがえって、大人は情報処理容量が大きいため、複雑な刺激を受け取っても全体を知覚することができてしまうため、形態素解析においてはかえって不利になる。エリッサ・ニューポートはこの逆説を「少ない方がより豊かである（less is more）」と表現している（Newport 1990)。子どものほうが第二言語の文法を獲得しやすいとしても、臨界期というほど劇的な獲得能力の変化はない、と言うべきかもしれない。

第一言語の獲得に失敗した例に関しては、事例の解釈に異議を申し立てることができるかもしれない。たとえば、多大な努力にもかかわらずジニーが言語獲得に失敗したのは、臨界期に言語への接触を逃したからではなく、激しい虐待による心の傷で一般知能に障害が生じたからかもしれない（Cowie 1999, p.300）。ジニーに対する父親の虐待は生半可なものではなかった。彼女は便器つきの椅子にくくりつけられ、手足を動かすこともできない状態で長い時間を過ごしてきた。父親に声をたてないよう厳命されたせいか、保護された後でも泣くときに声が出ず、発声のゆがみが大きかったという。ジニーのような事例に依拠しすぎるのには慎重でなければならない。

とはいえ、すべての事例をこのように再解釈できるかは疑問である。たとえば、チェルシーという女性は聴覚障害を持って生まれたが、両親はそのことに気づかなかった。彼女は精神遅滞とみなされ手話も習わなかったが、家族の愛情に守られて育ち、虐待など受けなかった。言葉はもたなくても感情的には正常で、チェルシーが精神遅滞だとは誰も思わなかったのである。三〇代になって聴覚障害が発覚し、リハビリに励んだが言語発達はできなかったという（Laurence & Margolis 2001, p.237）。こうした観察は言語獲得に臨界期が存在することを示す有望な証拠かもしれない。[30]

第一言語の獲得には臨界期が存在するとしても、臨界期の存在は汎用のメカニズムによる学習の失敗として説明できると主張する論者もいる（Elman 1993; シュピッツァー 1999, p.191）。彼らはまず、ヒトの脳が成熟するのは他の霊長類と比べて非常に遅いことに注目し、このような発達過程を伴う利点は何かと問う。よくある答えは完全に成熟した状態では産道を通過できないというものだが、この答えだと脳の発達が遅いことは妥協の産物になってしまう。発達の遅さには積極的な利点があるのではないか。一つの仮説は先ほど紹介したニューポートの less is more、すなわち、作業記憶の容量が徐々に増えることが文法の学習に効果的であるというものである。3節で紹介したエルマンのシミュレーションは、この点を踏まえてデザインされている。

6　言語の起源を求めて

人間の言語はどのように誕生したのか、という言語起源論には長い歴史がある。かつてヨーロッパでは、神が言語を作り出したと考えられていた。近代に入って啓蒙思想が広がるとともに言語は天上から地上に引きずり下ろされたものの、言語がどのように誕生したのかは想像力にまかせて大胆に推測するほかなかった。言語は動物の鳴き声から派生してきたというワンワン説、共同作業するときのかけ声から派生してきたというヨッコラショ説、歌から派生してきたという歌起源説（伝説的なオペラ歌手エンリコ・カルーソーにちなんでカルーソー説ともよばれる）など、さまざまな提案がなされた。しかし、いずれも推測の域を出ておらず、実証のふるいにかける手段に欠ける。そのため、一八六六年創立のパリ言語学会は会則の第二条で「当学会は、言語の起源にせよ、世界語の創造にせよ、かかるものに関するいかなる発表をも許容しない」と宣言するにいたった、というのは有名な逸話である。

実際には、会合の議題に挙げることを禁じただけで、論文の提出まで禁止してはいなかった（そもそも、当時のパリ言語学会に学会誌はなかった）。それに、一〇年後の一八七六年にこの会則は放棄されてしまったのだが、そういった細かな事実関係は忘れられて「言語を専門とする学会が言語起源に関する研究を公式に禁止した」という風に単純化されて伝えられてきた（山内 2015）。とはいえ、言語起源論が長い間それほど進展しなかったということは否定できないのではないかと思う。風向きが変わってきたのは二〇世紀の終わり頃であり、現在では活発に論じられるようになってきている。

本章の主題は、言語獲得（個体における言語能力の発達）だが、生得主義と経験主義の対立は言語起源論とも無関係ではない。子どもが言語を獲得するメカニズムに関して、生得主義と経験主義は異なる仮説を立てているのだから、当のメカニズムが人間の系統においてどのように進化してきたのかに関して異なるシナリオを用意することになるのは当然である。以下、言語の起源について三つのシナリオを味見程度に概観してみよう。

6-1 突然跳躍

言語はごく少数の遺伝子に変化が生じたことで誕生したのかもしれない。文法遺伝子などというものが本当にあるのかは不明だが、[31] 普遍文法が存在するのなら、その発現にかかわる何らかの遺伝子が存在してもおかしくはない。チョムスキーはおおむねこの路線で考えているようだ。ロバート・バーウィックとの共著本で彼は次のように述べている。

それほど遠くない昔（記号的な代理物から判断すると、おそらく八万年以上前）に、東アフリカに住むヒト科の小さな集団の個人に、小さな生物学的な変化が表れて、併合という能力が授けられた。この演算は人の概念を計算上の原子として構造をともなう表現を生み、その表現は概念システムによって体系的に解釈され、豊かな「思考の言語」を供給する。こうしたプロセスは、計算上は完璧かそれに近いものなので、人間とは関係ない物理法則の結果なのだ。この変化は明らかに有益で、その小集団を席捲した。それからしばらくすると、内的思考のための言語が感覚運動システムと結

びついた。（Berwick & Chomsky 2015, p.87〔邦訳 p.114f〕）

難しい文章なので、少し補足したい。

われわれには、日本語のような自然言語を話し、アメリカ手話などを使うことを可能にする言語機能（Faculty of Language）が備わっている。チョムスキーはその言語機能を狭義の言語機能（ＦＬＮ：faculty of language in a narrow sense）と広義の言語能力（ＦＬＢ：faculty of language in a broad sense）に分ける（Hauser, Chomsky & Fitch 2002）。ＦＬＢに属する機能は動物とも連続しているのに対し、ＦＬＮは人間固有の言語機能というイメージである。

ＦＬＮに属するのは併合の能力である。併合は離散的な要素をまとめて集合を作る操作だが、人間が獲得した併合の能力は、併合で作った集合に対してもさらに併合を適用することができる。たとえば、"the" と "ball" に併合を適用すると｛"the", "ball"｝という集合ができる。そして、"kick" と｛"the", "ball"｝に併合を適用すると｛"kick",｛"the", "ball"｝｝という集合ができる。このように、併合の結果に対してさらに併合を適用できるという性質のことを「回帰」という。

ＦＬＮには属さないがＦＬＢに属するとされるのは、「概念システム」と「感覚運動システム」である。概念システムは文を構成する単語の意味理解を支える。多くの場合、われわれは何かに名前を付ける前に、そのものについて何かしらの概念を持っている。犬を「犬」と呼ぶことを覚える前に、犬について何かしらの概念を持っているものである。概念はそれほど手の込んだものである必要はない。身近で歩き回っている毛むくじゃらの物体が、周囲の人間やテーブルやタオルとは違うことを把握している必要はあるが、犬が狼や狐とどう違うのかを詳しく理解していなくてもよい。こうした概念システムはヒトの特権ではない。犬も身近にある対象を人とか骨とか木などに分類するだろうし、チンパンジーは犬よりもっと物事を分類するのが上手である（バーリング 2007, pp.105–110）。

感覚運動システムは音声学習と産出にかかわるシステムで、「外在化」の能力とも呼ばれる。感覚運動システムもヒトの特権というわけではない。鳥の歌やザトウクジラの長距離に響きわたる声など、動物の中には入り組んだ発声を行うものがある。鳥の歌には臨界期効果もみられることから、われわれの言語との類似性が指摘されてきた。もっとも、鳥の歌には意味があるとは考えられていない。これに対し、われわれの場合には、心の中で考えた概念的内容が感覚運動システムのおかげで音声や手の動きによって他人にもわかるような形で表現できるようになっている。

さて、先ほどの引用したシナリオによれば、内的思考のための言語は誕生後しばらく経ってから感覚運動システムと結びついたとされている。言語はコミュニケーションの道具となる以前に、むしろ内的思考の道具として有用だったためにわれわれの祖先集団のなかで広まったのであり、言語を声に出せる（外在化できる）ようになったのはその後だというのである。一見すると、これは奇妙な考えである。言語は便利なコミュニケーション手段なのだから、コミュニケーションの手段として発達してきたと考えるのが自然ではないか。たしかに、チョムスキーも、いま現在のわれわれにとって言語が便利なコミュニケーション手段であることは否定しない。しかし、コミュニケーション手段として有効だったがゆえに言語が広まった、という常識的な仮説を彼は否定する。その理由として、形質の表面的特徴から機能や目的を推論することは不適切であること、われわれは自分自身に語りかけるのをなかなかやめられないこと、叫び声やジェスチャーによって感情や外界についての情報を伝達するシステムは動物がもつ同様のシステムと共通していて言語機能とは独立しているので、コミュニケーションの手段が徐々に発達していったとは考えられないこと、などを挙げている（Berwick & Chomsky 2015, p.63f［邦訳：p.86］）。[32]

では、言語が内的思考の道具として有用であるとはどういう意味か。バーウィックとチョムスキーは、言語が使えるためにわれわれの思考が柔軟になることを示す、次のような実験に触れている（Hermer-Vazquez et al. 1999; Berwick & Chomsky 2015, p.165f［邦訳：pp.214–216］）。長方形の部屋の四隅のどこか一か所に食べ物を埋めるなどして、ラットに部屋を探索させる。この探索課題は、部屋の壁の色や幾何学的な模様を手がかりにしてすぐに目標にたどり着くことができるように設計されている。何回か訓練すると、ラットは壁の色だけ、あるいは幾何学的模様だけを手がかりに目標にたどり着けるようになる。しかし、色と模様の両方を手がかりにしなければ目標を一つに絞れない場合には、成績が悪くなる。同じことはまだ言語を獲得していない子どもにもあてはまる。大人はもちろん複数の手がかりを組み合わせることができる。しかし、この実験中に聞こえてくる言語音を復唱するシャドーイング課題を同時に行わせると、言語獲得以前の子ども並に成績が悪化する。この結果を説明する一つの方法は、シャドーイング課題によって注意と記憶に大きな負担がかかって、言語を使うことが妨害されたから、というものである。

では、内的思考の道具としての言語はどのようにして出現したのか。バーウィックとチョムスキーによれば、何らかの原因（たとえば、ヒトゲノムの何らかの遺伝子に生じた突然変異）によって、ある個人のなかに併合の能力が突発的に生じたことで誕生した。誕生の時期は、過去の記号表現から推定される。南アフリカのブロンボス洞窟で最近発見された貝殻のビーズや赤鉄鉱に刻まれた幾何学模様は約八万年前のものと推定されており、これが現在までに発見されている最古の記号表現の痕跡であるという。

生化学的な方法を用いた推定によれば、ホモ・サピエンスが共通祖先から分岐した時期は約二〇万年なので、八万年前という推定年代はかなり新しい。しかし、そのことは問題ではないとされる。初期のホモ・サピエンスが現代人的行動をしていたという考古学的証拠はないからである。一時期ホモ・サピエンスと共存していたネアンデルタール人についても、彼らが言語を用いていたという考古学的証拠はない。[33] よって、ホモ・サピエンスは二〇万年前に共通祖先と分岐したあとしばらくは、それまでと同様の石器を用いた生活をしていたのだろう。ところが、ある時期に内的思考の能力を偶然獲得し、それが集団内に広まると同時に思考を外在化する手段を獲得したことで、ホモ・サピエンスの爆発的な文化革新が可能になった……。

以上のストーリーはだいぶ枝葉を落としているが、それでもかなり込み入っていて、よく考えられているという印象を与える。しかし、疑問もある。

たとえば、八万年ほど前に内的思考としての言語が突如出現したとすると、それ以前のサピエンスとそれ以後のサピエンスはほぼ同じ解剖学的特徴を持ったまま中身が大きく変わったことになる。そうだとすると、われわれの発声器官の進化はどのように説明されるのだろうか。われわれは生まれてまもなく喉頭が下降して、その空いた空間を利用してさまざまな母音を発声できるようになる。そのせいで食べ物が喉に詰まりやすくなっているので、呼吸と嚥下《えんげ》の機能を犠牲にするだけの適応的価値があったと考えざるをえない。言語がもっぱら内的発話のために使われていたとすれば、なぜ言語音の発声に向いた器官が進化してきたのかは理解しがたい。ヒトの喉頭と舌の複雑に入り組んだ構造は、言語音を発声するために進化してきたのではないか。

この疑問に対する一つの応答として、チョムスキーらはヒトの発声器官は音声を模倣するために進化してきた、という説を唱えた（Hauser, Chomsky & Fitch 2002）。ヒトと同じように上喉頭声道を用いて発声する一部の鳥は優れた音声模倣能力を持っている。しかし、ピンカーとジャッケンドフによれば、ヒトの音声模倣能力はそれほど優れておらず、環境音を模倣することができる人は例外的である（Pinker & Jackendoff 2005）。彼らは聴覚についても同様の疑問を呈している。ヒトの聴覚が哺乳類の聴覚システムにほとんど何の変化も起きていない、というのはにわかに信じがたい。言語音声は単なる音声とは違って聞こえるし、環境音は識別できるのに言語音声の識別ができないといった神経学的な症例もある（単語ろう word deafness）。ヒトの聴覚システムは、言語音を知覚するための適応だと考える余地は十分にある。

そうすると、言語はコミュニケーションの道具となる以前に内的思考の道具として有用だったために集団のなかで広まった、という仮説についても、話が逆ではないかと思えてくる。たしかに、大人は心の中でぶつぶつとつぶやくこともある。しかし、スピーチで何を言うか考えるときなどを別にすれば、心に浮かんでは消える内的発話はきわめて不安定で、文法的な単語の連鎖を成していないのではないか。言語がわれわれの思考をより柔軟にするのが事実だとしても、それはもともとコミュニケーションの道具として発達した言語が、思考能力を強化するのに転用されたとみる方が自然ではないか（Pinker & Jackendoff 2005）。

初期のホモ・サピエンスが現代人的行動をしていたという考古学的証拠がない、という指摘もそれほど深刻に考える必要はないかもしれない。なぜなら、ヒトの文化・技術はそもそも化石になりにくいからである。それに、人間が用いる道具の複雑さは使用者の認知能力の複雑さを反映しない。たとえば、一九世紀に絶滅したタスマニア島人は文化退行が著しく、火を起こすことも、近海の魚を食べることもできなかった。彼らが用いていた簡素な道具と比べると、ネアンデルタール人や旧石器時代の現代人類の方がずっと複雑な道具を用いていた。しかし、タスマニア島人の認知能力が旧石器時代の現代人類よりも劣っていたわけではないはずである。少なくとも彼らの祖先は海を渡るだけの技術を持っていたのだが、その後に集団の規模が小さかったことなどからくる諸々の理由で、かつて保持していた技術・文化を継承することに失敗した、と推測される（ヘンリック 2019, 12章；Planer 2017）。

したがって、考古学的証拠の乏しさにつられて、祖先の認知能力を過小評価してしまうという危険性に注意する必要がある。誕生したばかりのホモ・サピエンスが現代人的行動をしていた証拠は見つかっていなくても、彼らが言語機能をもたなかったとは限らない。彼らが代わり映えのしない生活をしていたとしても、それは何か他の要因によるのかもしれない。哲学者のキム・ステレルニーは、人口動態に訴えた説明を提案している（ステレルニー 2013, 第3章）。初めのころのホモ・サピエンスの集団は人口規模が小さすぎたために、技術を保存し発展させる可能性の芽が摘まれていた、と。本当かどうかはともかく、これはありそうな話である。

6-2　文化進化

言語はしばしば道具になぞらえられる。コミュニケーションの道具である。もっとも、「道具」という表現はハンマーのように一人で使う小道具を連想させるので、ややミスリーディングかもしれない。そこで、哲学者のパトナムは言語を蒸気船になぞらえることを提案した（Putnam 1975, p.229）。蒸気船は人間の集団が運用する道具であり、その仕組みを細部まですべて熟知している人間は存在しない。それは、一人の人間が理解するには複雑すぎるのである。[34] 同様に、言語も私たちが集団で運用する道具であり、言語の仕組みを細部まですべて熟知している人間は存在しない。

当たり前だが、人類は最初から蒸気船を持っていたわけではない。そもそも海を渡る船を作るには高度な技術が要求される。原人や旧人はユーラシア大陸の広範囲にちらばったが、海を越えるのは難しかった。アフリカを出たホモ・サピエンスは原始的な船を作ることに成功した。船は徐々に改良されていき、いまでは蒸気船を作れるまでになった。そこには膨大な試行錯誤があったはずだが、試行錯誤だけで蒸気船は作れない。先人たちに技術を学ぶことでその技術が失われないように保存することが必要である。

前の世代の文化を継承してきたことがヒトと大型類人猿を区別する最も重要な特徴である、という考え方がある。継承する技術が複雑であるほど高度な分業が要求される。そのためには、自分の心と他人の心について推論する能力が必要である。原始的な技術、たとえば石器を作るとか火を起こすといった一見すると単純な技術でさえも、それを他人に教える、あるいは他人から教わるには、注意を共有する必要がある。[35] そうでなければ他人の指差しが意味するところを理解できない。他人が何を欲しているのか、何をどこまでわかっているのかを把握する必要もある。

5節で紹介したように、子どもが言語を獲得するにあたって、他者の心について推論する能力が鍵になっているという仮説がある。そこでは証拠として自閉症者の事例を挙げたが、別の証拠は動物との比較に訴える。たとえば、霊長類学者のデイヴィッド・プレマックが訓練したチンパンジーのサラは質問に答えることはあっても、自分から質問を発することは一度もなかったという。チンパンジーは自分に知識が欠けていることを認識せず、知識を増やすことに関心がない。ヒトの幼児とチンパンジーの幼児を比較した研究によれば、チンパンジーは記憶力など認知能力の多くの側面においてヒトと遜色ない。唯一ぼろ負けなのが、他人の心について推論する能力なのである。ヒトの幼児とチンパンジーの幼児の能力でこれが主要な違いなのだとすれば、この違いこそがヒト固有の言語を獲得する鍵になっているのではないか。5節でも述べたように、この仮説には疑問もあるが、興味深い仮説である。

地球上で使われている個々の自然言語は、われわれの祖先がどこかで発明し、発展させ、無数の変化を被りながら代々譲り渡していった壮麗な人工物なのではないか。もしそうだとすれば、自然言語の複雑な文法はどのように発展してきたのかという疑問が湧く。

一つの有力な考え方は、文法化（grammaticalization）である。人々は、互いに意思疎通を図ろうとして記号を使用するうちに、順序に従って配列するようになる。そうした使用パターンが固まってくる。このようにして、個々の文法項目はコミュニケーションに用いられる語彙から派生してできあがったと考えるのだ。

有名な例を一つ挙げると、ほとんどの言語において、未来時制の標識は意志や目標への移動を表す表現パターンが固まったものだと言われる。英語の“will”ももともとは動詞で“I will it to happen.”のように使われていたのが、“It will happen.”のようになった。同様に、“I'm going to send it tomorrow.”のような用法も、“I'm going to the store.”のように「…するために移動中である」といった使い方から移動の意味合いが抜けていったとされる（Tomasello 1999, p.43［邦訳：p.53］）。

これと類似の仮説はさまざまな表現について提案されている。ただし、トマセロも認めるように、文法化の体系的な研究は始まったばかりな上、局所的な変化しか扱えていないというのが現状かもしれない。それでも、こうしたプロセスが数千年、数万年という長いスパンで続いたことで、言語は単純な構造からより複雑な構造へと発展していったと想像することはできる。

しかし、地球上で使われている個々の自然言語が、文化的な創作物だという見解には、次のような疑問がある。文化の産物は文化圏ごとに複雑さが異なる。辺境の人々が石器時代のごとき原始的生活を送っている一方で、現代の日本人はコンピュータを使っている。ところが、言語を使わない部族は地球上のどこにも存在しない。多くの言語学者は、言語間で習得の難易度や表現力に関する大きな差はみられない、という立場に立っている。彼らによれば言語は文化の産物に共通する特徴を持っていない（Pinker 1994, pp.26–27［邦訳：上巻 p.31］; バーリング 2007, p.131f）。

文化進化論者はこの反論に納得しない。文化の産物は文化圏ごとに複雑さが異なるのに、言語は例外というのは本当だろうか。人類学者のジョゼフ・ヘンリックは、語彙数や音素数は言語によってばらつきが大きいこと、それも、言語ごとの違いは環境要因によってかなりの程度説明できると指摘している（ヘンリック 2019, 13章）。

語彙数が文化環境によって大きく異なるのは理解しやすいが、どのような音素が使われるのかが環境要因で説明できるというのは意外かもしれない。ヘンリックは聞こえ度（sonority）に注目している。聞こえ度は、同じ強さ・高さ・長さをもつ音声が他の音声と比べてどのくらい遠くまで届くかを示す指標である。一般には、子音よりも母音のほうが、聞こえ度が高い。そのため、聞こえ度の高い言語には母音が多く（ハワイ語など）、聞こえ度の低い言語には子音が多い（ロシア語など）。温暖な地域の言語は、寒冷地の言語に比べて母音の数が多く、しかも聞こえ度の最も高い母音aがよく使われる傾向にある。環境温度だけで、言語の聞こえ度の変動の約三分の一を説明できるという。

言語を習得する環境の違いも、音素数に影響する。お互いの生活背景もわからず、人によって発音にかなりばらつきがあるような環境下で言語を習得しようとすると、音の違いを聞き分ける耳が養われ、そうした音の違いが意味を理解する上でより重要になってくる。一方、小規模な共同体で言語を学ぶ場合には、微妙な音の違いは聞き逃されてしまう。それはひとつには、お互いに話の文脈や背景がわかった上で話をしていることが多いからだ。このようなことが影響して、統合化された市場社会の大規模集団は、孤立した小規模な言語共同体よりも音素数が多いという傾向が生まれる。

語彙や音素に関してこれだけ多様性が見られるのなら、なぜ文法だけが例外扱いされなければならないのか、とヘンリックは論じる。われわれは自然言語の文法の多様性を見かけ上の多様性ではなく、本来的に多様だと考えるべきではないか。もしそうなら、他の言語よりもプリミティブな文法規則を備えた言語が、地球上のどこかで使われていたとしてもおかしくはない。ヘンリックは一つの候補として、ピラハ族の言語を例に挙げる。ピラハ族はアマゾン川流域で生活する狩猟採集民である。この部族を二〇年にわたってフィールド調査した言語学者のダニエル・エヴェレットの報告によれば、ピラハ族の言語では埋め込みをもつ構文を作ることができないとされる（Everett 2005）。

たしかに、語彙数や音素数は言語によって大幅に異なり、未開社会で使われている言語は概して語彙数が少ないのだろう。ただし、その代わりに動詞の活用が複雑であるなど、語彙数以外の部分にしわ寄せがきて、必ずしも習得が容易というわけではない。また、ピラハ族の文法に関するエヴェレットの報告には反論も多く、[36] 文法の文化進化の証拠といえるかどうかは疑問が残る。

6-3 自然選択

一九八九年一二月、ＭＩＴで開かれた認知科学コロキウムにおいて、ピンカーは発達心理学者のポール・ブルームと共に、普遍文法が自然選択の産物であるという論文を発表した（Pinker & Bloom 1990; Pinker 1994, chap.11）。この論文はピンカーの仕事の中でも特に大きな反響を呼んだものの一つで、長らく停滞していた言語起源論を復権させるきっかけにもなった。[37]

文法能力の生得主義によれば、人間の子どもは貧しい言語的刺激のもとでも文法を獲得することが可能である。文法能力は知能の高さにそれほど影響されずに、予定表に従うかのように発達していく。このような生物学的器官は、自然選択によるデザインの産物と考えられる。単なる偶然によってこれだけ精巧な装置が出来上がると考えるのは、航空機の部品置き場を竜巻が通過したら、完成品の航空機が出来上がるという奇跡を願うようなものだからである。したがって、ピンカーによれば、普遍文法が存在するなら、それが自然選択の産物であることは適応主義的な進化理論からのほぼ自明な帰結である。

自然選択説は生得主義を支持するという点で突然跳躍説と意見が一致している。他方で、自然言語の文法に何かしら発明的な側面があるという可能性も否定していない。次のようなストーリーを想定することができる。[38] 大昔の誰かが新しい話し方を創り出して、それがどういうわけか集団の中で広まったとしよう。[39] この段階では、その新しい話し方は発明品としての身分を保っている。しかし、まもなくして誰もがその話し方を学習するようになると、その話し方をすばやく学習できる者ほど生存と繁殖に関して有利になるかもしれない。すると、その話し方はより素早く、自動的に獲得されるようになる。最初は学習しなくてはならなかったものが、発達することが生物学的に予定されたものへと変貌していくのである（Pinker 1994, p.242）。

してみると、普遍文法の自然選択説は、突然跳躍説と文化進化説それぞれのある側面を取り入れた学説とみることもできるかもしれない。しかし、普遍文法が自然選択の産物であるという見解は、突然跳躍説を支持する生得主義者とそもそも生得主義を退ける経験主義者の両方から疑いの目で見られている。バーウィックとチョムスキーによれば、普遍文法が漸進的な自然選択によって進化してくることは論理的に可能だとしても、現実のシナリオとみなすには時間が圧倒的に足りない。[40]

適応は一部の人々が主張しているような、あらゆる事象を説明できる「アルゴリズムの万能酸」などではない。偶然性と運が大きな役割を果たす。可能性の幅が大きすぎて、たとえ果てしないほど長い時間と何十億という生命を費しても、自然選択による進化では、多くのどころかほとんどの「解決策」にはたどりつけない。（Berwick & Chomsky 2015, p.19［邦訳：p.30］）

生得主義を否定するトマセロも、著書の冒頭で次のように宣言している。

ヒトと他の大型類人猿とが系統の上で分かれるのに要した六百万年という歳月は、進化理論的にはきわめて短い時間である。現生人類とチンパンジーとは、遺伝子の約九九パーセントを共有している。この関係は、ライオンとトラ、馬とシマウマ、ドブネズミとハツカネズミといった近親種の間の関係と同じくらいの近さである。したがって、解決すべきは時間の問題である。じっさい、遺伝子の変異と自然選択という通常の生物学的進化プロセスによって、現生人類のもつ各種認知スキル、すなわち高度な道具使用をともなう産業や技術、記号による込み入った伝達・表示、複雑な社会組織や制度などを発明し維持するために必要なスキルが一つ一つ生み出されてきたとするには、まったくの時間不足だ。（Tomasello 1999, p.1［邦訳：pp.2–4］）

言語能力はここでいう「認知スキル」の一つであろう。トマセロによれば、短期間にこの認知スキルを生み出すことができた生物学的メカニズムは「ヒトに特有のやり方で社会的あるいは文化的な継承を行う能力」をおいて他にない。なぜなら、文化の継承は生命体の進化にくらべて桁違いに速いスピードで働くからである。こうして彼の見解は文化進化の考え方と結びつく。

トマセロが言語の文化進化を結論したのに対して、チョムスキーは突然跳躍という真逆の結論を引き出したという違いはあるが、彼らはともに、時間の問題は普遍文法の自然選択説にとって致命的だと考える点で、同盟関係にある。しかし、ヒトとチンパンジーでは見た目にも解剖学的にもさまざまな違いがあるのだから、心理的な面で多くの違いがあってもおかしくないのではないか。そもそも、自然選択が作用するには時間が短すぎるというのは本当だろうか。対立遺伝子の差異が繁殖の成功にもたらす差はわずかなので、少数の個体がもつ対立遺伝子が集団全体に広まるには長い時間がかかるものの、はっきり確かめられるほど急速に広まることもある（乳糖耐性変異など）。[41] 実際には、そこまで急速に広まる必要はない。数理的なシミュレーションによれば、一パーセント多くの子孫をもつと期待される対立遺伝子の変異ですら、約四〇〇〇世代で〇・一パーセントから九九パーセントに普及する。[42] ヒトの一世代を二五年とすれば、たった一〇万年である。原始的な言語能力を発達させた最初の種がアウストラロピテクスだったとしても、そこからサピエンスの登場まで三〇〇万年近い時間があるので、有利な遺伝子が集団中に広まるのに十分な余裕がある計算である。

しかし、先ほどのトマセロの本からの引用は、ヒトとチンパンジーは九九パーセントのDNAを共有しているという事実を指摘していた。これが本当だとすると、一つの有利な遺伝子が集団中に広まるのに十分な時間的余裕があるにせよ、結局、ヒトとチンパンジーのDNAはほとんど違わないことになる。この事実は深刻に受け止められてきた。ヒトの心理的特徴は遺伝によってほとんど説明できないのではないか。あるいは、ゲノムのわずかな変化が遺伝子発現を調節する機構の特別な変化を引き起こし、それがFLNの誕生につながったのかもしれない。

ピンカーは、一パーセントの違いは決して小さくない、と言う。まず、DNAの塩基配列の一パーセントは情報量にして一〇メガバイト以上であり、初歩的な記号操作が残りの九九パーセントで可能だとすれば、普遍文法を生み出すのにその一〇メガバイトで足りないとする理由はない。そして、DNAが一パーセント違うということから、全遺伝子の一パーセントが異なるという帰結は出てこない。たしかに、文書の一割が改ざんされたと聞けば、元の文書と九割は同じかと思ってしまう。しかし、コンピュータでは一バイト（八ビット）で一文字を表すことになっている（ASCIIコード）。いま、その英語文書の電子ファイルに対して、すべてのバイトを一ビットずつ改ざんしたとすると、元の文書は一〇〇パーセント完全に書き換えられたことになってしまう。ヒトとチンパンジーの遺伝子の違いについても同じように考えることができる。DNAは四種類の塩基という離散的要素を一列に並べたものだから、0と1の二つの記号で書かれた電子ファイルとよく似ている。一つ一つの遺伝子をコードするDNAの塩基配列が一パーセントずつ置き換わったとすると、できあがったものはやはり一〇〇パーセント異なる。したがって、ヒトとチンパンジーがDNAを九九パーセント共有しているという事実は両者の類似性について何も示していない、とピンカーは論じる。

以上の議論が正しければ、時間の問題はそれほど深刻ではないということになりそうだが、普遍文法が自然選択の産物だと考える具体的な証拠はあるだろうか。まず、普遍文法が自然選択によってデザインされたとすると、いったい何のための適応なのか。

予想される答えは、もちろんコミュニケーションのための適応である。ピンカーは自然言語が交替現象に満ちていると指摘する。交替（alternation）とは、基本的な意味が同じだが表現法が異なる二つの構文の関係をいう（岸本、岡田 2020）。英語の授業で、われわれは受動文や強調構文などへの書き換えを教わるが、他にも、通常の語順では文頭にこない語句を文頭にもってくる（たとえば、Humble, Mr. Brown is not.）とか、第四文型の間接目的語を前置詞句と置き換える（たとえば、I gave her the key. / I gave the key to her.）など、無数の交替現象がある。ほぼ同じことを言い表す方法がこれほど多く用意されているのはなぜか。言語の本来の機能が心の中での独り言なら、交替現象は余分であろう。むしろ、話し手が聞き手の注意を特定の語句（の表す内容）に向けさせるためだと考えるのが自然に思われる。

自然選択が働くためには、形質に遺伝的な変異がなければならないが、文法能力に遺伝的な変異はあるだろうか。ピンカーは、あると答える。よどみなく話せる人もいれば、そうでない人もいる。慣習通りに話そうとする人もいれば、独創的な構文を好んで使おうとする人もいるかもしれない。それに、遺伝要因が絡んでいると推測される特異的な言語障害（ＳＬＩ）もある。ＳＬＩの患者は文法が全面的に壊れるわけではない。たとえば、語彙が豊富で発音にも問題ないのに、言葉の並べ方がチンパンジーのニムと同程度、という人はいない。ＳＬＩの症状はもっと断片的で、格を示す語形変化、性や時制を表す語形変化など、形態論に問題を抱える場合もあれば、主語と動詞形の一致のように、相互の調和を必要とする項目間の文法的な依存関係に問題を抱える場合もある。

仮に文法能力に遺伝可能な変異があるとして、そうした変異は生存と繁殖に影響するだろうか。ピンカーは、部族の酋長はしばしば演説が巧みで、暗示やイメージを用いて話すという人類学者の報告を傍証に挙げる。説得力ある演説をうつ者は、周囲の人々から指導者として評価される。そして、部族の酋長は往々にして多くの妻と子を持つ。この議論には、演説のうまさは指導者となって頻繁に演説する機会にめぐまれたおかげで身に付いたにすぎないのではないか、という疑問がある。それでも、多くの人類学者は、演説がうまいがゆえに指導者として評価される、と報告している（バーリング 2007）。

あまりにも話が出来すぎている、と言われるかもしれない。普遍文法はコミュニケーションのための適応だという見解には疑問がありうる。狩猟採集社会において、それほど複雑で洗練された情報伝達が必要だったのだろうか。よい狩り場を仲間に伝えたり、石器などの道具の加工法を子どもに教えたりするだけなら無数の単語と身振りがあれば十分であり、複雑な文法を備えた言語は必要なかったように思われる。

この疑問は、コミュニケーションの目的を、言語を介した情報伝達に限定しすぎているように思える。コミュニケーションは、感情を表明することを目的になされることの方が圧倒的に多い。たとえば、自分がうれしかったことを話す、相手を褒めたり慰めたり共感する、自分の悩みを話す、冗談や皮肉を言う、自己を卑下する、否定的な噂話をする、他人を批判する、などである。こういった会話に実質的な内容があるにせよ、それは情報を伝えるというよりも、相手と気持ちを通わせることを主眼にしている。おそらく、入り組んだ言語の発達を促した原動力は、基本的な生活のためというより社交を目的としたコミュニケーションにあったのだろう。

しかし、複雑な文法を備えた言語がコミュニケーションに有用であることと、普遍文法がコミュニケーションのための適応だということの間には隔たりがある。なぜなら、普遍文法が自然言語に課している制約の多くは非常に精妙で、どういう利便性があるのか一見しただけではわかりづらいからである。たとえば、島の制約という疑問詞の移動に関する制約がある。専門的な話題であり、日本語ではそもそも疑問詞の移動が起こらないので理解するのが難しいところだが、簡単に説明してみよう。

英語ではWH疑問文を作るとき、疑問詞を文頭に移動させる。[43] たとえば、ジョンはメアリーが好きなのかという意味の英文は "Does John like Mary?" だが、ジョンは誰が好きなのかと言いたければ、「メアリー」を「誰」に置き換えたうえで疑問詞を文頭に移動させて"Who does John like?"とする。ところが、同じ要領でどんな名詞句でも疑問詞に置き換えて文頭に移動させればきちんとした英文になる、というわけではない。たとえば、「ジョンはメアリーがテッドを好いているという噂を聞いた」という答えを期待して、次のように英語で言うことはできない。

(8) *Who did John hear the rumor that Mary likes?
「ジョンはメアリーが誰を好いているという噂を聞いたのか」

理論家はこれが非文となる理由を説明する一般的なルールを探そうとする。生成文法では、「メアリーがテッドを好いているという噂」のような複合名詞句は「島」と呼ばれる独特の領域を形成し、疑問詞を島の外には移動させられない、という仮説を立てる。この仮説を補強するのが、名詞句が移動するときには、空になった元の位置に痕跡(trace)を残すという考え方である。「ジョンは誰を好いているのか」であれば、"Who does John like *t*?"という具合に元の位置に発音されない要素 *t* が痕跡として残る、という感じである。実際の発話では疑問詞が文頭におかれるにせよ、WH疑問文の聞き手は疑問詞が文の意味内容からしてどういう位置を占めるのかを無意識のうちに計算しているはずだと考えれば、痕跡という考えはそれほど奇妙ではない。

ピンカーは、島の制約は聞き手に痕跡を一定の限度を超えてまで探さなくて済むようにさせるための制約だと主張する(Pinker 1994, p.221［邦訳：上巻 p.299］)。先ほどの例文(8)に関して、島と痕跡を明示すると

（8′）*Who did John hear [the rumor that Mary likes *t*]?

となる。この文を処理する聞き手は文頭の"who"がどの位置から移動してきたのかを探索する羽目になるが、これは記憶に負荷をかけるだろうから、こんな構文は存在しないに越したことはない、というわけである。島の制約をもたらすのは複合名詞句だけではないということもあわせて考えると、この推測には一理ある。たとえば、「ジョンはメアリーがテッドとどこで会ったのだろうかと考えた」という答えを期待して、

（9）*Who does John wonder [where Mary met *t*]?
「ジョンはメアリーが誰とどこで会ったのだろうかと考えたのか」

とは言えない（WH の島制約）。また、2節の例文（4）が非文となることは、and で結ばれた句の一方を抜き出して移動させることはできない、という制約を仮定することによって説明されるだろう（等位構造制約）。[44]

（4′）*Who(m) did you see [John and t]?
「あなたはジョンと誰を見たのか」

P&Pを支持するピンカーは、自然言語を獲得するわれわれの能力には無数の制約がまとわりついており、それゆえに普遍文法の理論はさまざまな原理を措定することになる、と考えている。普遍文法が自然選択によって進化してきたとすれば、島の制約をはじめとする制約一つ一つが、コミュニケーション能力を高める何らかの機能と結びついているのだろう。

以上の議論には反論がありうる。たしかに、それぞれの制約について、そういう何らかの機能を想像することはできるかもしれない。しかし、それはまるでおとぎ話だ。極小主義とよばれる立場を支持する言語学者たちは、自然言語の文法をはるかにシンプルなものだと考えている。彼らによれば、島の制約をはじめとするさまざまな制約は、抽象的で一般的な原理から帰結する系にすぎない。そうした一般的原理は計算の効率性という観点からのみ理解可能であって、音声を用いたコミュニケーションの利便性と何の関係もない。ピンカーと極小主義者の言語観には大きな隔たりがある。

7　プラトンの『メノン』――古代に見出された刺激の貧困論法

本章では文法能力の生得主義と経験主義の間でなされた論争を眺めてきた。生得主義と経験主義の対立に決着がついたと考えるのは時期尚早なのだろう。最終的にどちらの立場が勝利するのかは、刺激の貧困をはじめとする数々の観察データ全体をどちらの立場がより上手く説明できるかにかかっている。

本章を終える前に、刺激の貧困論法についての歴史的な注釈をつけておく。この論法の最も古い例は、プラトンの対話篇『メノン』である。この対話篇で、ソクラテスは幾何学を学んだことのない召使いの少年に、元の正方形の二倍の面積をもつ正方形を作図させることを試みる。最初、少年は間違った答えを出すのだが、ソクラテスはいくつかの質問を投げかけることで、少年は正しく作図することに成功する。しかし、ソクラテスは、自分は少年に正解を伝えたわけではないと言う。少年の魂には正方形を二倍にする作図法の知識が刻まれていたのだが、それは眠ったままになっていた。ソクラテスの質問をきっかけとしてそれを思い出したのだ、という。

ソクラテスの口を借りてプラトンが提示した仮説は「想起説」と呼ばれる。想起説はプラトンの別の対話篇『パイドン』にも登場する。裁判で有罪となったソクラテスに対する死刑執行の場面を描いたこの対話篇で、ソクラテスは自分がまもなく死ぬことを悲しんでいる友人たちに、魂の不滅を結論づける論証を全部で四つ提示する。想起説はそのうちの一つの論証で利用されることになる（ケーガン 2019, 5章）。

肉体とは別個に魂が存在していて、この世に生まれる前から魂に数学的真理が刻み込まれているという結論は神秘的なので、科学より文学の領域に属するように思える。実際、ある詩人はナポレオンの軍事的才能を次のように表現した。

> あらゆる経験に先んずるこの不思議な知識、記憶の知識、プラトンの所謂 anamnesis を、彼は最初の実践的経験であるトゥロンの包囲で発揮したのである。「彼は一体誰に習ったのだ？　どうしてあの男はあんなに何でも知っているのだ？」（…）トゥロンの陣営の中でも軍事に経験の深い人々が舌を巻いた。彼は何一つ新しい事を覚えるのでなく、ただ古い事を憶い出しているにすぎない、と人々には思われたのである。[45]

しかし、本章との関連で重要なのは、神秘的な結論に至る手前の部分である。ソクラテスによれば、自分はきっかけしか与えていないのに、召使いの少年は正しい作図法を獲得してしまった。この驚きが、生まれる前からの知識という極端な仮説に彼を向かわせることになった。本章で取り上げた生得主義者は、刺激の貧困という前提からそこまで極端な仮説を導いているわけではない。生得性は生まれる前から、あるいは生まれた時点で所有しているという意味ではないからである。動物行動学の知見をヒントに、生得的な能力・知識というものを神秘的でない仕方で理解できる可能性を示したのは現代の生得主義者の功績である。

しかし、『メノン』でプラトンが問題にしていたのは文法能力ではなく、幾何学の知識であった。幾何学をはじめとする数学の知識に、哲学者たちは古くから強い関心を抱いてきた。まず、数学の真理は自然科学の真理と違って別様ではありえないという点で独特である。そして、自然界について観察や実験を行って知識を深めるのとは違って、数学の知識を得るのに観察や実験は必要ではないという点でも、数学は異質である。数学の知識は経験から独立しているように思われる。こうした「経験からの独立性」は生得性と関係があるだろうか。関係がないとすれば、どのように考えればよいのだろうか。これが次章のテーマである。

文献案内

本章に関連する基本図書は、何と言っても**スティーブン・ピンカー『言語を生みだす本能（上・下）』**（椋田直子訳、NHK出版、一九九五年）である。本章を書く際には、この本のあちこちに散らばっている論証を取り出して整理することを一つの目標にした。英語が苦でなければ、**Steven Pinker, *Language, Cognition and Human Nature***, Oxford University Press (2015) に所収の論文もいくつか読むとよい。

経験主義の側から書かれた仕事としては **Fiona Cowie, *What's within?***, Oxford University Press (1999) が興味深い。この本は文法能力の生得主義に関する充実した議論を含んでおり、本章を書く際には、さまざまな問題群を整理するのに参考になった。日本語で読める経験主義寄りの本としては、**マイケル・トマセロ『ことばをつくる――言語習得の認知言語学的アプローチ』**（辻幸夫ほか訳、慶應義塾大学出版会、二〇〇八年）を薦める。

チョムスキーの著書の中から本章に関わるものを一冊選ぶなら、P&Pが登場したばかりの頃に出版された**ノーム・チョムスキー『ことばと認識――文法からみた人間知性』**（井上和子ほか訳、大修館書店、一九八四年）を薦める。この本は *Behavioral and Brain Sciences* 誌で特集が組まれ、デネットなど有名な哲学者がコメントを寄せている。最初の1、2章は特に哲学者向きである。ただし、この本に限らず、チョムスキーが書くものは基本的に難しい。参考書としては、**John Collins, *Chomsky***, Continuum (2008) と

Georges Rey, *Representation of Language*, Oxford University Press (2020) が優れている。

生成文法への入門には、**渡辺明『生成文法』**（東京大学出版会、二〇〇九年）がよい。これはスリムだが密度の濃い教科書である。P&Pについては、**マーク・C・ベイカー『言語のレシピ——多様性にひそむ普遍性をもとめて』**（郡司隆男訳、岩波書店、二〇〇三年）が定評のある解説書。日本語も含めてたくさんの言語の例文が取り上げられており、読んでいて楽しい。

子どもの言語獲得については、**広瀬友紀『ちいさい言語学者の冒険——子どもに学ぶことばの秘密』**（岩波書店、二〇一七年）が最初に読むのにおすすめである。もっと本格的な教科書としては、**スーザン・フォスター＝コーエン『子供は言語をどう獲得するのか』**（今井邦彦訳、岩波書店、二〇〇一年）がよい。ただし、この本は生得主義を全面に押し出している。

言語の起源を求める研究は端緒についたばかりで、不確実なことが多い。この話題に関して、最初に読むものとしては**ロビンス・バーリング『言葉を使うサル——言語の起源と進化』**（松浦俊輔訳、青土社、二〇〇七年）が適している。チョムスキーの言語起源論は**M. D. Hauser, N. Chomsky, and W. T. Fitch, "The faculty of language"** *Science* 298. (2002), 1569–1579 が出発点である。興味のある人は、チョムスキーたちとピンカーたちの間で展開された論争を追ってみるとよい。

文化進化に関しては、**ジョゼフ・ヘンリック『文化がヒトを進化させた——人類の繁栄と〈文化‐遺伝子革命〉』**（今西康子訳、白揚社、二〇一九年）がよい。この本は文法能力以外にもさまざまな精神能力について多くの紙幅を割いて議論している。

コラムで紹介した数理言語学の話題に興味をもった読者には、**ロバート・モルほか『形式言語理論入門』**（西野哲朗訳、東京電機大学出版局、一九九五年）を薦める。この教科書は後半で自然言語の形式的理論について紹介しているのが特色である。**岡ノ谷一夫『さえずり言語起源論』**(岩波書店、二〇一六年)は、鳥の歌に文法があることを説得的に論じている。理論言語学について幅広く知りたい向きには、**畠山雄二**(編)**『理論言語学史』**(開拓社、二〇一七年)を薦める。これは生成文法だけでなく、生成文法学派と認知言語学の創始者たちとの間に起った言語学戦争、そして、形式意味論や生物言語学といった広範な話題をカバーしているハンドブックである。

コラム　チョムスキー階層とゴールドの定理

本章では、生得主義と経験主義の論争に集中するために、形式的な議論にはなるべく踏み込まないようにしてきた。しかし、このコラムでは刺激の貧困論法と関係の深い、数理言語学のアイデアを簡単に紹介する。

Xを記号からなる空でない有限集合とする。記号とは、それ以上分割できない離散的な要素である。そして、Xに属する有限個の記号を連接させて作ることのできる記号列の全体からなる集合を$^{*}X$としよう。$^{*}X$の部分集合のことを、（X上の）言語という。

たとえば、X＝{a, b}とすると、X^{*}＝{ε, a, b, aa, ab, bb, aaa, aab, aba, abb, …}である。$^{*}X$に属する各記号列wは、定義から有限の長さをもつが、$^{*}X$は無限集合となる。なお、εは長さゼロの記号列（空列）である。空列の概念は理論的には重要だが、以下の説明を読むぶんにはあまり気にする必要はない。

$^{*}X$は無限集合なので、$^{*}X$の任意の部分集合である言語は無限集合でありうる。しかし、無限個の要素をすべて記憶することはできないので、何らかの有限的な手段によって言語を特徴づける必要がある。それが文法、すなわち、有限個の記号を組み合わせることで出発点になる諸要素よりも複雑な構造を無際限に作り出す仕組みである。[46] 文法の一例として、ここでは句構造文法（phrase structural grammar）を取り上げる。以下、特に断らない限り、単に「文法」と略す。

文法は以下に示す四つの要素の組〈X, V, S, P〉である（この説明は抽象的で初見ではわかりづらいと思うが、後で具体例を提示するので少し我慢してほしい）。

・Xは記号（終端記号）の有限集合
・Vは変数の有限集合
・Sは変数の集合Vから選ばれた特定の変数であり（S∈V）、開始記号と呼ばれる。
・Pはプロダクションの集合である。プロダクションは終端記号と変数を連接させて作られる二つの記号列v，wのペアである（ただし、vは少なくとも一つの変数を含む）。ここではv⇒wと書くことにする。

プロダクションは書き換え規則とも呼ばれる。なぜなら、プロダクションは記号列を別の記号列へと書き換える規則だからである。たとえば、三つの記号列v，w，v'を連接させて作られる記号列をvwv'としよう。この記号列vwv'にw⇒w'というプロダクションを適用すると、vw'v'が直接生成される。[47] また、記号列vからさまざまなプロダクションを適用していってwが得られるとき、wはvから生成される、という。

文法は言語を次のように特徴づける。開始記号から出発して、終端記号が現れるまでプロダクションを適用していくことで、さまざまな終端記号の列が生成される。文法Gによって生成される終端記号列の集合を、Gが生成する言語L(G)という。[48]

いくつかの具体例を提示しよう。まずはトリビアルな例として、以下のような文法G_0 = 〈X, V, S, P〉

考える。

・$X = \{a, b\}$
・$V = \{S\}$
・$P = \{S \Rightarrow a, S \Rightarrow b\}$

G_0はSをa，bに書き換えることしかできない。したがって、G_0が生成する言語$L(G_0)$は$\{a, b\}$という有限集合である（有限基数言語）。

もう少し複雑な例として、以下のような文法$G_1 = \langle X, V, N, P\rangle$を考える。

・$X = \{0, s\}$
・$V = \{N\}$
・$P = \{N \Rightarrow sN, N \Rightarrow 0\}$

文法G_1からは、たとえば、記号列ss0が$N \Rightarrow sN \Rightarrow ssN \Rightarrow ss0$という書き換えの連鎖によって生成される。プロダクション$N \Rightarrow sN$を適用するときは、変数を書き換えた後にもとの変数が再び出現していることに注意してほしい。この規則は何度でも反復的に適用できるため、G_1から生成される言語$L(G_1)$は$\{0, s0, ss0, sss0, \ldots\}$という無限集合となる。直観的には、$L(G_1)$は自然数を表す数項（numeral）の集合だと考えておけばよい。たかだか有限個の規則が無限集合を生み出した点に注意してほしい。その秘訣は同じ規則の反復的な適用（再帰性）にある。

さらに複雑な例として、以下のような文法$G_2 = \langle X, V, S, P \rangle$を考える。

- $X = \{p, q, \&, (,)\}$
- $V = \{S\}$
- $P = \{S \Rightarrow (S\&S), S \Rightarrow p, S \Rightarrow q\}$

文法G_2によって生成される言語$L(G_2)$は$\{p, q, (p\&p), (p\&q), (q\&p), (q\&q), (p\&(p\&p)), \dots\}$となる。たとえば、$(p\&(p\&p))$を生成するプロセスは$S \Rightarrow (S\&S) \Rightarrow (p\&S) \Rightarrow (p\&(S\&S)) \Rightarrow (p\&(p\&S)) \Rightarrow (p\&(p\&p))$といった具合である。直観的には、$L(G_2)$は、$p, q$を原子文とし、結合子として連言だけを含むような命題論理の言語だと考えておけばよい。

上に挙げた三つの文法は、徐々に複雑になっていることが直観的にも見て取れる。さまざまな文法を複雑さに応じて区別できると便利である。実際、プロダクションの形に応じて、文法を分類することができる。

たとえば、すべてのプロダクションが$A \Rightarrow bC$、または$A \Rightarrow b$という形をしている文法を「右線形文法」という（AとCは変数、bは終端記号または空列）。上に挙げた文法G_0とG_1は右線形文法に属する。しかし、右線形文法は非常に制限のきつい文法である。もう少し制限を緩めて、プロダクションの左辺が一つの変数であるという条件付きで任意の記号列が右辺にくることを認める文法を「文脈自由文法」という。上に挙げた文法G_2は文脈自由文法に属する。文脈自由文法は多くのプログラミング言語の基本的構文を記述するのに適しており、理論的にも有益な言語のクラスである。

さらに複雑な文法のクラスもある。定義を紹介するだけにとどめるが、プロダクションが次のいずれかの形をとる文法を「文脈依存文法」という。

- $vAv' \Rightarrow vwv'$（Aは変数。v，v'は任意の記号列で、空列でもよい）。v，v'に挟まれた文脈に限って書き換えを許すという意味で、文脈依存的。
- $S \Rightarrow \varepsilon$（ただし、Sはいかなるプロダクションの右辺にも現れない）

このように区別された文法のタイプは、それぞれの文法から生成される言語に関して興味深い結果をもたらす。右線形文法によって生成される言語のクラスを右線形言語、文脈自由文法によって生成される言語のクラスを文脈自由言語、文脈依存文法によって生成される言語のクラスを文脈依存言語、そして、任意の文法によって生成される言語のクラスを帰納的可算言語という。興味深い結果とは、これら四つの言語のクラスが

右線形言語 ⊂ 文脈自由言語 ⊂ 文脈依存言語 ⊂ 帰納的可算言語

という階層を形成するという事実である（階層定理）。こうした言語の階層は「チョムスキー階層」と呼ばれる。この階層において、言語間の包摂関係は真部分集合なので、右線形言語でない文脈自由言語、文脈自由言語でない文脈依存言語などが存在する。[49] したがって、この階層は諸言語の複雑さ

を反映している。

そうすると、われわれ人間が用いる自然言語はどの階層に属するのか、という疑問が浮かぶ。自然言語はどのくらい複雑なのか。多くの研究者は、自然言語が右線形言語ではないと考えている。たしかに、自然数項を無限に生成できるという意味で、右線形文法も再帰性と無縁ではない。しかし、右線形文法ではあまり複雑な無限集合を生み出せない。右線形文法では記号を一次元的に並べることしかできず、隣接しない記号同士の長距離依存関係や中央埋め込みを記述できない。

自然言語は文脈自由言語でもないという議論もある。一つの問題は主語と動詞の一致である。英語では、主語の名詞句が単数形か複数形かに応じて動詞の語尾を変えなければならない。しかし、プロダクションの左辺が一つの変数に制限された文脈自由文法で、そうした依存関係を記述する方法は自明でない。たとえば、G_3 = ⟨X, V, S, P⟩ として

- X = {dog, dogs, the, is, are, barking}
- V = {S, NP, BE, det, N, A}
- P = {S ⇒ NP BE A, NP ⇒ det N, N ⇒ dog, N ⇒ dogs, det ⇒ the, A ⇒ barking, BE ⇒ is, BE ⇒ are}

を考えてみると、G_3は“the dogs is barking”という非文を生み出すので、不適切である。ただし、G_3のような例一つで、こうした非文を生み出すことなく、主語と動詞が一致した文だけを生成する文脈自由文法が存在しない、ということまでは示せない。変数とプロダクションをうまい具合に設定す

れば、そういう文脈自由文法が得られるかもしれない。そのため、文脈自由文法の表現力は過小評価されているのではないか、という論争も生じた。[50]

句構造文法はヒト以外の動物の記号的活動にも適用できる。たとえば、ジュウシマツ（十姉妹）という鳴鳥の歌は離散的な要素の組み合わせでできている（岡ノ谷 2016）。ジュウシマツは、一七六二年に九州の大名が台湾から輸入したコシジロキンパラという鳴鳥が家禽化したもので、野生には生息していない。コシジロキンパラと分かれてから二五〇年ほどしか経っていないが、ジュウシマツの歌はコシジロキンパラより複雑である。歌うのはオスだけで、ジュウシマツのメスは複雑な歌を聞いたほうが巣づくりなど生殖に関連する行動が促されるため、複雑な歌を歌うオスのほうがメスに選ばれて子孫を残しやすい。こうしたことから、より複雑な歌を歌う個体が選択されてきたのだろうと考えられる。[51]

ただし、ジュウシマツの歌は複雑とはいっても、右線形言語に分類される。チョムスキー階層では一番下の複雑さである。そうすると、ヒト以外の動物はどのくらい複雑な記号操作ができるのか、あるいは、訓練によってできるようになるのか、という疑問が生じる。そこで、鳴鳥や類人猿に対して、最も単純な文脈自由文法の一つであるA^nB^n文法で特徴づけられる歌や記号操作を教えこむ、といった研究が行われてきた。A^nB^n文法は、Aという記号が何回か反復したあとにBが同じ数だけ反復する記号列からなる言語を特徴づける文法である。これはこれで興味深い研究だが、たとえほかの動物が文脈自由文法の一種であるA^nB^n文法を学習したとしても、人間の言語が特別でなくなるわけではない。A^nB^n文法は自然言語の原理とされる$\bar{X}$理論や島の制約などとは何の関係もないからである（Pinker & Jackendoff 2005）。

文法と言語に関するここでの議論は、本章のテーマである言語獲得とも関連する。言語獲得は、形式的には帰納的推論の問題といえる。言語を獲得するとは、その言語にどのような記号列が属するのかに関する証拠をもとに、その言語を生成する文法に到達することだ、という風に考えられるからである。

帰納的推論の研究者は、言語に関する証拠の提示方法に応じて、二種類の課題を区別している。一つ目の課題は次のようだ。(X上の)言語Lに属する記号列を一つずつ主体に提示する。Lに属するどの記号列もいつかは主体に提示されることは保証されている。この条件で主体にLの特徴づけを答えさせる。二つ目の課題は次のようだ。今度は、X^*に属する記号列一つ一つについて、言語Lに属するかどうかという情報もあわせて主体に提示する。Lに属するどの記号列もいつかは主体に提示されることが保証されている。この条件で、主体にLの特徴づけを答えさせる。一つ目の課題は言語Lの肯定的証拠のみからLを推論する課題であり、二つ目の課題はLの肯定的証拠と否定的証拠をともに利用してLを推論する課題ということになる。

各段階で主体に提示されている証拠の数は有限なので、それまでに提示された記号列を生成する文法を得たとしても、それ以後に与えられる記号列も生成できるとは限らない。そこで、言語の推論に成功したとみなす基準を定める必要がある。

一つのやり方は次のようだ。言語獲得したい人が探索する仮説空間として、何らかの文法の集合(たとえば、文脈自由文法の集合)が与えられたとする。主体は、記号列を一つずつ与えられるごとに、それまでに提示された記号列を生成する文法を仮説空間の中から一つ選んで出力する。出力が特定の文法に収束するとき、すなわち、主体が出力する文法がある段階から先はずっと変化しないとき、もしこの文法から生成される言語が目標とする言語と一致するならば、この主体は言語の推論に成功したとみなす。

しかし、推論の成功基準をこのように定めると、チョムスキー階層で最下層に属する右線形言語ですら肯定的証拠からは推論に成功する保証が得られないことが知られている（ゴールドの定理）。ポイントを大まかに説明すると、目標とする言語Lとは異なる言語L′を出力した場合、特に、L′がLに属さない記号列を含むLの上位集合の場合、否定的証拠が与えられるなら、Lに属さない記号列がいずれは提示されるため、主体はいずれ自分の誤りに気づくのだが、肯定的証拠しか提示されないと、主体は自分の誤りにいつまでも気づくことができないのである。

ゴールドの定理は刺激の貧困論法と密接に関連している。一方で、自然言語は右線形文法では記述できないように思われる。他方で、もし子どもに提示される言語的刺激が母語に関する肯定的証拠のみだとすれば、ゴールドの定理により、子どもは母語文法を推論できないだろう。この苦境を抜け出す単純な方法は、仮説空間に最初から何らかの制約がかかっていると想定することであろう。とすると、問題は、この制約がどのような特徴をもつのかということになる（Pinker 2015, chap.1）。

第4章

数学

アプリオリな知識はいかにして可能か、あるいは不可能か

1　はじめに

プラトンの学園（アカデメイア）は、その入り口に「幾何学を知らざる者入るべからず」という標語を掲げていたと言われる。プラトンの哲学において、数学は宇宙をあるがままに捉えるための基礎訓練として推奨されていたようだ。アカデメイアのカリキュラムの中には算術と幾何学が組み込まれていて、その影響は中世の大学のカリキュラムにも及んだ。

哲学者たちは、ユークリッドの『原論』に代表される公理系のアイデアに魅了されてきた。自明に思われる前提から、整然とした論証によって驚くべき結論が導かれる。トマス・ホッブズはグランドツアーの際にある紳士の邸宅で『原論』をはじめて読んだときの印象を語っている（伊豆蔵 2007, p.66）。三平方の定理（『原論』1巻命題47）があまりにも自明な前提から導かれるとは到底信じられなかったが、読み進めていくと納得せざるをえなかった、と。数学的論証にはこうした抗いがたい強制力があるので、あらゆる学問は『原論』のように体系化されるべきだと考える人がいても不思議ではない。また、すべての哲学者が数学の成功を遠くから指をくわえて見ていたわけではなかった。ルネ・デカルトやブーレーズ・パスカルなど近世の哲学者は同時に優れた数学者でもあったし、現代の分析哲学の創始者と言われるゴットロープ・フレーゲとバートランド・ラッセルもやはり優れた数学者だった。

しかし、哲学者にとって、数学は厄介な問題を引き起こす困惑の種にもなってきた。そもそも数学の命題の正しさをわれわれはどうやって知るのだろうか。知識の獲得を目指す人間の活動のなかでも、数学はひときわ異様である。理論物理学者の仕事は大部分が部屋のなかで行われるかもしれないが、物理理論の正しさは最終的に実験・観察によるテストにかけられなければならない。他方、数学の活動はすべてが部屋の中での活動で完結する。数学の命題の正しさを確認するのに経験は必要ない。しかし、経験に基づかないのだとすると、われわれはどうして数学の命題を知っているのだろうか。われわれには理性が備わっているからだろうか。これはあまり実りのない答えに見える。

正しさを確認するのに経験が必要ないという特徴は、論理学にも共通している。論理学と数学の境界は曖昧なので、このことはあまり驚きではないかもしれないが。哲学用語では、論理学の知識と数学の知識はともに「アプリオリ」と言われる。数学に関する認識論上の問題は、アプリオリな知識一般の問題という形で取り上げることもできる。何かをアプリオリに、経験に基づかずに知るとはいったいどういうことなのだろうか、と。

ただし、アプリオリな知識に関しては、これと関連する別の問題もある。それは、アプリオリな知識など本当にあるのかという問題である。たしかに、数学の命題は経験に基づかずに知ることができると思われる。しかし、それは見かけ上のことで、論理学や数学の真理ですら本当は経験によって知られるのかもしれない。もしそうならあらゆる真理がアポステリオリということになるだろう。アプリオリな知識の存在に対するこうした懐疑的な見解（「アポステリオリ主義」と呼んでおく）は、ヒュームなど近世の哲学者がすでに示唆していたが、二〇世紀後半になってからはクワインを中心に一定の影響力をもつようになった。

本章は次のように進行する。2節では、アプリオリとアポステリオリという区別についてより詳しく解説し、3節では、前章で主題的に扱った生得性の概念がアプリオリな知識とは何かを明らかにするのに応用できるかどうか検討する。4節では、アプリオリな知識は規約によって成立するというアルフレッド・ジュールズ・エイヤーの議論を検討し、5節では、意味の理解からアプリオリな知識を引き出そうとするポール・ボゴジアンの議論を検討していく。6節では、ジョン・ステュアート・ミルのアポステリオリ主義を、7節では、ウィラード・ヴァン・クワインのアポステリオリ主義を取り上げる。8節ではクワインのアポステリオリ主義の二つの批判を取り上げて検討する。9節では、ティモシー・ウィリアムソンによるアプリオリとアポステリオリの区別に対する「新たな懐疑論」を取り上げる。

2　認識論、入門一歩前

「アプリオリ」は認識論の概念である。そこで、まずは「知識」について手短に考察しておく。その後、「アプリオリ」とその対義語である「アポステリオリ」について説明する。

2―1　知識の三つの必要条件

標準的な見解によれば、知識が成立するには三つの条件が必要であるとされる。すなわち、Sがpを知っているためには、

・Sはpを信じている（信念）

・pは真である（真理）
・Sはpを信じるための正当化をもつ（正当化）

という三つの条件が必要とされる。それぞれの条件について、順にコメントしておく。

一つ目の条件は信念である。日常的には「信じている」という言葉は、それほど気軽に使えるわけではない。「神が存在すると信じている」といった宗教的信仰の表現とか、巨大な災害があったときに「行方不明になった弟がまだ生きていると信じている」といった期待にも似た表現として用いることが多いように思う。しかし、認識論では「真だと思う」という程度の意味で用いるのが一般的である。たとえば、私は 7+5 = 12 が真だと思っている。したがって、私は 7+5 = 12 だと信じていることになる（7+5 = 12 という信念を抱いている）。この意味での「信念」が知識の必要条件であるということにそれほど異論はないはずである。実際、信じてもいないことを知っている、という状況はなかなか考えにくい。

二つ目の条件は真理である。何かを知っているからには、それは真でなければならない。対偶をとると、偽な命題を知ることはない、ということである。これもそれほど異論はないと思う。[1]

三つ目の条件は正当化である。これは他の二つよりも理解するのが圧倒的に難しい。ただし、なぜこのような条件が必要なのかは理解しやすい。知識はただでは手に入らない。たとえば、われわれはあてずっぽうの推測や希望的観測がまぐれ当たりしても、それを知識とはみなさない。知識を得るということは一種の達成である。そこで、信念が知識であるためには正当化をもつ必要がある、と言いたい。では、「正当化」とはいったい何なのか。一つの考え方によれば、信念が正当化をもつとは、そう信じるのに十分な理由をもつということである。たとえば、新聞記事や統計調査の結果といった証拠に基づいて信念を形成することなどがそうだ。別の考え方によれば、正当化をもつとは識別の能力・スキルを発揮するということである。たとえば、知覚が適切に働いて信念を形成する場合がそうである。いずれにせよ、知識が成立するには、正しい信念を形成するだけではなく、こういった条件が必要になるということは常識的に認めてよいと思う。

伝統的には、これら三つの条件で知識が成立するのに十分だと考えられてきた。現代では、それは否定されるのが一般的だが、[2] 少なくとも、これら三つの条件が必要であることは多くの論者が認めている。以降の議論で重要になる前提は、正当化が必要条件であるという点なので、知識の必要十分条件が何であるかという問題は脇に置く。

さて、ここで取り上げた種類の知識は「命題的知識」と呼ばれている。知識には命題的知識の他にもいろいろな種類があると言う人もいる。たとえば、「自転車の乗り方を知っている」というときには、足の動かし方などについて言葉で説明できるということより、むしろ自転車に乗ることができるということを意味しているように思える。こうした知識は方法的知識（know how）と呼ばれる。「クラリネットの音色を知っている」というのはどうか。これは、クラリネットという楽器を見たことがあるとか、クラリネットの音響特性について知っているということではなく、クラリネットの音色を実際に聞いたことがあるということを意味しているように思える。こうした知識は「どのようであるかの知識（know what it is like）」と呼ばれる。また、文法能力の生得主義によれば、われわれは無意識的な文法の知識を所有しているとされる。これも命題的知識とは異なるように思える。真理は命題的知識の必要条件だが、文法規則は真理値を持たないかもしれない。文法規則に真理値を割り振ることができないわけではないが、文法規則は恣意的であり、世界の側にそれと対応する事実があるわけではない。他の規則と比べて現行の規則が正しいというわけではないならば、文法規則に真理値を割り振る必要はない。また、信念は命題的知識の必要条件だが、生成文法を理解できるのは少数の専門家に限られる。文法の知識が命題的知識なら、われわれは内容を理解していない信念を抱いていることになる。[3]

何種類の知識があるのか、というのは厄介な問題であり、どうやって解決すべきなのかも明らかではない。しかし、本章で取り扱うのは典型的な命題的知識に限られるので、この問題も脇に置いておく。アプリオリな知識とアポステリオリな知識の区別は、命題的知識の中で生じる。

2–2 アプリオリとアポステリオリの区別

それでは、「アプリオリ」とその対義語である「アポステリオリ」という二つの用語について説明しよう。まず、以下の例文リストを見てもらいたい。

（1a）すべての独身男性は結婚していない

（1b）すべての独身男性には既婚者とは異なる税率が適用される

（2a）7＋5＝12

（2b）七〇ミリリットルの水と五〇ミリリットルのエタノールを混ぜても一二〇ミリリットルにならない

（3a）すべての正方形は長方形である

（3ｂ）フランスの国土は六角形の形をしている
（4ａ）緑は色である
（4ｂ）草は緑である
（5ａ）物体が同時に赤くかつ緑色であることはない
（5ｂ）トマトは成長すると緑から赤になる
（6ａ）水色のものはすべて青い
（6ｂ）最近発行された『人名図鑑』の表紙はすべて青い

どの例文も正しい命題を表現している。しかし、ａの知識とｂの知識では根本的に違う種類の正当化が求められるように思える。というのも、ｂに属する命題が真かどうかを知りたければ、われわれはこの世界をいろいろと調査してみなければならないが、ａに属する命題に関しては、そういう調査をしなくとも、頭を働かせるだけでそれが真かどうかを判断する十分な理由が手に入る。

いま述べたような違いを、哲学者は「アプリオリ」と「アポステリオリ」という用語で表現する。標準的な定義は以下のようだ（Casullo 2010）。

アプリオリな正当化：ＳのｐというŠ信念がアプリオリな正当化をもつのは、その信念の正当化が経験に基づいていないときそのときに限る。

アポステリオリな正当化：Sのpという信念がアポステリオリな正当化をもつのは、その信念の正当化が経験に基づいているときそのときに限る。

知識がアプリオリかどうかは、その知識の正当化がアプリオリかどうかによって決まる。したがって、アプリオリな知識とアポステリオリな知識は以下のように定義できる。[4]

アプリオリな知識：Sがpをアプリオリに知っているのは、Sがpという信念がアプリオリな正当化を持ち、それ以外の知識の条件がすべて満たされているときに限る。

アポステリオリな知識：Sがpをアポステリオリに知っているのは、Sがpという信念がアポステリオリな正当化を持ち、それ以外の知識の条件がすべて満たされているときに限る。

同じことをアプリオリに知ることも、アポステリオリに知ることもありうる。たとえば、算術が得意な禰豆子は計算によって68+57 = 125であることを知っており、地理に詳しい炭次郎は富士山に雪が積もっていることを知っている。ところが、禰豆子は算術に強いが地理には興味がなく、炭次郎は地理に詳しいが算術は苦手だとしよう。その場合、二人は「68+57 = 125、または、富士山に雪が積もっている」という選言命題を知っているが、禰豆子は経験に基づかずにこの命題を知っており、炭次郎は経験に基づいてこの命題を知っているという意味で、知り方が異なる（Williamson, 2013, sec. 2）。

このように、同じ命題をアプリオリに知ることもあればアポステリオリに知ることもある。命題そのものに対してもアプリオリとアポステリオリの区別を適用したければ、以下のように定義するとよい。

アプリオリな真理：アプリオリな真理とは、経験に基づくことなく知ることができる真な命題である。[5]

アポステリオリな真理：アポステリオリな真理とは、経験に基づかなければ知ることができない真な命題である。

このように定義すると、「68+57 = 125」または、富士山に雪が積もっている」はアプリオリな真理ということになる。以下では、「アプリオリな知識」と「アプリオリな真理」という言い回しを両方とも使用していく。

さて、ここまでは用語を整理しただけで、実質的な議論はここからである。哲学者たちは、さきほど標準的と述べたアプリオリな正当化の定義に居心地の悪さを感じてきた。アプリオリな正当化をもつとは経験に基づかない正当化をもつことだ、という定義は否定的な特徴づけにすぎないからである。アポステリオリな正当化には、経験に基づいているという積極的な規定が与えられているのと対照的である。

経験に基づかないのがアプリオリな正当化だとして、それなら具体的にどういう正当化なのか。証明だろうか。しかし、証明はふつう何らかの前提から出発する。証明されない前提はどのように知られるのだろうか、そして、証明に利用される論理的な推論法則の正しさはどのように保証されるのだろうか。

これは無意味な問いではなく、何らかの答えを必要としている。

何らかの答えを必要としているかもしれないが、取り組むに値する重要な問題に思えない、と言われるかもしれない。先ほどの例文で挙げたアプリオリな真理は成り立つのが当たり前に思えるからである。しかし、その反応は二つの点で的を外している。

まず、すべてのアプリオリな真理が当たり前なわけではない。経験に基づかずに知ることのできる真な命題の中には、フェルマーの最終定理のように、複雑すぎて簡単には真かどうかわからず、数学者でなければ証明を追えないような真理も含まれる。逆に、アポステリオリな真理の方も、いま私の手元にあるマグカップが白いといった、取るに足らない真理から重力法則のように深遠な真理まで、さまざまである。

より重要なのは、ここでわれわれは、アプリオリな知識の内容ではなく、アプリオリな正当化の源泉、つまり、どのような要因によってアプリオリな正当化が成立するのか、を問題にしている、ということである。当たり前の知識（7+5 = 12 の知識）であろうが当たり前でない知識（フェルマーの最終定理の知識）であろうが、知識であるからには正当化をもたねばならない。アプリオリな知識に関しては、正当化の源泉が何なのかよくわからないし、正当化の源泉が一種類だけなのかどうかも明らかでない。例文（1a）から（6a）のアプリオリな知識は、経験とは別の何か一種類の正当化の源泉をもつのかもしれないし、すべて違う種類の正当化の源泉をもつのかもしれない。どちらが正しいのか、あるいは、どちらも間違いで、経験以外の正当化の源泉など存在しないのか。こうした問題が認識論の研究者の関心事となっている。

3　合理主義の伝統

3－1　合理的な洞察

アプリオリな知識は経験に基づかないのだとすれば、いったい何が正当化の源泉になっているのか。この問いに対して、合理主義（rationalism）と呼ばれる哲学の伝統は、合理的な洞察、あるいは合理的な直観という回答を提案してきた。「経験」という言葉で通常イメージされているのは、感覚器官を介して生じる知覚経験だが、合理主義の伝統に連なる哲学者によれば、われわれは感覚器官とは別個にアプリオリな知識を獲得するための特殊な器官を持っている。それが合理的な洞察である。われわれはこの器官を通して、7+5＝12のような算術の真理を直接的に捉えることができるのだ、と。

現代の哲学者の多くは、この仮説を神秘的で実質的にほとんど何も説明していない、とみなしてきた。そのため、現状では、この見解を支持する哲学者は少数にとどまっている。

合理主義者は、アポステリオリな正当化について哲学者が明らかにしたことも同じくらいわずかではないのか、と反論するかもしれない。しかし、そう言ったところでアプリオリな知識をもたらす合理的な洞察とされる特殊な器官の神秘性が説明されるわけではない。たしかに、「経験に基づく」というアポステリオリな正当化を特徴づける表現に不明瞭さが認められる。それでも、アポステリオリな正当化はアプリオリな正当化ほどには神秘的でない。経験に基づく正当化に関しては、知覚に基づいている、といった明確な例を挙げることができる上に、物体や出来事を知覚する因果的プロセスは生理学者によって研究されている。どうやって研究すればよいのか明らかでない特殊な器官を措定するのとは同列に並べられない（Devitt 2010, p.284）。

3-2　生得性は助けになるか

アプリオリな知識は合理的な洞察によって獲得される知識という特徴づけとは別に、生得的な知識という特徴づけもある。合理主義の伝統のもとでは、人間には合理的な洞察という能力が生得的に埋め込まれている、という仕方で、これらの特徴づけはセットになっていたが、この二つはいちおう区別することができる。

アプリオリな知識が生得性と結び付けられてきたということを理解するには、前章の最後に取り上げたプラトンの『メノン』を思いおこすとよい。ソクラテスは幾何学を学んだことのない召使いの子にいくつかの質問を投げかけて、元の正方形の二倍の面積をもつ正方形を作図させることに成功する。ただし、ソクラテスによれば、彼は召使いの子が獲得した信念の内容そのものを伝えてはいない。したがって、召使いの子は幾何学の命題を本当は生まれる前から知っていて、ソクラテスの質問をきっかけとして正方形を二倍にする作図法を思い出したのだ、とされる。

生まれる前からすでに前世で知っている、という超自然的な結論は受け入れがたく感じられる。幾何学の知識が獲得されるのは子どもが成長してからだいぶ時間が経ってからだろう。生得観念を否定した哲学者ロックは次のように述べた。

論理学や幾何学の公理が、われわれが最初に知る真理だとは思えない。同じ事物が存在しかつ存在しないことはできない、といった論理的真理を知るよりもずっと前に、見知らぬ者は母親でないと

か哺乳瓶は鞭ではないと確実に知る。そうでない者がいるのか。（『人間知性論』4巻7章9節）

生得的であるということが、生まれた時点から持ち合わせているという意味なら、この批判はもっともらしい。しかし、これが適切な批判だとすれば、同じ批判は文法能力の生得主義にもあてはまるだろう。なぜなら、われわれは生まれたときから文法的な発話ができるわけではないからである。前章では、ジャッケンドフの議論を参照しながら、教育の産物ではなく生物学的な発達の予定表に導かれることとして生得性を特徴づけた。この解釈に基づくなら、文法能力の生得主義はロックの批判を免れるし、文法能力の他にも生得的なものがあっても不思議ではない。ひょっとしたら、生得的な信念もあるかもしれない。

そこで、われわれの信念の中には遺伝子に組み込まれていて、貧弱な入力からでも発達するようにプログラムされているものもあると仮定しよう。しかし、信念は生得的というだけで「知識」の資格を持つわけではない。[6] 信念が通常の生物学的な発達過程で獲得されるというだけでは、その信念が正しいことまで帰結しないからである。生得的な信念が誤謬にまみれているということも論理的には可能であろう（Cowie 1999, sec. 1.4）。生得的な信念が知識であるためには、正当化がなければならない。

生得的な信念が単なる思いなしではなく知識であることを保証する有望な方法は、ダーウィン的な進化理論に訴えることである。どういうことか説明するために、まず、知覚能力について考察しておく。周囲の環境を適切に捉えることのできない、信頼性の低い知覚システムの持ち主は、この世界を生き延びて繁殖することはできないだろう。しかし、われわれの祖先はこの世界を生き残ってきた。ということは、そういう試練を潜り抜けてきたわれわれの知覚システムは、周囲の環境を適切に捉えるよう自然選択によってデザインされているはずである。さて、これと同じような議論が生得的な信念にもあてはまると考えるのは自然である。通常の環境で成長すると自然に獲得されるような生得的な信念が、なんの理由もなく獲得されるはずがない。そのような信念を抱くようになることには、生存と繁殖を助けるような効果があるはずだし、そのような効果がある信念は正しいと考える十分な理由になる。

この議論は説得的に思えるが、一部の哲学者はこの手の議論を警戒する傾向にある（戸田山 2002, pp.186–192）。彼らは、真理を追求するにはコストがかかるので自然選択は誤謬を許容する、と強調する。というのも、生物が暮らしている環境は、さまざまなノイズによる不確実性のもとでの選択を強いているからである。そういうケースでは、ある種の間違いに対する寛容が合理的な戦略でありうる。たとえば、無害な食べ物と見分けるのが難しい毒物が一種類だけある場合、ほかに食べられるものがたくさんあるとしても、その毒物と少しでも似ている無害な食べ物は警戒しようとするのは合理的だろう。なぜなら、無害な食べ物を毒物と勘違いすること（偽陽性）と、毒物を無害な食べ物と勘違いすること（偽陰性）は対称的でないからである。これは動物がごくふつうに直面するだろう問題であり、いま合理的と述べたのと同様の戦略が実際に採用されている。たとえば、多様な食環境で暮らしているラットのような雑食動物は、食事の後に具合が悪くなったとすると、食事の直前に食べたものと似たような味のものを避けようとする（第1章3節を参照）。彼らは、何が毒性をもつのかに関して性急な一般化を行う。

そこで、自然選択はより適応的なデザインを生み出すだけで、真理を追求するデザインを生み出すわけではないのだから、自然選択にとって真理など重要ではない、などと言われることになる。せいぜい真理と似たまがいものを追求しているにすぎないとか、そもそも真理は常に有用なわけではないとして、飛行機の出発時刻を間違って乗り過ごしたのだが、本来乗るはずだった飛行機が墜落事故を起こして命拾いするといった例が議論されてきた。これらは考えさせられる議論ではあるが、それでも、自然選択は真理を追求するデザインを生み出さないという結論は過剰反応に思える。一つの反論としては、真理の追究と適応の二つを両立不可能な選択肢として扱う必要はない、という応答が考えられる（Griffith & Wilkins 2015）。生物が真理を追求することはより適応的であるためにそうするのであり、両者は手段と目的の関係にある。したがって、自然選択は一定の制約のもとで真理を追求する認知システムを作り出すのである、と。このように考えるなら、真理と成功の間の概念的つながりを切り離す必要はなくなり、自然選択によって作り出された生得的な認知システムは単なる信念ではなく、知識を生み出すと言えるようになる。

もしチョムスキーが言うように文法能力ですら本能に類比的だとすれば、他の認知領域で諸々の課題に対処するための生得的な認知システムがわれわれには備わっていてもおかしくない。現代の認知科学者たちは、実際に生得的な知識を発見しつつあるのかもしれない（cf. Spelke & Kiuzlen 2007）。

しかし、これだけ話を引っ張っておいて、ちゃぶ台をひっくり返すようだが、生得的な知識は「アプリオリな」知識と何の関係があるのか、という根本的な疑問が残っている。生得的な知識が存在するとしても、生得的な知識とアプリオリな知識の外延がぴったり重なると考える理由はない。言語に関しては、よほどのひどい環境を別にすれば、どのような家庭で育てられようと誰もが本質的に同じ文法能力を獲得する、と推測できる。これに対し、どのような環境で育てられようと誰もが本質的に同じ数学能力を持つようになる、ということは期待できない（Tomasello 1999, p.45［邦訳：p.56］）。幾何学はそれほど人類に普遍的ではない。幾何学の知識が生得的だとするソクラテスの議論にしても、刺激の貧困を立証できているように見えない。召使いの子はソクラテスから単なるきっかけ以上の手がかり、結論に至るのに十分すぎる情報を得てしまっているように思われる。

現代の認知科学者は、刺激が貧しくても幾何学の知識を獲得できることを示すために、ソクラテスの召使とは別の事例を探そうとしている。スタニスラス・ドゥアンヌらは、アマゾンのムンドゥルク族（Mundurukú）の調査に基づいて、幾何学の概念や知識が生得的だと論じている（Dehaene et al. 2006）。小さな村に暮らすムンドゥルク族の人々は学校教育を受けておらず、定規やコンパスに接したことがない。彼らの言語には空間的な概念を表す語彙がほとんどなく、地図を描く習慣もない。それでも、彼らは幾何学的な概念（直角、平行線、円、台形、穴など）や地図を自然に理解できるという。たとえば、六つの図のうち、五つは特定の種類の図形（たとえば、台形）を描いており、残りの一つは別の種類の図形が描かれているとする。ムンドゥルク族の人々に仲間外れの図を選ばせるという課題を与えると、彼らは六分の一よりはるかに高い確率で正解を選ぶ。興味深いことに、正答率が子どもと大人であまり変わらず、また、ムンドゥルク族の正答率はアメリカの同年代の子どもの正答率ともあまり変わらないという。ドゥアンヌらによれば、この種の実験結果は、幾何学の概念や知識が人間精神の普遍的な要素であることを示唆している。

しかし、図形の分類や地図を読むことと、ユークリッドの『原論』で証明されている諸命題の間にはだいぶ距離がある。刺激の貧しさにもかかわらず獲得できる幾何学の知識があるとしても、ユークリッド幾何学のきわめて限定的な知識にとどまるだろう。どのような環境で育てられようと本質的に同じ数学能力を持つようになるとは期待できない、という先ほど確認した論点は揺るぎそうもない。

たしかに、現代の生得主義者は生得性を神秘的でない仕方で理解できることを示した。進化理論はそれに加えて生得的な「知識」が可能であることを示唆している。しかし、数学的知識の大半は生得的ではないので、アプリオリな知識を生得的な知識と同一視することはできない。[7] アプリオリな正当化の源泉を解明したければ、別の道を探るほうがよさそうである。

4　規約主義

合理的な洞察や生得性がアプリオリな知識を構成する条件にならないとすると、他にどのような条件が考えられるだろうか。合理主義の伝統に反旗を翻す一つの考え方として、アプリオリな真理は語の使い方を定める規約によって成立するというものがある。この考え方は規約主義（conventionalism）と呼ばれる。[8] 規約主義によれば、論理学や数学の真理はすべて、規約による真理へと煮詰めることができる。

4－1　数学は規約によって真なのか

規約とは何か。「一ヤードは三フィートである」という命題を例にとろう。われわれはこの命題が真であることを経験に基づかずとも知ることができる。では、なぜこの経験に基づかずに知ることができるのか。それは「一ヤード＝三フィート」が正しくなるように「ヤード」や「フィート」といった語の使い方を取り決めたからである。そのように取り決めたのだから、一ヤードが三フィートなのかどうかを観察して調べる必要などない。よって、経験に基づかない知識が手に入る。

アルフレッド・ジュールズ・エイヤーと晩年のラッセルは、大胆にも論理と数学の命題をこういった言語的規約の一種とみなすことを提案した。

どんな観察も命題7+5＝12を論破しえないということをわれわれが知っているのは、単に記号表現「7+5」が「12」と同義であるという事実に基づくものにすぎず、それは、眼科医（oculist）はみな眼医者（eye-doctor）でもある、というわれわれの知識が記号「眼科医」が「眼医者」と同義であるという事実に基づくのとまったく同じである。（Ayer 1952, p.85［邦訳 p.92］）

実際のところそれ［数学的知識］は、ただ単にコトバの上だけの知識に過ぎない。「3」は「2+1」を意味する。したがって（その証明は長いものになるけれども）、「4」は「2+2」と同じものを意味する、ということが証明されるのである。このように数学的知識は、神秘的なものではなくなり、一ヤードは三フィートである、という「偉大な真理」とまったく同じ性質のものであることになる。（ラッセル 1969, p.824）

しかし、彼らの提案には問題があるように思える。ふつう、規約とか取り決めと呼ばれるものは他でもありえたはずのものである。たとえば、現実には一ヤードが三フィートだが、「一ヤード」を「五フィート」と定めてもよかったはずである。規約、取り決めが意味をなすためには、このように複数の選択肢が想定できないとおかしい。数学はどうか。たしかに、たとえば、「5」で7を意味し、「7」で5を意味するように記号のルールを変えることはできる。こうすると、「7+5＝12」は相変わらず真だが、「5−7＝2」は真になる。しかし、このようにルールを変えたところで変わったのは表記法だけで、引き算そのものの本性は何も変わっていないと感じる。同じことをふつうは「7−5＝2」と言う。二つの文はどちらも同じ内容を表している。そして、われわれがアプリオリに知っているとされるのは、これら二つの文が表している内容である。

したがって、経験とは独立に何かを知ることができるのは規約による、と考える規約主義者が本来言わなければならないのは、「7+5」と「12」の同義性が恣意的な取り決めの産物だということだけでなく、むしろ「7+5＝12」という記号列で表現される内容の真理すら恣意的な取り決めの産物だ、ということのはずである。果たしてそんな取り決めが可能なのかという疑問もあるが、問題はそれだけではない。このように考える場合、算術に話を限定しても一体いくつの規約があるのか、という疑問も生じる。自然数が無限にあるのだから、7+5＝12のように自然数どうしの和に関する等式だけでも無限にある。ということは、算術の真理は無限にある。それらすべての真理をわれわれが規約として取り決めたと考えるのは、いくらなんでも無理がないか。

この疑問は、理論を公理化することで答えられるかもしれない。理論が公理化可能であるとは、有限個の命題から論理的に帰結する命題の集合がその理論と一致するということである。[9] 理論が公理化できるなら、無限の真理は有限個の公理の真理にかかってくる。そこで、公理は規約によって真であると定めたことにするのだ。この戦略だと、論理の正しさが前提されることになるが、それについては後で検討しよう（4－2節）。とにかく、数学固有の部分に関しては、規約によって成立するのだ、と考える。

数学理論の公理は規約によって真とみなされている、というこの説明は、群論や幾何学にはうまくあてはまるように思える。群論や幾何学の公理は特定の数学的構造（モデル）を念頭において立てられているわけではない。群論や幾何学の公理について、それらは端的に、われわれの取り決めとは無関係に真なのか偽なのか、と問うのはほとんど意味をなさない。むしろ、それらの公理を設定することによって、条件を満たすような数学的構造を主題的に研究するということを宣言する、という方が実情に即している。

ただし、この考えは算術（自然数論）や集合論にはあてはまらないように思える。群論や幾何学と違って、算術や集合論の公理に関しては、それは端的に真なのか偽なのか、と問うことはそれほど奇妙でないからである。算術や集合論の理論は条件を満たす数学的構造であれば何でもいいというわけではなく、それらの理論を解釈するのが標準的であるような特定の数学的構造（標準モデル）があると考えられることが多い。ところが、規約主義によれば、算術や集合論の公理も恣意的な約定によって真と取り決めただけであって、端的に真なのか偽なのかを問題にできるような性質のものではない。これは直観に反する。

ひょっとすると、このような疑問に対して規約主義者は開き直るかもしれない。われわれが小学校で習った自然数の計算ルールなど、しょせん他に無数にある計算ルールのうちの一つでしかない。算術や集合論を特別扱いするのは、数学教育によって押し付けられた習慣であって、特定の数学的構造を「標準的」と呼ぶのは文化的偏見にすぎない、と。

この応答に納得できるかどうかは疑問だが、他にも難点がある。そもそも、規約によって真とみなすという考え方にはどこか魔術めいたところがある。われわれは、どんな命題でも単なる取り決めによって真にできるのだろうか。どこかで歯止めをかけなければいけないはずである。たとえば、物理学や生物学など自然科学の理論を公理化することに成功したとしよう。しかし、自然科学の真理は経験的に知られるアポステリオリな真理だと思われるので、そうした理論の諸定理をアプリオリな真理とするわけにはいかないはずである。それでは、物理学の公理を規約による真理に分類することを阻むものは何なのか（Quine 1976, pp.100–103; Kemp 2006, pp.16–19）。この疑問に規約主義者がどのように答えるのかは定かではない。

仮に数学理論の公理が規約による真理だという立場が擁護できたとしても、規約主義の受難はまだ終わらない。ここまでの議論は論理の正しさを前提にして進めてきたからである。[10]

4－2　論理の正しさは規約によるのか

論理的真理はアプリオリに知ることができると思われる。したがって、アプリオリな真理は規約によって成立するという考えを貫徹するなら、論理も規約による真理と言わなければならない。

エイヤーは、三段論法が論理的に妥当な推論であることは、「すべて」「もし…ならば」といった論理語の使い方に関する規約によるとして、次のように述べた。

> 「すべてのブルターニュ人はフランス人であり、すべてのフランス人はヨーロッパ人であるならば、すべてのブルターニュ人はヨーロッパ人である」と言うとき、私はいささかも事実を記述していない。私は「すべてのブルターニュ人はフランス人であり、すべてのフランス人はヨーロッパ人である」という言明が、「すべてのブルターニュ人はヨーロッパ人である」というさらなる言明を暗に含んでいる、ということをそこで示している。そしてそれによって「すべて」と「もし」という語の使用に関する規約を示している。（Ayer 1952, p.79［邦訳 p.83］）

しかし、エイヤーは論理語の使い方に関する規約がどのようなものなのかを明示的に述べているわけではない。論理的真理が規約による真理なら、その規約は明示的に述べられねばならない。論理語の用法を定める規約とはいったいどんな規約だろうか。

たとえば、「もし…ならば」に関して、次のような規約を立てるとしよう。

MP：任意のx、y、zについて、もしzが「もしpならばq」の「p」にxを、「q」にyを代入した結果であり、xとzが真であるならば、yは真である。

規約MPは、たとえば

（7）もし善逸が一文無しであるならば、伊之助は一文無しである
（8）善逸は一文無しである

という二つの命題がともに真ならば

（9）伊之助は一文無しである

が真であることを保証するかに見える。たいていの人には、この説明で十分である。しかし、この説明で十分に思えるのは「もし…ならば」の論理を暗黙のうちに前提してしまっているからである。「もし…ならば」という論理語についてMPだけを教わった人物にはこの説明がのみこめないかもしれない。そんな彼女に、（7）と（8）から（9）を推論してよいのはなぜかを教えるとしたらどうなるか、想像

してみよう（キャロル 2005, pp.16–23; Quine 1976, pp.103f）。

まず、あなたは

（10）（7）は「もしpならばq」の「p」に（8）を、「q」に（9）を代入した結果であり、（7）と（8）は真である

ということ、そして、MPに現れる変数に（7）～（9）を代入した

（11）もし（7）は「もしpならばq」の「p」に（8）を、「q」に（9）を代入した結果であり、（7）と（8）は真であるならば、（9）は真である

という二つの前提が成り立つことを指摘して、（9）は真だと推論してよいのだ、と言う。しかし、あなたの教え子は、（10）と（11）から（9）が真であると推論してよいのはなぜか、と問う。教え子の新たな疑問に、あなたは

（12）（11）は「もしpならばq」の「p」に（10）を、「q」に（9）を代入した結果であり、（10）と（11）は真である

ということ、そして、MPに現れる変数に（9）～（11）を代入した

（13）もし（11）は「もしpならばq」の「p」に（10）を、「q」に（9）を代入した結果であり、

（10）と（11）は真であるならば、（9）は真である

という二つの前提が成り立つことを指摘して答える。しかし、あなたの教え子はまだ納得せず、（12）と（13）という前提から（9）が真だと推論してよいのはなぜかと問う。この問答はいつまでも終わらない。

論理が規約から導出されるなら、その導出にも論理が必要になるために無限後退に陥るのではないか。[11] こうして、規約によって論理・数学の真理がアプリオリであることを説明する試みは大きな困難に直面する。

5　意味理解からアプリオリな知識へ

5-1　規則に合致した振舞い

アプリオリな正当化の源泉を、言葉の使用法に関する規約に求める考え方は困難に直面した。しかし、言葉の使用法にはアプリオリな正当化の源泉と何らかの関係がある、という考え方自体はまだ死んでいない。命題の真偽は、たいていの場合、世界の側がどうなっているのかに依存するが、中には命題の中に現れている言葉の意味を理解するだけで真であることがわかる命題もあると言われる。そのような命題は「分析的に真」と呼ばれる（コラムを参照）。アプリオリな知識は分析的真理を知ることによっても

たらされるのかもしれない。これは今でも影響力がある考え方で、ポール・ボゴジアンはこの考え方を精力的に擁護している哲学者の一人である。ボゴジアンの考察はアプリオリな知識の中でも論理学の知識に限定されているのだが、それでも彼の考察には説得力があり、前節で指摘した規約主義の難点を避けることに成功しているように見える。

論理的真理をアプリオリに知ることができるとするボゴジアンの議論は、おおよそ次のようにまとめられる。

- 論理語の推論規則は論理語の意味の一部なので、論理語の意味を理解することは推論規則に合致した言語的振舞いを身に付けることを前提する。
- 論理的真理は論理語の推論規則によって自動的に成り立つ。
- したがって、論理的真理はアプリオリに知ることができる。

これらのポイントを順に追っていこう。

まず、ここで「論理語の推論規則」と呼んでいるものは、自然演繹の導入則と除去則である。論理語の導入則とは、その語を用いた命題を主張してよいのはどういうときなのかを特徴づける規則である。たとえば、「かつ and」の導入則とは何か。それは、「AかつB」という連言命題を主張してよいのはどういうときかを反省すると明らかになる。すなわち、「AかつB」を主張してよいのは、「A」を主張することができて、しかも、「B」を主張することができるときである。したがって、「かつ」の導入則はである。

$$\frac{A \qquad B}{A\ \text{かつ}\ B}$$

これに対し、論理語の除去則とは、その語を用いた命題が主張できるときには、そこからどのような主張をしてもよいのかを特徴づける規則である。ふたたび「かつ」を例にとると、「かつ」の除去則は、「AかつB」を主張できるときに、ここから何を主張できるのかを反省すれば明らかになる。「AかつB」を主張できるなら、「A」を主張できるし、「B」も主張できる。したがって、「かつ」の除去則は

$$\frac{A\ \text{かつ}\ B}{A}$$

$$\frac{A\ \text{かつ}\ B}{B}$$

である。

これらの規則が当たり前に思えるとしたら、それはあなたが「かつ」の用法をよく理解しているからである。おそらく、ここで挙げた二つの推論規則は「かつ」という論理語の意味の中核を構成している。論理語「かつ」の意味を理解しているからには、「かつ」の導入則と除去則に合致するような言語的振舞いを身に付けていなければならない、と思われる。少なくとも、これらの推論規則は、古典論理の支

持者であろうと直観主義論理の支持者であろうと合意できるくらいには一般的である。古典論理の支持者と直観主義論理の支持者は、論理語の意味ではなく、なにか別の事柄に関して意見が折り合わないのだろう。[12] 同様の考察は他の論理語にもあてはまるだろう。よって、論理語の推論規則はその語の意味の一部をなしている、と考えるのはもっともらしい。[13]

次に、論理的真理が論理語の推論規則によって成り立つという点だが、これは、論理語の推論規則に習熟していたら自動的に論理的真理にも同意する羽目になる、ということである。たとえば、「AかつB」という仮定から「BかつA」を推論することが論理的に正しいことは、以下の証明図から明らかになる。

$$\dfrac{\dfrac{A\text{かつ}B}{B} \qquad \dfrac{A\text{かつ}B}{A}}{B\text{かつ}A}$$

この証明図には「かつ」の除去則と導入則しか用いられていない。だとすると、論理語「かつ」の意味の中核をなすこれらの推論規則に合致した振舞いをする以上、この推論の全体を認めざるをえない。

しかし、論理語の推論規則が論理語の意味の一部をなしていて、そこから論理的真理が自動的に出てくるというのは規約主義と何が違うのだろうか。エイヤーは、論理的真理は論理語の使用を定める規約によって成り立つと言っていた。一見したところ、ボゴジアンの提案は規約主義とよく似ている。

この疑問には次のように答えられる。推論規則に合致した振舞いを身に付けることは、規約を明示的に述べられるということではないし、規約として成文化された命題を受け入れることでもない、と。前節の最後であなたを無限後退に陥れたあのわからず屋は、規約MPを受け入れてはいたが、「もし…ならば」の推論規則に合致するような言語的振舞いがまるでできていなかった。「もしAならばB」と「A」をともに主張できるとき、われわれはそこから「B」を主張できる。「もし…ならば」の意味を理解している人とは

$$\frac{\text{もしAならばB}\quad \text{A}}{\text{B}}$$

というモードゥス・ポネンスの推論規則（これは「もし…ならば」の除去則である）に合致するような言語的振舞いを身に付けている人のことである。このような振舞い方を身に付けることによって、人は論理的に正しい推論を行い、論理的な真理を受け入れる羽目になる。

そういうわけで、ボゴジアンの議論は、「推論規則に合致した振舞いをする」という概念にアプリオリな知識が成立する根拠をおいていることになる。[14] この概念はどこか神秘的なところがあって、実のところ、正確に特徴づけるのが難しい。たとえば、推論規則に合致した振舞いをするとは、かくかくの前提が成立したときにはいつでも必ずしかじかの結論を導く、ということではない。推論規則は基本的に、かくかくの前提からはしかじかの結論を導いてもよい、という許可の規則であって、いつでも当該の結論を導かなければならないという強制力はない。それに、われわれは論理に反する推論を誤ってしてしまう場合があるが、論理に反する推論をすることがあるからといって、それだけで論理語の意味を理解していないことにはならない。誤りを指摘されたときにその指摘を受け入れる用意があるなら、理解しているとみなしてよいと思われる。このように、推論規則に合致した振舞いとは言語共同体の中で行われる社会的実践である、とひとまず言うことができる。

言語共同体の中で行われる社会的実践に参加するとはどういうことか。これは難しい問いだが、少なくとも、論理学の推論規則に合致した振舞いをすることと単純に同一視するわけにはいかない。太陽系の惑星の運動はケプラーの法則に合致しているが、社会的な実践に参加しているわけではない。それと同じように、論理法則に合致した振舞いをするだけでは社会的実践に参加していることにならない。

たとえば、論理学や数学の定理を自動的に証明するプログラムを想像しよう。[15] たしかに、そのプログラムは論理法則に合致した振舞いをすると期待される。しかし、あるとき、おかしな定理を出力したとしよう。そういう場合、われわれは「ここのステップが間違っているぞ」などと叱責したくなる。そこでプログラムが「うっかりしていました、正しくはこうです」などと応答してくれればよいのだが、そういう反応ができなければ、そのプログラムは言語共同体の一員として社会的実践に参加しているとはみなせない、と言いたくなる。正しい論理学の定理を出力するだけのプログラムは便利な道具でしかなく、論理語の意味を理解していない。

5–2　論理以外のアプリオリな知識にも応用できるか

論理語に関するボゴジアンの議論は、仮にうまくいっているとしても、論理的真理をアプリオリに知ることができる、ということまでしか示せていない。しかし、アプリオリとされている知識は論理学の知識以外にもたくさんある。それでは、先ほどの議論を論理学以外のアプリオリな知識にも応用できないか、と考えるのは自然である。ボゴジアン自身がそう論じているわけではないが、この方向で少し検討してみよう。

数学に関しては、論理語の場合と同じような扱いができると期待できるかもしれない。うまくやれば、算術や集合論の公理に相当するような推論規則を立てることができるかもしれない。ただし、これは高度に技術的な話題になるので、本書では取り上げない。

仮に数学的真理を、数学の語彙の推論規則によって書き直すことができたとしても、われわれが知っているアプリオリな真理は論理・数学だけではない。たとえば、「xがyの東にあるならば、yはxの西にある」とか、「物体が同時に赤くかつ緑色であることはない」といったことをわれわれはアプリオリに知っていると思われる。なぜか。先ほどの議論を踏まえるなら、自然な答えは次ページの推論規則（1）や推論規則（2）に合致するように振舞うことが方角とか色を表す語の意味理解の中核にあるから、となるだろう。

いまの例は簡単に片づけられそうだが、それでは、「雷光が見えたら雷鳴が聞こえる」という知識は

x は時点 t で赤い
――――――――――
x は時点 t で緑でない

推論規則（1）

y は x の東にある
――――――――――
y は x の西にある

推論規則（2）

雷光が見える
――――――――――
雷鳴が聞こえる

推論規則（3）

どうだろうか。おそらく一般的な反応は、雷光が見えたら雷鳴が聞こえるというのは経験に基づく気象学の知識だからアプリオリな知識ではない、といったものになるだろう。私もそう思う。とはいえ、「雷光が見えたら雷鳴が聞こえる」といった当たり前のことにすら同意しない人がいたとしたら、その人は「雷光」とか「雷鳴」という言葉をひょっとすると知らないのではないか、と疑われても仕方がないのではないか、という考え方もできる。もしそうだとすると、上の推論規則（3）に合致した振舞いをすることが、「雷光」と「雷鳴」という言葉の意味理解を構成することになる。しかし、そうなると「雷光が見えたら雷鳴が聞こえる」という知識はアプリオリに分類されてしまう。これはまずい。やはり「雷光が見える」という前提から「雷鳴が聞こえる」と結論する推論規則は「雷光」と「雷鳴」の意味理解を構成するわけではない、と言うべきだろうか。

こうした考察は行き当たりばったりの印象を免れない。たしかに、意味理解を構成する推論規則があるという考え方は、一見もっともらしいのだが、日常的な語彙にかんして、意味理解を構成する規則とそうでない規則を明確に区別する基準を取り出すのは簡単にはいかないと思われる。それゆえ、通常アポステリオリとされる知識がアプリオリに分類されてしまう今のような事態を原理的に排除できない（cf. Fodor & Lepore 2001, 2007）。

日常的な語彙に関する以上の考察は、哲学者の仕事と無関係ではない。たとえば、2節で確認したように、多くの哲学者は、信念と真理が知識の必要条件だと

Sはpと知っている	Sはpと知っている
Sはpと信じている	pは真である
推論規則（5）	推論規則（4）

考えている。そして、このことは、知識に関して普遍的に成り立つアプリオリな真理だと言われている。そう言われるのはもっともらしい。哲学者はふつう実験をせず、安楽椅子の上に座ってじっくり考えているだけだ。安楽椅子に座ったまま行われる考察によって手に入る真理がアポステリオリな真理だとすれば、たしかに奇妙である。

しかし、仮にこれらの命題がアプリオリな真理だとしても、それは「知っている」とか「知識」という表現の意味理解によるのだろうか。もしそうだとすれば、上の推論規則（4）と推論規則（5）のような推論規則に合致した振舞いを身に付けていなければ「知っている」という語を理解しているとはみなされないことになる（Sは人を、pは命題を値にとる変数）。それは疑わしい。これらの推論規則に納得しない日本語話者もいるだろうし、知識について思索することに一般人よりも多くの時間を費やしてきた哲学者の中にも、信念と真理が知識の必要条件であるという考えを疑問視する人はいる。たとえば、図書館は知識の宝庫だが、本が信念を抱くことはないだろう。大昔の人々は大地が平らだと自分たちは「知っている」と言ったかもしれない。こうしたデータは、信念／真理が知識の必要条件である、というテーゼにとって不都合に見える（cf. Williamson 2007, p.168）。[16]

実際には、大半の哲学者が、信念／真理が知識の必要条件であるというテーゼを受け入れており、先ほど挙げた二つの事例は大した問題ではないと考えている。図書館が知識の宝庫だというのは比喩的な表現にすぎず、また、大昔の人々は「大地が平らだと知っている」と思っていただけで「大地が平らだと知っていた」わけではない、などと反論することができる。私自身はこの反論が基本的に正しいと思っているが、しかし、そのような反論が正しいかどうかはここでは重要でない。重要なのは、信念／真理が知識の必要条件であることを疑った哲学者がいるということ、そして、そういう哲学者たちも日常的な会話の中で「知っている」という表現を使って円滑に会話している、ということである。彼らは「知っている」という表現を理解していなかったわけではないはずだし、「知っている」という表現を大多数の哲学者とは異なる意味で使っているとは限らない。したがって、信念／真理が知識の必要条件であるということがアプリオリな真理だとしても、それは「知っている」という表現の意味理解に基づいているわけではない。

5−3　論理語の意味は推論規則によって捉えられるのか

以上の反論は、せいぜいのところ、アプリオリな知識というものが一枚岩ではないことを示しているだけかもしれない。論理・数学の知識はアプリオリな知識の中でも特異なグループをなしていて、特定の推論規則に合致した振舞いを身に付けることで達成される語の意味理解に基づいて獲得される。そのほかのアプリオリな知識については別個の説明を用意しなければならない、と。

これはありそうな話である。2節でも示唆したように、結局、アプリオリな知識は一枚岩ではなく、経験に基づかないという点においてのみ共通する知識なのかもしれない。それなら、否定的に特徴づけられるのも当然と言える。ボゴジアンの功績は、論理学の知識に関してだけでも、正当化の源泉をはっきりさせたことにあるのかもしれない。

しかし、そううまく話が運ぶとは限らない。「知識」に関して先ほど指摘したのと実質的に同じような問題が、論理語に関しても生じてしまうのではないか、という懸念がある。この方向でボゴジアンを批判しているのは、ティモシー・ウィリアムソンである。ウィリアムソンによれば、ボゴジアンは論理学の知識がアプリオリであることの説明に成功していない。

たとえば、ウィリアムソンは、モードゥス・ポネンスの推論規則に合致した振舞いをすることは「もし…ならば」を理解するための必要条件なのだろうか、と問う。ここで彼は、ある著名な論理学者がかつてモードゥス・ポネンスの反例を提示しようとした、という事実に言及する。それはこんな反例である（Williamson 2003, sec 2）。

アメリカ大統領選挙の世論調査によれば、一番人気は共和党のレーガンである。民主党のカーターが二番手で、共和党で出馬を検討しているアンダーソンは三番手につけている。この調査を聞いた人は、

「もし共和党が勝利するなら、それでもし次期大統領がレーガンでなければ、次期大統領はアンダーソンだろう」

「共和党が勝利するだろう」

と考えるだろう。しかし、「もし次期大統領がレーガンでなければ次期大統領はアンダーソンだろう」とは考えないだろう。二番人気はカーターなのだから。だとすると、これはモードゥス・ポネンスに対する反例である。

ウィリアムソンは、これが本当にモードゥス・ポネンスの反例になっている、とまでは言っていない。彼が指摘しているのは、著名な論理学者がこの例をモードゥス・ポネンスの反例として（権威ある学術

雑誌の中で！）まじめに提出した、という事実である。モードゥス・ポネンスに合致した振舞いをすることが「もし…ならば」の意味を理解することの必要条件なのだとすると、彼は「もし…ならば」の意味を理解していなかったことになるのか。そんなことはないだろう、と。

ひょっとしたら、モードゥス・ポネンスは「もし…ならば」の意味理解にとって中核的でないのかもしれない。「かつ」の除去則ならあまりも自明なので、疑う人などいないだろう。だとすると、こちらの方が論理語の意味を定める推論規則の例としてふさわしかったかもしれない（cf. Boghossian 2011）。しかし、ウィリアムソンはそのような譲歩すら許さず、「かつ」など他の論理語に関して同じような反例が構築できないと考える理由はない、と主張している。以下二つの例文を考えよう。

（14）ブースは禿げ頭のリンカーンを見て、そして（and）、彼を射殺した
（15）ブースはリンカーンを射殺した

（15）は（14）から「かつ」の除去則によって導かれる。したがって、（14）に同意する人が（15）に同意しないとすれば、彼は「かつ」の意味をそもそも理解していないことになる、とボゴジアンなら言うだろう。しかし、ウィリアムソンはそうとは言い切れないとし、トリッキーな反例を提示する（Williamson 2011）。老婆心から忠告しておくが、以下の例は相当に込み入っているので覚悟をきめてから読んでほしい。

ある人物（サイモンと呼ぶ）が、（14）に同意するが（15）には同意しないとする。われわれがサイモンとは初対面で彼のことをよく知らないとすれば、彼が何を言っているのか理解に苦しむだろう。リン

カーン大統領が一八六五年にジョン・ウィルクス・ブースという人物に暗殺されたことは広く知られている。（15）を否定するからには、サイモンはたぶん一風変わった歴史認識の持ち主なのだろう。ところが、サイモンは（14）には同意している。一見すると、これは明らかに筋が通らない。サイモンは「かつ」の意味を理解していないのではないか。

ウィリアムソンはサイモンが「かつ」を理解していないとは言い切れないとして、次のような解釈の可能性を指摘する。まず、（14）に現れている「禿げ頭」という言葉は、明確に禿げ頭とも禿げ頭でないとも言い切れない微妙な事例（ボーダーラインケース）を残しているという意味で、曖昧である。[17] ある人が禿げ頭だという命題は、その人がボーダーラインケースのときには真・偽の二値を割り振ることができない（真理値を欠く）、と考える余地がある。[18] サイモンはまさにそう考えていると仮定しよう。

真理値を欠く命題の存在を認めると、次に、そういう命題を部分に含む複合命題の真理値はどうなるのか、という問題が生じる。命題「A」が真理値を欠くとき、「AかつB」とか「もしAならばB」といった複合命題の真理値はどうなるのか。サイモンはこの問題に関して、真理値を欠く命題は古典論理の真理表ではなく、弱クリーネの三値論理の真理表に従って扱われるべきだと考えている、と仮定しよう。表4−1を確認してほしいのだが、弱クリーネ論理の真理表は、真・偽に関しては古典論理と同じだが、部分式が真理値を欠くとき（#）には全体も真理値を欠く。よって、「AかつB」は「A」が真理値を欠くならば、「B」がどうであれ、真理値を欠く。

A＼B	T	#	F
T	T	#	F
#	#	#	#
F	F	#	F

表 4-1 「A かつ B」に関する弱クリーネ論理の真理表

そして、他の人が真理値を欠く命題を主張したときには、どのように反応するべきなのかという問題がある。適当にうなずいておけばよいのか、それとも不同意を示すのが正しいのか。サイモンはこの問題に関して、不同意を示すのは相手が偽な命題を主張したときに限ると考えていると仮定しよう。彼は偽な命題に同意してしまうことがないように気を遣うが、偽ではないと判断した場合には適当に相槌を打つような人間なのである。

以上の準備作業によって、サイモンを合理的に解釈する道が開けた。サイモンはブースが暗殺の現場でリンカーンを見たと思っているが、リンカーンは禿げ頭のボーダーラインケースだと思っているとしよう。すると、「ブースは禿げ頭のリンカーンを見た」は真理値を欠いており、これを部分として含む（14）も真理値を欠く。サイモンは偽だと判断した命題以外には同意するので、（14）に同意する。しかし、サイモンの歴史認識によればリンカーン暗殺の犯人はブースではないので、彼は（15）に同意しない……。

この解釈は常軌を逸しているように思える。もちろん、ウィリアムソンもサイモンが奇妙な人物であることは認める。けれども、この反論のポイントは、サイモンとわれわれの不一致（disagreement）は果たしてお互いに使っている言葉の意味が違うことに由来するのだろうか、ということである。サイモンとわれわれの不一致は言葉の意味に関する不一致というよりも、理論的な問題に関する不一致なのではないか。すなわち、曖昧述語のボーダーラインケースはどのように扱われるべきか、真理値ギャップを認めることができるのか、他人の主張に同意するのはどういうときに限られるのか、そして、リンカーンを射殺したのは誰なのか。これらの問題に関してわれわれとサイモンは意見が一致していないのであって、「かつ」の意味理解は問題ではない、とウィリアムソンは主張する。

もちろん、サイモンのような人物が果たしてまともに論理語を理解しているとみなせるのか、というのは以上の説明では納得できない人もいると思う。実際、ボゴジアンとウィリアムソンの間では、このような事例の解釈をめぐって議論の応酬が続いた（Boghossian 2012; Williamson 2012）。

しかし、もしウィリアムソンの言うように、「かつ」の除去則ですら「かつ」の意味理解の中核にないのだとすると、論理語を理解しているとは結局どういうことなのか、という疑問が湧いてくるかもしれない。もっともな疑問だが、言葉の意味を理解するとはどういうことなのかは人工知能の研究者を悩ませている難問で、[19]いまだに解決の手がかりもおぼつかない。ウィリアムソンもはっきりしたことは言っていないが、言葉を理解しているかどうかを明確に判定するリトマス試験紙は存在しない、ということだけは確かだと主張している（Williamson 2003, sec. 5）。自然言語の言葉を理解することは、同じ言語共同体の他のメンバーと円滑にコミュニケーションする能力と密接に関係している。[20]この能力は明確な輪郭を持っておらず、無数のやり方で発揮される。論理語が逸脱的に用いられただけで言葉を理解していないということにはならないのはボゴジアンの議論を紹介したときに見た通りだが、逸脱に対する弁明は「ごめん、うっかりしていた」といった謝罪と訂正に限らない。論理学者が提示したモードゥス・ポネンスへの反例らしき事例とかサイモンの事例のように、標準的な用法からの逸脱に悪びれることなく、逸脱するのにはそれなりの理論的な理由があることを示せたなら、最初は困惑した聞き手も、少なくとも相手は言葉を理解していないわけではないらしい、と納得するかもしれない。

こうした回答にどこか煮え切らないものを感じる人もいるだろう。言葉の意味に対するわれわれの理解はそこまでルーズではなく、もっと明確な規範があるのではないか、という感覚を完全に棄てるのは難しい。とはいえ、言葉の意味の中核を構成する推論規則を特定する作業は簡単でないし、ウィリアムソンの言語観は現実の言語使用の実態に即しているようにも思える。意味理解をテストする明確な規範を求めるのは、「賢者の石」（Fodor & Lepore 2007）を求めるのと同じように望み薄なのだろうか。ここで結論を出すのは控えておこう。

6 急進的なアポステリオリ主義——ミルの数学論

経験に基づかないアプリオリな正当化の源泉は何か、という問いに対して、合理主義の伝統に反旗を翻した人々の一部は、言葉の使用法に解決の糸口を見出そうとしてきた。これに対し、合理主義の伝統から徹底的に離反しようとする人々は、アプリオリな知識がどのように特徴づけられるのであれ、そのような知識は存在しない、という方向で議論を進めている。彼らに言わせれば、経験に基づかない知識など存在しない。[21]

ジョン・ステュアート・ミルは、論理学と数学の真理がアプリオリであるという通念を否定した。ミルによれば、人間の精神は自然界の一部なのだから、世界についてのいかなる知識もアプリオリではありえない。論理学や数学の命題も、われわれが日常的に出くわす物理的対象についての命題でなければならない。

論理学と数学がアプリオリな真理から除外されると、残されるのはせいぜい「一ヤードは三フィートである」といった言語的規約くらいになりそうである。しかし、ミルはこうした言語的規約を「単に言葉のうえの命題 merely verbal propositions」と呼び、これらは厳密にいえば真偽を問うことすらできないと論じた(飯田 1989, p.38n22)。そうすると、アプリオリな真理の領域にはもはや何も残らないことになる。

では、論理学と数学が経験に基づくという主張はどのように正当化されるのか。ミルによれば、われわれがもつ基本的な知識獲得手段は「枚挙による帰納法」である。これまで多くの黒いカラスを見てきたが、黒くないカラスは一度も見たことがないとしよう。このときわれわれは、「すべてのカラスは黒い」と結論することができる。こうした推論を枚挙による帰納法という。枚挙による帰納法で得られる全称命題は、これまでに観察してきたこととこれから観察することが期待されることを簡潔に要約した記録にすぎない。

「すべてのカラスは黒い」というのはあまりにも単純なので、科学の知識の典型例とはいえないが、ミルによれば、原理的にはあらゆる知識が観察からの帰納的一般化に基づいている、と考えられる。論理学や数学ですらその例外ではなく、無矛盾律や排中律のような論理法則も本当は観察からの帰納的一般化に基づいている。われわれが無矛盾律の成り立たない世界など想像できないのは無矛盾律があまりにも普遍的に成り立ちすぎているので、それを疑う術を知らないからにすぎない。

しかし、アプリオリな真理をアポステリオリな真理に同化してしまうミルの立場は信じがたいというのが大方の意見ではないかと思われる。アプリオリな真理とアポステリオリな真理の間には直観的に明らかな違いがあるので、数学の命題が観察からの帰納的一般化であることを示そうとする試みは失敗するに決まっている、と言いたくなる。

たとえば、5×2＝10という等式がアポステリオリな真理なのは、五つのペアに見えるものを数えたときにはいつも一〇個あった、というこれまでの経験からの一般化だからだ、という議論がある。しかし、この議論は、「5×2＝10」と「五つのペアに見えるものを数えるといつも一〇個ある」の二つが同じことを言っている、という前提に基づいている、とエイヤーは論じる。そして、この前提は疑わしい。前者は感覚経験と関係のない純粋に数学的な命題だが、後者は観察からの帰納的一般化である。たしかに、観察からの帰納的一般化が間違うことならありうる。五つのペアに見えたものが、実際に数えてみると九個しかないということはあってもおかしくない。数えている間に一つ取り去られたのかもしれないし、数えている間にペアの一つがくっついてしまったのかもしれない。しかし、それは数学の命題が経験によって反駁されることを意味しない（Ayer 1952, p.75［邦訳 p.76f］; cf. フレーゲ 2001, 9節）。

この反論は説得的である。ただ、一つ気がかりなのは、「5 × 2 = 10」と「五つのペアに見えるものを数えるといつも一〇個ある」の二つが同じことを言っているという前提を疑うことはできるものの、この前提を疑わなければならない、ということを示すのはそれほど簡単ではないことである（Miller 2007, p.107）。4節で検討したように、エイヤー自身は「5 × 2 = 10」は規約による真理だと信じた。そのような規約を立てたのだから、それを否定するのは不合理だと言える。しかし、算術がアポステリオリだと信じるミルなら、そのような反論は論点先取を犯していると応じるかもしれない。

ミルの考えを論駁するには、論理や数学がアプリオリだという立場を何としても守り抜こうと努力するよりも、彼の考えを徹底させると不都合が生じると示して自壊させるのがスマートなやり方だと思われる。ミルに対して、アプリオリとされる真理すべてを観察からの帰納的一般化に落としこむことなど本当にできるのだろうか、と問うてみよう。これは古典数学の発展の成果を真剣に受け止める科学哲学者にとって、問うに値する重要な問題である。ミルはこの挑戦に応えることができるだろうか。彼の数学論に少しだけ深入りしよう。[22]

まず、幾何学について。たしかに一見したところ、点や線といった幾何学の対象は日常的に出くわす物理的対象とまったく異なっている。たとえば、紙の上に描かれる線は正確にまっすぐというわけではないし幅をもつのに対し、幾何学の線は正確にまっすぐで幅がないとされている。しかし、ミルによれば、このことから幾何学が物理的対象とは別の抽象的対象についての学問であるということにはならない。幾何学の線はわれわれが線を細くまっすぐ引こうとするにつれて近づいていく極限と考えられる。幅のないまっすぐな線は描けないが、その代わり、より細くよりまっすぐな線を描くことでもって理想への近似とみなす。そうすると、たとえば「三角形の内角の和は二直角である」といった幾何学の命題は、実物の図形にも近似的にあてはまるし、図形が理想に近ければ近いほどうまくあてはまるだろう。このような意味で、一般に受け入れられている幾何学の命題は経験からの帰納的一般化に他ならない。

算術についてはどうか。まず、数詞は「犬」や「赤」といった語と同じ一般名であり、数は物理的対象の集まりに対して適用される一般名だとされる。たとえば、「2」はあらゆる物体のペアに対して適用される一般名であり、「12」はあらゆる一ダースの物体に適用される一般名である。そして、「7+5 = 12」とか「7−2 = 5」といった等式は、物理的対象の集まり同士をつなげたり分離したりといった日常的な経験に基づいている。これまで経験したことのないような大きな数の和をとることもできるが、それは基礎的な公理から証明できるし、証明の出発点となる公理も日常的な経験からの一般化に他ならない。

ミルは、数学の命題がアプリオリな真理ではないという自分の見解が、一般に受け入れられた考え方でないことを自覚していた。たしかに、数学の知識はふつう証明によって獲得される。科学が最終的には観察や実験に基づくのとは違って、数学の知識は最初から最後まで部屋の中で完結する。しかし、彼によれば、数学の命題がアプリオリに見えるのは、われわれが数学の公理に相当するものを人生の早期からの経験で身近に感じていることからくる思い込みにすぎない。われわれは初等的な算術の命題が正しいことを示す証拠を、この世界に産み落とされたときから絶えず享受している。

さて、ミルの数学論がおおむね以上のように要約されるとすれば、彼の数学論には以下のような問題点を指摘できる。まず、幾何学に関してだが、われわれに描くことのできる線の細さには物理的限界がある。水素原子の直径（約〇・一ナノメートル）よりも細い線を引くことはできそうにないので、任意の太さ d の線について、d よりも細い線を描くことができる、という理想への近似はどこまでも追求できるわけではない。この批判に対して、物理的には不可能でも数学的には可能だという応答が考えられるが、そのように応答してしまうと、幾何学はわれわれが日常的に出くわす物理的対象についての研究だというのはどういう意味なのかがもはやわからなくなってしまう。

算術についてのミルの説明は、われわれが小学校で学ぶ単純な四則演算以上のものをほとんど視野に入れていない。そして、その四則演算についても、物理的対象の集まりを「つなげる」とか「分離する」という表現が正確に何を意味しているのかは不明瞭である。フレーゲは、「ドイツ帝国の盲人の数」という表現が有意味であるためには、ドイツ帝国の盲人すべてが一堂に会さなければならないのか、と言ってミルを皮肉った（フレーゲ 2001, 23節）。少なくとも、「つなげる」というのは時間的・空間的に近づけるという意味ではありえないわけだが、それでは一体どういう意味なのか、ということになる。より深刻に思われる問題は、自然数が無限にあるということを経験から正当化できないことである。たとえば、宇宙に存在するバリオンの個数は 10^{80} のオーダーであるという。これが物理的に可能な最大の物理的対象の集まりだとすれば、10^{80} より大きな自然数を扱うことはどういう意味で経験から帰納的に正当化できるのか疑問である（Potter 2003, p.8）。

したがって、幾何学と算術についてのミルの説明を受け入れるならば、数学はかなり制限されたものになる、と結論してよいだろう。幾何学が扱うことのできる線の太さには下限があり、算術が扱うことのできる自然数はたかだか有限である。たしかに、そのような帰結に居直ることは不可能ではない。経験によって正当化できるのは厳格有限主義の算術であり、これこそが正しい算術だと言うこともできないではない。しかし、そこまで頑張る必要があるとは思えない。次節で見るように、ミルのアポステリオリ主義を受け継ぎながらも現代数学の多くに対応できる、洗練された数学論が提案されているからである。

7 洗練されたアポステリオリ主義――クワインと確証の全体論

ウィラード・ヴァン・クワインは、ミルの急進的な立場とは異なったタイプのアポステリオリ主義を提案した。論理学や数学の知識がアポステリオリだと結論する点で、クワインはミルに同意する。しかし、クワインはミルのように論理学や数学の信念が枚挙による帰納的一般化から正当化されるとは考えていない。一九五一年に発表された論文「経験主義の二つのドグマ」において、クワインは科学理論の確証に関する新しい考え方を提案した。

7―1 確証の全体論：基本的な発想

日常的には「確証を得る」というと、何かが正しいと確信させる、かなり決定的な証拠を得ることを意味するように思う。科学哲学では、ある証拠が何らかの仮説を支持する材料となることを、「確証confirmation」という。証拠は仮説を非常に強く確証する場合もあればほんのわずかに確証する場合もある。ちなみに、証拠が仮説を支持しない材料となることを意味する用語は「反確証 disconfirmation」である。[23]

二〇世紀前半の科学哲学者たち（カール・ヘンペルやルドルフ・カルナップ）は、『プリンキピア・マテマティカ』に体現された演繹論理学に比肩するような帰納論理学を打ち立てようとした。演繹論理学の研究対象が論理的帰結関係だとすれば、帰納論理学の研究対象は証拠が仮説を支持するという確証関係である。当時の科学哲学者たちは、証拠命題Eが仮説命題Hを確証するのはどのようなときか、つまり、確証関係が成立するための必要十分条件を特定しようとした。こうして、確証理論を作ることが帰納論理学の課題となった。

しかし、クワインによれば、彼に先行する科学哲学者たちは、科学理論を構成する一つ一つの命題が感覚経験を通して直接的に確証または反確証できるというドグマにとらわれてきた。このドグマを否定するクワインは、科学理論は「個々独立にではなく、ひとつの団体として、感覚経験の裁きに直面する」(Quine 1980, p.41［邦訳 p.61］)と考えることを提案する。ここでいう「科学理論」は力学の理論とか遺伝の理論といった分野ごとに別々に立てられる理論ではなく、個々人が正しいと思っている命題、つまり信念の全体を念頭においている。

後年のクワインは、人の抱いているさまざまな信念が何らかの仕方で互いに関係しあっている様子をクモの巣にたとえて、「信念の網の目 web of belief」と呼んだ。信念の網の目は、個々人が正しいと思っているさまざまな命題(信念)を結節点とするネットワークである。感覚経験と強く結びついた信念は、ネットワークの周縁に位置する。しかし、ネットワークの結節点は他の結節点と縦横無尽に結びついているので、ある命題に同意したら他の命題にも同意することを迫られるかもしれないし、ある命題を否定したら他にも否定することを迫られる命題があるかもしれない。一つの信念を改訂することが、一見無関係と思われる話題に関する信念にまで間接的な影響を及ぼすこともありうる。二つの信念が絶対に無関係だと言い切ることはできない。

クワインの言っていることを理解するには、個々の信念がほかのあらゆる信念と縦横無尽につながりを持っている、というのは文字通りに受け止めなければならない、という点に注意してほしい。この考えは自明でもなければ、直観的でもない。クワインが正しければ、二つの話題が本当に無関係であることなどないのである。とはいえ、クワインの考えは無碍に否定できるものでもない。以下では、一見すると無関係な話題が実はつながりのあったということを示す(かもしれない)科学史上のエピソードを二つ紹介しよう(Robbins 2017, sec. 2.2)。

7−2　具体例:アメリカ先住民の記録と地球の年齢をめぐる論争

最初に紹介するのは、天文学と考古学の関連にまつわるエピソードである。北アメリカはニューメキシコ州のミンブレ(Mimbres)には、九世紀から一二世紀初頭に栄えていた先住民の遺跡があり、八〇〇個以上の陶器の破片が見つかっている。それらのうち二〇〇個ほどのお椀には狩猟や釣魚の様子を表した図像が描かれているのだが、とくに考古学者の興味をひいてきたのはウサギと思われる図像の描かれたお椀である。ウサギの足元には小さな黒い円が描かれており、そこからは二三本の線が放射されている。このデザインは何を意味するのか。

ミンブレで陶器の破片が発見されたのは二〇世紀前半だが、二〇世紀の終盤になって、テキサス大学の天文学者と考古学者のチームは、このデザインが天文現象を表しているという仮説を提示した(Wilford 1990; Antony 2003)。彼らによると、ウサギの図像は月を表している。日本では月面の模様をウサギになぞらえる風習があるので当たり前と思うかもしれないが、そうでない文化圏もある。しかし、ミンブレのアメリカ先住民もわれわれと同じように月面の模様をウサギになぞらえていたという。では、ウサギの足元に描かれた放射体は何を表すのか。ミンブレで先住民たちが暮らしていた時代に、月の周囲で何か変わった天文現象があったことを表しているのではないか。天文の古記録を調べると、たしかにそのような出来事がある。一〇五四年の超新星爆発である（SN1054、かに超新星）。超新星爆発は恒星の寿命が尽きたときに生じる大規模な爆発で、昼間でも見えるほど明るく輝くこともある。数ある天文現象の中でもきわめて珍しい部類に入る。SN1054は中国や日本で二三日間にわたって観測されたという記録が残っているが[24]、この二三という数はポットに描かれた線の数と一致している（！）。そこで、彼らはウサギのお椀の図像はSN1054の記録であると結論した。

アメリカ先住民が同時代の東アジア人とおなじ天文現象を目撃していたかもしれない、という仮説は以前から提起されてきた。これが本当だとすれば、天文学が考古学上の問題を解く手がかりになったことになるし、考古学上の発見が一〇五四年に超新星爆発があったという天文学上の仮説を支持する証拠になっている、とも言える。もっとも、東アジアの文字記録と比べるとアメリカ先住民の遺物は天文現象の記録と解釈するには根拠薄弱で、先住民のシンボルマークにすぎないという反対意見もある（斉藤1982, p.92）。

二つ目に紹介するのは、物理学と進化理論の関連にまつわるエピソードである。先ほどのエピソードは読者の失笑を買ったかもしれないが、こちらの例はもっと興味深い。

ダーウィンの『種の起源』が発表された後、物理学者のケルヴィンは地球の年齢は自然選択による漸進的な進化が起こるのに十分なほど古くはないと指摘した（1章1節）。初期の地球は何らかの衝突によって生まれた熱の影響で溶融状態にあったと思われる。鉱山や井戸から得られる観察結果は熱が地球内部から表面へと流れていることを示唆するので、地球は徐々に冷却されていったことで現在の状態になったはずである。そこで、ケルヴィンは、熱力学の法則を使えば地球が冷却に要した時間を推定できる、と考えた。地球内部から地表へと熱が伝わるメカニズムは熱伝導であり、熱伝導に関する数学的モデルは手元にある。あとは、地球内部の初期温度、深さに応じた温度の変化率、地球の地殻岩石の熱伝導率という三つのパラメータさえ与えられれば、冷却にかかった時間を計算できるはずだ。ケルヴィンは地球の年齢を九八〇〇万年と見積もり、データの不確定要素を考慮しても、二〇〇〇万から四億年の間に収まる、と主張した。

さらにケルヴィンは、太陽の年齢に関する考察も地球の年齢の推定値を支持すると考えた。太陽が輝くメカニズムは長い間謎に包まれていたが、ケルヴィンは太陽がもつ唯一のエネルギー源は力学的な重力エネルギーだと仮定した（ケルヴィン・ヘルムホルツ機構）。太陽は収縮によって熱という形で重力エネルギーを散逸させているので、いずれエネルギーが尽きる。「今のところ未知のエネルギー源が用意されない限り」、太陽は地球を一億年以上も照らしてはいない、とケルヴィンは結論づけた（リヴィオ 2017, p.116f）。

そういうわけで、ケルヴィンの議論が正しければ、地球の年齢は地質学者たちが思っているよりもずっと若いことになる。ダーウィンは大御所の物理学者から寄せられた思いもよらない反論に苦しめられ、うまく応答できなかった。

後から振り返ると、ケルヴィンの議論は地球内部の熱が均一に伝わるという誤った仮定に依拠していた。まだ不確かだった地球の内部構造について大胆な仮定を措いたのは性急であり、当時からすでに疑問の声はあがっていたのだが、ケルヴィンの議論は説得的だと考えられていた。転機となったのは、ラジウムの放射性崩壊がそれまで知られていなかった熱を生み出すという二〇世紀初頭の発見だった。

アーネスト・ラザフォードは数々の実験から、あらゆる放射性元素の原子には熱として放出される莫大な量の潜在的エネルギーが秘められていることを明らかにした。この発見により、ケルヴィンは地球の温度が低下する割合を過大評価していたと考えられるようになり、地球の年齢は大きく見直された。太陽が輝く仕組みも、間もなく確立された核融合理論によって解明され、太陽の年齢は大幅に伸びた。物理学上の問題が片付いたことで、地球の年齢を漸進的な進化が生じるのに十分長く見積もることが正当化され、ダーウィンの進化理論は無事に生き延びた。[25]

7-3　確証の全体論からの帰結

これら二つの事例は確証の全体論、すなわち信念の総体がひとつながりの巨大なネットワーク、網の目をなしているという考えにいくらか真実味を与える。どれほど緩やかにではあっても、どんな信念間にも何かしらのつながりがある、と。そこで、次に、もし確証に関するこうした見解が正しいとすれば、そこからアプリオリな真理の身分に関してどのような帰結が生じるのかを考察しよう。

実のところ、科学に関する信念がネットワークをなしているというアイデアは、クワインより前の哲学者も抱いていた。たとえば、エイヤーは「人が経験において検証される仮説について語る場合、観察が確言したりしりぞけたりするのは決してただ一つの仮説ではなく、常に仮説の体系であることを心にとどめておくことが肝要である」と述べている（Ayer 1952, p.94［邦訳：p.107］）。しかし、エイヤーは論理や数学の命題までもが経験による確証・反確証の対象になるとは考えなかった。エイヤーは論理や数学の命題が経験的に反駁される可能性を認めなかったし、ましてや論理や数学の命題が経験に基づいて知られるとは考えなかった。

エイヤーと違って、クワインは徹底して全体論にこだわった。科学理論は論理学や数学とも結びついている。物理現象を説明するのに、数学的な事実を引き合いに出すことはよくある。たとえば、雨粒を形成する理由を説明するには、表面張力という物理的な概念に訴えるだけでなく、球はある表面積で取り囲むことのできる立体としては最大の体積をもつという数学的事実に訴える必要があるだろう（Shapiro 2000, p.217［邦訳 p.289］）。論理学や数学が科学理論の一部だとすれば、科学理論が感覚経験の裁きに直面するときには論理学や数学も感覚経験の裁きに直面していることになる。不都合なデータが、数学や論理学の命題の改訂を促すこともありうる。クワインとパトナムは、一般相対性理論が時空の幾何学としてのユークリッド幾何学を退けたことや、量子力学を単純化する手段として量子論理が真剣に検討されたことなどを例に挙げている。[26] たしかに、実際には量子論理が多くの支持者を獲得することはなかったが、そのことはここで問題にしている論点とは関係ない。経験的な理由で論理学の命題を改訂することが「真剣に検討された」という事実が本質的である。

ここまでの考察は、論理学や数学の命題が経験的に否定されうるとは言っているが、それらを否定するのが簡単だとまでは言ってないことに注意してほしい。たいていの場合、論理学や数学の命題を否定するのは、マジシャンに手品を見せつけられて物理法則を否定するのと同じように、過剰反応である。そもそも、7+5 = 12 のようにあまりに初歩的な算術の命題が成り立たないなどという事態は、想像することさえ難しい。

しかし、クワインによれば、そういった見かけ上の改訂不可能性は数学的真理の形而上学的な本性に由来しているわけではなく、人間の心理に由来している。信念の網の目は周縁部で感覚経験と接している。周縁部があるなら中心部もある。論理学や数学の命題、そして、物理法則。信念の網の目の中心部に位置づけられるこれらの信念は、たまたま不都合な観察データが得られたくらいのことではぐらつかない。科学者は訂正が信念体系の全体に与えるコストを見積もるので、改訂しやすい命題を手始めに否定することで信念体系の整合性を回復しようとする。計器の調子が悪かったとか、サンプルに異物が混入したとか、不都合なデータを説明する理由は他にもいろいろ思いつくはずだ。そういう小手先の訂正ではどうにもならなくなれば、体系の中心部に位置する信念にも改訂のメスが入れられるだろう。

こうしてクワインは、論理学や数学の諸命題もアポステリオリである、というミルと同様の結論に達した。ただし、結論において一致していても、そこに至る筋道は二人の間で大きく異なっている。なお、ミルとクワインの間には他にも違いがある。本章の筋からはやや外れてしまうが、重要な論点なのでここで触れておきたい。

数学は哲学者に対して認識論の問題だけではなく、存在論（形而上学）の問題ももたらしている。それを理解するには、数学には存在主張がありふれている、という点に注目するとよい。たとえば、「10と15の間には二つの素数が存在する」といった主張を考えよう。この主張は完全に正しいことを述べているように思えるが、それでは、10と15の間に存在するものとはいったい何なのか。もちろん、数である。では数とは何か。「11」のような記号だろうか。しかし、アラビア数字を使わなくても数学を行うことはできる。どういう記号を使おうが、10と15の間に二つの素数が存在するという主張の正しさは変わらない。してみると、数は目で見たり耳で聞いたりできる具体的な対象ではなさそうだ。そこで、数は具体的対象ではないけれども、それでも何らかの対象だと言う人もいる。彼らによれば、数は時間・空間のなかにない抽象的対象である。数だけではない。図形や集合も含めて、数学的対象はすべて抽象的対象である、と。

これが満足のいく答えかどうかは議論の余地がある。数学を行うわれわれ人間は時間・空間の中に位置する人間である。なぜ人間に抽象的対象について考える能力があるのか。人間と抽象的対象の間にどのようなつながりがあるのかはよくわからない。そのため、数学の知識を神秘的でなくするためには、抽象的な対象など存在しないほうが都合がよいだろう。ミルは、数詞が物理的対象の集まりを表し、加法は物理的対象の集まり同士をつなげることである、といった仕方で数学言語を読み替えることを要請していた。

しかし、クワインは抽象的対象への指示を一切行わないという立場（唯名論）では科学の要請にこたえられないと考えた。なぜなら、物理学は実数で測定される量（力、距離、温度、圧力、加速度など）を数多く扱っているからである。これらの物理量の間の関係を述べる物理法則は方程式で表現される。実数なしで科学を行うことは不可能であるか、科学をいたずらに複雑にしてしまうことだろう。物理量の数値化が意味をなすということを最もうまく説明する仮説、それは実数が、関数が、集合が存在するという仮説であろう。

そのため、クワインは数学言語を額面通りに解釈することを容認する。彼は、数学がアポステリオリな科学の一部だと主張しつつ、抽象的集合が存在するという立場（プラトニズム）を同時に支持した。[27] ここで紹介した「不可欠性論証 indispensability argument」はプラトニズムを結論づける有力な論証の一つとみなされている（さらに詳しくは、Shapiro 2000 を参照）。

8 確証の全体論への批判

クワインの議論を参考に、アプリオリな真理がどう特徴づけられるのであれ、そんなものは存在しない、という見解をここまで紹介してきた。分野にもよるが、特に数学の哲学では、クワインの議論はいまでも北アメリカで大きな影響力を持っている。[28] しかし、クワインには批判者が大勢いるのだから、彼らの批判を多少とも見てみないことには、アプリオリな真理など存在しないと結論するわけにはいかない。

クワインのアポステリオリ主義には、穏健な反論とラディカルな反論がありうる。穏健な反論は、確証の全体論を認めたとしても、そこから論理や数学の知識がアポステリオリであることは帰結しない、という。たしかに、信念のネットワークが経験的に確証されるとき、論理や数学の命題も同時に確証されるとすれば、その場合、論理や数学の信念はアポステリオリな正当化をもつだろう。しかし、同じことがアプリオリに知られることもあれば、アポステリオリに知られることもあるのだから、論理や数学の信念がアプリオリな正当化をもつ可能性が消えるわけではない（Casullo 2010）。

これはまっとうな指摘だと思う。しかし、アポステリオリ主義者は、それなら論理や数学の信念がアプリオリな正当化をもつとはどういうことなのか説明してもらおう、と応答するだろう。この挑戦に応答するのが簡単でないことはすでに見た通りなので、これ以上深入りしない。以下では、確証の全体論そのものに疑いの目を向けるラディカルな反論を二つほど検討する。

8−1　全体論は不整合に陥る

最初に取り上げるのは、確証の全体論を貫徹すると不整合に陥るという批判である。クワインは量子力学を単純化する一手段として、論理法則を改訂することも検討されてきたという歴史的事実を指摘していた。この指摘は本当にどんな論理法則でも改訂の可能性を免れないことを示しているのだろうか。前件肯定式のように根本的な論理法則が、観察や実験を通じて改訂することを真剣に考えねばならなくなるような状況を想像するのは難しい。

これだけの批判なら想像力の貧困ということで済んでしまうかもしれない。しかし、信念の「改訂」は何かしらのルールに則って行われるべき作業ではないだろうか。そのルールの中に具体的に何が含まれるのかはただちに明らかでないとしても、どこかで改訂の可能性を免れた論理法則のようなルールがなければ、信念の「改訂」ということがそもそも意味を失ってしまうのではないか。

この種の全体論批判は何人かの論者が展開しているのだが、[29] ここではジェロルド・カッツによる比較的新しい批判を紹介する（Katz 2000）。カッツは、クワインの認識論には

無矛盾の原理（N）：信念体系が矛盾していたら、改訂しなければならない
普遍的改訂可能の原理（R）：あらゆる信念が改訂可能である
単純性の原理（S）：信念体系の整合性を保つにあたり、必要最低限の改訂で済ませるべし

という三つの構成要素があるとしたうえで、次のようにクワインを批判する。

普遍的な改訂可能性のもとでは、無矛盾性の原理は原理的に改訂可能である。もしこれが原理的に改訂可能なら、それを再評価するための信念改訂の論証がありうる。しかし、無矛盾性の原理は構成的原理であるから、論証の前提に表れるにちがいない。だが、体系中のある信念を改訂することが正しければ、その信念はずっと間違っていたのであり、もしそれがずっと間違っていたなら、健全な論証の一部ではありえない。信念を改訂するための論証は健全ではなく、改訂の根拠を与えないであろう。したがって、無矛盾性の原理を改訂するための健全な論証はありえず、それは改訂に開かれていない。にもかかわらず、あらゆる信念は改訂可能であるから、無矛盾性の原理は改訂可能でなければならず、したがって、それは改訂可能かつ改訂可能でない。(Katz 2000, p.73f)

残念ながら、この議論はあまりわかりやすいとは言えないし、カッツのクワイン批判を細かく検討したマーク・コリヴァンは、カッツのクワイン批判はどのように好意的に解釈したとしても致命的ではない、と結論づけている(Colyvan 2006)。それでも、論理を改訂するというのがどういう営みになるのかを考える材料としては悪くないので、コリヴァンの整理を参照しながら、やや詳しく取り上げておく(以下の議論はややテクニカルなので、難しければ次節に移ってもよい)。

三つの原理N、R、Sを集めた集合をCとしよう(C = {N,R,S})。カッツは、適当な信念集合BとCの和B∪Cが与えられたときに、そこからNの否定(not-N)を導く論証

$$B \cup C \vDash \text{not-N}$$

は健全ではありえないから不条理だ、と言っているように見える。

しかし、一般に、「P」という仮定から「Pでない」を演繹すること自体に問題は何もないはずだ。背理法（帰謬法）において、われわれは「P」という仮定から「Pでない」を演繹することで、当初の仮定である「P」が偽であるという結論を下すのである。

カッツは、信念改訂に関する「構成的」な原理を前提に用いて、その原理を改訂するという点を問題にしているのかもしれない。無矛盾性の原理は、背理法を用いる根拠とみなすことができる。ということは、背理法によって、背理法を正当化する当の根拠を否定していることになる。

この批判は、論理法則を改訂するのにも論理学が必要になるから、論理法則を改訂することなどできない、という一般的な議論の一形態と見なすことができる。これは古典論理に問題があると考える人がしばしば直面する問題である。しかし、これが解決不可能な難問とは思えない。たとえば、排中律や二重否定除去則を問題視する直観主義者は、妥当と考える論理法則が古典主義者とは異なっているけれども、前件肯定式をはじめとして、無数の論理法則については古典主義者と直観主義者は合意をみているのだから、何から何まで異なるわけではない。古典論理に含まれる特定の論理法則を問題視するには、古典論理のリソースすべてを使わなければならない、という状況にでも陥らない限り、古典主義者と直観主義者はまともに議論を交わすことができるだろう。同じことは、無矛盾性の原理を放棄している矛盾許容論理の支持者についても言える。[30] 矛盾に陥ることが問題視される主な理由は、矛盾からは何でも導かれるという爆発則（EFQ）による。嘘つきのパラドックスをはじめとする数々のパラドックスが存在することから、矛盾許容論理の支持者はどうあがいてもわれわれは矛盾から逃れることができないと考えて、爆発則の根拠になっている選言三段論法を否定する。[31] もちろん、たいていの論理学者はこれを過剰反応だと考えるけれども、このような筋道で無矛盾性の原理を放棄することもできるということ自体は十分に理解できる。

無矛盾性の原理（N）を否定することの不条理性を指摘しようとするカッツの議論は、すべての信念は改訂可能であるという原理（R）が諸悪の根源であることを示しているのかもしれない。Rを仮定することで、Nは改訂可能かつ改訂不可能であることが示された。これは矛盾だから、Rを否定しなければならない。Rの仮定からRの否定が導かれたのだからRは自己論駁的である。

しかし、Nが改訂可能でないことを示すカッツの議論はあまり説得的でなかったし、仮にその議論を受け入れたとしても、このような形でRを否定するのは単なる背理法であって、Rそのものが自己論駁的であるということとは別である。コリヴァンはこの点を説明するために、普遍的な改訂可能性の原理の改訂を、民主的なプロセスにのっとって民主主義を否定することになぞらえている。民主的な国家において実施された選挙で、当選した暁には独裁者になることを公言している人物が立候補したとしよう。たいていの場合、そのような立候補者は有権者の相手にされないが、あるとき、大勢の有権者がそのような危険人物に投票して、彼(彼女)が当選してしまったとしよう。そうなると、もう後には引き返せない。クーデターでも起こさない限り、もとの民主的な政体には戻れない。しかし、このような事態の推移を想像できるということは、民主主義のある種の弱点を示しているとはいえ、民主主義が論理的な矛盾ゆえに自壊せざるをえないことまで示しているわけではない。民主主義のパラドックスは、論理学におけるパラドックスではない。さて、たしかにわれわれは、普遍的な改訂可能性の原理Rにのっとって、Rを改訂することもできるだろう。たとえば、Nのような原理が改訂不可能であることが示されれば、Rは否定される。そして、Rを否定してしまえば、もう元には戻れない。しかし、そういう形でRが否定される状況をイメージできるからといって、Rは自身が抱える矛盾によって自壊しているわけではない。

8-2 全体論は科学の実践を適切に捉えていない

クワインの確証の全体論には、気味の悪い（bizarre）確証理論だという批判もある。エリオット・ソーバーは、あの手この手で全体論の気味の悪さを際立たせようとしている（Sober 2000）。彼が提示している論点の中から二つほど拾ってみよう。

ソーバーは次のように指摘する。クワインのような全体論者はしばしば、科学理論が経験的証拠によって支持されるときには、数学もまた経験的証拠によって支持（確証）されているのだ、と言う。なぜそう言えるのかと問われれば、きっと次のような答えが返ってくるだろう。たとえば、相対性理論は経験的証拠によって支持されている。そして、微積分は相対性理論において不可欠な地位を占めている。だから、微積分は経験的証拠によって（間接的に）支持されているのだ、と。この推論は

（SC）EはHを確証する。HはMを含意する。よって、EはMを確証する。

という形をしている。[32] しかし、この推論の正しさは自明ではない。少なくともベイズ確証理論とは整合的でない。ベイズ確証理論は確証を、仮説が真である確率を証拠が上昇させることとして捉える。このアイデアは次のように定式化される。

EがHを確証するのは、Eのもとでの Hの条件つき確率がHの確率より大きい（Pr(H|E) > Pr(H)）

とき、そのときに限る。

確証関係をこのように定義すると、先の推論図式（SC）に対する反例が作れる。たとえば、五二枚のトランプのデッキから一枚のカードをランダムに引くという場面を考えよう。私は、引いたカードがハートの7であると推測したとする。この仮説が正しい確率は五二分の一である。ここで、カードの中身を私はまだ見ていないのだが、こっそり盗み見たあなたが私に、そのカードは赤だと教えてくれたとする。いまやハートの7仮説の確率は二六分の一に上昇するから、あなたがくれた情報はハートの7仮説を確証している。ところで、私のカードがハートの7であるとすれば、私のカードは7であろう。しかし、あなたがくれた情報は、私のカードが7である、という仮説を確証するわけではないと思われる。なぜなら、私のカードが赤であるときにそれが7である条件付き確率は、私のカードが7である確率と同じ一三分の一で、確率が上昇していないからである。したがって、ベイズ確証理論にしたがえば、（SC）にしたがう推論は誤謬である。科学理論の全体が経験的証拠によって支持されるという前提（確証の全体論）から、科学理論の一部である数学が経験的証拠によって支持されるという結論を導くことはできない。

この議論の弱点は、ベイズ確証理論を現実の科学の営みにも適用できるのかという点にある。科学上の仮説はしばしば数奇な運命をたどるからである。それでも、ベイズ主義者たちは、歴史上の事例にベイズの定理を応用して、特定の仮説について科学者が抱く信念の度合いが新たな証拠によってどのように変化したのかを合理的に再構成することを試みてきた。[33]

たとえば、プラウトの仮説である。これは、すべての元素の原子量は水素の原子量の整数倍であるという仮説である。プラウトの仮説は、精密な測定によって塩素の原子量が水素の三五・八三倍であるという結果が得られたことで、反証されたかに見えた。しかし、この仮説をたてた一九世紀の化学者ウィリアム・プラウトは、塩素に関する測定結果を前にしても自身の仮説を捨てなかった。彼は不都合な結果を、測定のミスなど他の原因によるものと考えた。実際、塩素には複数の同位体が自然界にあるため、原子量の平均が水素原子の整数倍にならない。とはいえ、これは後知恵である。不都合な証拠を前にしたプラウトの反応は、合理的な反応といえるだろうか。これはチャレンジングな問題だが、ベイズ主義者たちは果敢にも、プラウトの反応を合理的にする信念モデルを提示している。[34]

ただし、そうした試みには批判も多い。[35] おそらくクワインは、ベイズ確証理論を端的に受け入れないだろう。彼は「二つのドグマ」の中で次のように述べていた。

> 私はまた、壺の中の黒と白の球といった紋切り型の例以外のところでは、総合的言明の経験的確証についての明確な理論を得ることがいかに失敗続きであったかということも痛感している。(Quine 1980, p.41f［邦訳 p.62］)

たしかに、トランプカードのような事例に基づいて、証拠による仮説の確証や反確証に関する形式的なモデルを作るなら、(SC) の推論形式への反例を作ることはできるのだろう。しかし、彼は、こうした人工的で単純な事例をもとに作られた確証理論が現実の科学者の実践にまで単純に応用できるとは考えなかった。

ソーバーは、経験的証拠が確証するのは科学理論全体だ、という確証の全体論そのものに向けた批判も提示している。たしかに、科学の仮説Hをテストにかけるには、そこから何らかの観察可能な帰結Eを引き出さなければならないし、H単独ではふつう観察可能な帰結は導出できないので、何らかの補助仮説A_1, A_2, …, A_nが必要になる。そこまでは文句なく正しい。そして、補助仮説の範囲には明確な境界線がないというのもおそらく正しい。ソーバーは、ここまでは純粋に論理的なポイントとして認めるが、この論理的なポイントに対するクワインの解釈に疑いの目を向ける。

クワインによれば、Eが得られたときに確証されるのはHではなく、Hと補助仮説を合わせた{H, A_1, A_2, …, A_n}である。そして、Eと矛盾する観察が得られたときには、{H, A_1, A_2, …, A_n}に含まれるどの命題を改訂しても、原理的には構わないとされる。しかし、科学者は膨大な数の補助仮説に依拠しつつも、特定の仮説だけをテストにかけようとするものではないだろうか。仮説Hをテストにかけるとき、科学者は無数の補助仮説を前提として不問に付しておき、ごく限られた数の対抗仮説（たとえば、HとH′の二つだけ）のどれが正しいのかを観察・実験によって確かめようとする。

たとえば、一つの思考実験としてこんな会話を想像してみる。

A「アインシュタインの理論によれば、皆既日食は○○時××分△△秒に観察される」
B「ニュートンの理論からの予測は？」
C「○○時××分□□秒です」

この仮想的な会話に参加している科学者たちは、数学はもちろんのこととして、彼らがいる地点の座標とか時計の精度など、かなり多くの命題を前提しているに違いない。彼らが興味をもっているのは、アインシュタインの理論が正しい予測を導くのかどうかである[36]。

仮想的な科学者どうしの会話の考察から示されるのは、経験的証拠による確証や反確証は、証拠と科学理論全体の間の二項関係というよりも、証拠と特定の仮説と会話の文脈との間の三項関係である、ということである。科学者が仮説をテストにかけるたいていの場合において、数学は文脈の中にしか入ってこない。

確証は三項関係であるというソーバーの指摘は、科学者の営みをうまく記述しているように思える。しかし、これが確証の全体論をどういう意味で退けるのかはそれほど明らかではない。筋金入りの全体論者なら、補助仮説については不問に付しておく、という決定そのものもまた一つの仮説である、と反論するかもしれない。そう考えれば、証拠によって確証されたり反確証されたりするのは、あくまでも科学理論全体であって、特定の仮説ではないことになるだろう。

確証が三項関係だとしても、論理や数学の命題がテストにかけられる場面はあるのではないか、という疑問もある。実際、ソーバーはそういう可能性を認めている。彼が例に挙げるのは、一九世紀の数学者ジョゼフ・プラトーの研究である。閉曲線で囲まれた曲面のうちで面積が最小のものを「極小曲面」というが、プラトーはある複雑な閉曲線Cの極小曲面が何なのかを知りたかった。彼はその問題を解くために、石けん膜は極小曲面を形成するという仮説を立てた（プラトーの法則）。そして、問題の閉曲線の形をした針金のフレームを作って、それを石けん水に浸したときにできる膜の曲面がどうなるか実験したのである。この場合、「Cの極小曲面はsである」、「Cの極小曲面はs'である」といった数学の仮説がテストにかけられている、と言える。ソーバーは、このような事例は例外的であって、7+5＝12のような算術の単純な等式がテストにかけられることなどありえない、と主張している。しかし、何がテストにかけられうる命題で、何がテストにかけられえない命題なのかを区別する基準はあまりはっきりしない。

確証の全体論にはまだ検討すべき点が残っているが、この辺りで検討を切り上げておく。私自身は確証の全体論にいくらか共感しているのでバイアスがかかった評価になるが、確証の全体論を決定的に論駁するような論証を組むのはそう簡単ではないと思う。ただし、ソーバーが指摘するように、全体論は科学理論の確証に関する常識的な考え方から相当にずれているということは否定できないとも思う。これは、アプリオリな真理にまとわりつく神秘的な見かけを嫌って、経験に基づくアポステリオリな真理という比較的問題のない領域に引きこもる代償と言えるかもしれない。

9 アプリオリとアポステリオリの区別は表層的か

ウィリアムソンは、アプリオリな真理など存在しないと主張したミルやクワインとは異なる観点から、アプリオリとアポステリオリの区別について批判的な考察を行っている。ウィリアムソンによれば、アプリオリとアポステリオリの区別はたしかにあるが、この区別は植物を色によって区別するようなものだ、と述べている。植物を色によって区別することはもちろんできるが、色による植物の分類は表層的であり、生物学者にとって有用な分類方法とはならないだろう。それと同様に、アプリオリとアポステリオリの区別はたしかにつけられるが、認識論において特別な意義をもつわけではなく、表層的な区別にすぎない。よって、経験に基づく知識とは根本的に異なる種類の知識について探求しようというプロジェクトそのものを見直すべきである、とウィリアムソンは結論づける。

ウィリアムソンは5節でも取り上げた哲学者だが、奇抜な具体例に面食らった読者もいるかもしれない。しかし、5節の具体例は、言葉の意味を理解しているかどうかを明確に判定するリトマス試験紙はないという言語観に基づいて緻密に作られていた。ここで紹介する議論も一見すると相当に特殊であり、いったいどこへ向かって議論を進めているのかと困惑するかもしれない。しかし、その背後には、知識を獲得する手段としての想像力、という興味深いアイデアが潜んでいる。

9-1 ウィリアムソンの議論

ウィリアムソンの議論を検討するための準備作業として、そもそも知識が経験に「基づく」とか「基づかない」とはいったいどういう意味なのかを検討しておこう。実際、「アプリオリ」という哲学用語にはじめて接したときに、こうした疑問をもった人もいると思う。たしかに、日本語の話者なら、「すべての独身男性は結婚していない」ということを知っている。しかし、それを知るために本当にいっさいの経験が不要なわけがないだろう、と言いたくもなる。「独身」とか「男性」とか「結婚する」といった語彙の意味がわかるようになるのには、何かしらの経験が必要ではないか。

とはいえ、こういう疑問を抱いたとしても、2節で挙げたような例文のペアを見せられれば、それらの命題の知り方、あるいは、知るのに必要となる経験には根本的な違いがあると感じるものだ。おそらく、次のように考えるのは自然である。aとbのどちらに属するのであれ、それらの命題が真かどうかを判定するには、少なくとも例文の意味がわかっていなければならず、そのためには経験が必要である。しかし、bに属する命題が真かどうかを判定するには、さらにそれ以上の経験が必要だと思われる。そこで、何かをアプリオリに知るときに経験が果たす役割と、アポステリオリに知るときに経験が果たす役割を、ウィリアムソンにならって、「補助役割 enabling role」と「証拠役割 evidential role」と呼んで区別しよう（Williamson, 2013, sec.2)。

標準的な見解によれば、物事の知り方は経験が純粋に補助役割しか果たしていない場合と、証拠役割を果たしている場合の二つに分類される。そして、この区別がアプリオリな知識とアポステリオリな知識の区別に対応する。たとえば、以下二つの例文を比べよう（Williamson, 2013, sec. 3)。

（6 a）水色のものはすべて青い

（6 b）最近発行された『人名図鑑』の表紙はすべて青い

水色の定義には青色の一種であるという条件が含まれているので、（6 a）はアプリオリに知ることができる。これに対して、『人名図鑑』の定義には表紙の色は含まれないので、（6 b）は最近発行された冊子の表紙を調べることでアポステリオリに知られる。しかし、典型的にアプリオリな知識と典型的にアポステリオリな知識であっても、それぞれの知り方を詳しく調べてみると違いはそんなに大きくない、とウィリアムソンは言う。

たとえば、ある人物（ノーマンと呼ぼう）は「水色」と「青い」という言葉を因果的に独立した別個の機会に、色見本か何かを直示されることによって習得したと仮定する。ノーマンはまだ見たことのないものでも、それが水色なら「水色」と、それが青いものなら「青い」と判断できるようになっている。そんな彼に、「水色のものはすべて青いだろうか？」という質問を投げかけたとする。彼は水色を青の一種とみなす意味論的な規則を習っていないので、このような問いを考えたこともなかったが、水色の物体を識別するときの、そして、青色の物体を識別するときのやり方について反省し、想像力を働かせることで「イエス」と答えた。ノーマンは水色のものはすべて青いと知っているように思われる。

ノーマンの（6a）の知識において、経験は証拠的な役割を果たしていると言いたくなるかもしれない。しかし、ウィリアムソンは、ノーマンはエピソード記憶の大半を失っていて、水色のもの・青いものを過去に見たことをまるで覚えていないかもしれない、という想定を付け加えることで、この回答を退ける。ノーマンは、自分がいついつに見た水色のものはたしかに青かった、と言えるような経験を何一つ引き合いに出すことはできない。それなのに、頭の中で想像をめぐらせることで、水色のものはすべて青い、という判断を引き出すことはできる。ノーマンの（6a）の知識において、経験が純粋に証拠的な役割を果たしているとは言いがたい。むしろ、証拠未満の役割しか果たしていない。

とはいえ、ノーマンの（6a）の知識において、経験の果たしている役割が、純粋に補助的であるとも言いがたい。ウィリアムソンはここで、ノーマンとは対照的な、ノーバートという別の人物を想定する。ノーバートは水色のもの、青いものを弁別するという経験をノーマンほど積んでいない。そのせいで、物体の色を水色と判断しておきながら、青色でないと判断するということがある。よって、彼は（6a）を知らない。ただし、ノーバートは水色が青色の一種だということを聞きかじっていて、少なくとも会話を交わすだけなら、彼は「水色」「青色」という語の用法に習熟しているとみなせるまでになっている。ノーバートと対比してみると、ノーマンが（6a）を知るにあたって、経験の果たす役割は純粋に補助的とは言えない。むしろ、補助的以上の役割を果たしている。

次に、（6b）がどのように知られるのかを考察する。ウィリアムソンはここでも（6a）の知識とパラレルに事例を組み立てる。まず、ノーマンは、「最近」「発行」『人名図鑑』「表紙」「青い」という言葉を独立の機会に学んだとする。彼は「最近発行された『人名図鑑』」と「表紙が青い」を結び付ける一般的な規則を学んだわけではない。これまでの経験から、最近発行された『人名図鑑』を識別できるようになり、表紙が青い本を識別できるようになったとする。そこで、ノーマンに「最近発行された『人名図鑑』の表紙はすべて青いだろうか」と質問する。ノーマンはいままでそんな疑問を考えたこともなかったが、最近発行された『人名図鑑』の冊子を実際に見ることなく、それを識別するときのことを想像して、「最近発行された『人名図鑑』の表紙はすべて青い」と判断する。このようにして、ノーマンは（6b）を知る。

ノーマンの（6b）の知識において、経験はどんな役割を果たしているだろうか。「最近」「発行」『人名図鑑』「表紙」「青い」という言葉の使い方を学ぶだけでは（6b）を判断することはできない。また、最近発行された『人名図鑑』の冊子をイメージするときに、エピソード記憶に問題のあるノーマンは、最近発行された『人名図鑑』の冊子を見た過去の記憶がない。したがって、ウィリアムソンによれば、ノーマンの（6b）の知識において、経験は補助以上の役割を果たしているものの、純粋に証拠的な役割を果たしているわけではない。

まとめると、アプリオリな知識とアポステリオリな知識の区別は表層的であるというウィリアムソンの議論はおおむね三つのステップで進む。まず、アプリオリな知識とアポステリオリな知識の典型例を二つとってくる。次に、それぞれの知識がどのようなプロセスで獲得されたのかを詳しく調べてみると、二つの知識を得るプロセスには構造的な類似性があり、どちらのプロセスにおいても、経験は純粋な補助役割以上の役割を果たしてはいるものの、純粋な証拠役割以下の役割しか果たしていないことがわかる。したがって、直観的には明らかにみえるアプリオリな知識とアポステリオリな知識という区別は表層的な区別でしかなく、経験に基づく知識とは根本的に異なる種類の知識について探求しようというプロジェクトそのものを見直すべきである。

9-2 批判的検討（1）：ノーマンの知識をさらに吟味する

以上の議論は非常にトリッキーである。仮にアプリオリとアポステリオリの区別は表層的だと結論づけられたとしても、数学的知識はいかにして成立するのか、という問題は手つかずのままである。しかし、数学の知識こそアプリオリな知識の典型例である。ウィリアムソンは数学的知識について一体どう考えているのか、と聞き返したくもなる。この疑問には後で立ち返ることにして、まずは彼の議論を批判的に検討しておこう。

ウィリアムソンの破壊的な議論にはいろいろな反論がありうる。まず、一つ目のステップを疑ってよいだろう。ノーマンの（6a）と（6b）の知識はアプリオリな知識とアポステリオリな知識の「典型例」なのか。というか、そもそも「知識」なのか。

ボゴジアンは、ノーマンが（6a）と（6b）の知識を持っているとはみなせない、と反論している。彼が特に問題にするのは（6b）である。「私の経験では、そこで記述されたような仕方でノーマンが［6b］を正当に信じるようになりえたというウィリアムソンの主張に、多くの哲学者は眉をひそめてきた」（Boghossian and Williamson 2020, p.148）。たった一冊の本を見ただけで、すべての本について一般化することは普通許されないのに、なぜ一冊の本を想像しただけですべての本について一般化することなら許されるのか。

いちおう次のように答えることはできる。想像力の働かせ方には二種類ある（Boghossian and Williamson

2020, p.149f)。一つは空想 (fanciful imagining) とでも呼ぶべきもので、論理的・数学的に矛盾していなければ、原理的にわれわれはどんなストーリーでも想像できるように思える。最近発行された『人名図鑑』の表紙が緑色とか、白地に緑と黄色の水玉模様が描かれているとか、いろいろな可能性を想像できる。ノーマンもこの意味では、最近発行された『人名図鑑』が青色でない可能性を想像できたであろう。しかし、想像力にはもっと現実的な働きもある (realistic imagining)。たとえば、崖から飛び降りたらどうなるのかを想像せよ、と言われたらどんな風に想像するだろうか。無惨な死に様を想像するのが普通であって、優雅に滑空している姿や地面に叩きつけられたのにピンピンしている姿を想像することはないと思う。ノーマンが最近発行された『人名図鑑』を想像して表紙は青いと判断するときには、この意味での想像力を働かせていると思われる。ノーマンは、最近発行された『人名図鑑』を識別するこれまでの訓練経験から、最近発行された『人名図鑑』に関する想像力の働きがうまい具合に調整されており、青くない表紙を想像することはない。

しかし、これはずいぶんと都合のいい想定のように思える。エピソード記憶に問題のあるノーマンは、自分の想像力がこのように現実のあり方にうまく調整されているとどうして自信を持てるのだろうか。ロンドンのタクシーはみな特定の色をしていた記憶があるのだが、どんな色だったか正確に思い描けない、といったことは普通の人ならよくあるのに、とボゴジアンは指摘している (Boghossian 2020, p.151)。

おそらくノーマンは、いつどこで最近発行された『人名図鑑』を見たのか思い出せないものの、少なくとも自分は最近発行された『人名図鑑』の代表的なサンプルを見たはずだ、という確信を持っていて、その代表的なサンプルの色をはっきり思い描けるのだろう。そういうことは不可能ではないだろうから、ノーマンが (6b) の知識を持っているということは認めてもいいのかもしれない。しかし、こんな風に細かく状況を限定していかねばならないとすると、ノーマンの例がアポステリオリな知識の「典型例」というのは疑わしく思えてくる（Boghossian and Williamson 2020, p.171）。

9−3　批判的検討（2）：建設的なメッセージを取り出せるか

ウィリアムソンに対しては、また違った方面からの反論もできる。二つ目のステップから三つ目のステップへの移行を疑うのである。

ノーマンの（6a）と（6b）の知識がアプリオリな知識とアポステリオリな知識の典型例かどうかはさほど重要ではない。どちらにせよ、そもそも、これらの知識を得るプロセスの間に構造的な類似性があって、経験の役割が純粋に補助的とも証拠的とも言えないというだけで、アプリオリな知識とアポステリオリな知識の区別が表層的とは結論できない。なぜなら、たしかに、ノーマンは（6a）と（6b）を知るにあたって想像力を駆使しているが、同種の想像力が用いられているのかどうかは不明瞭だからである。二つのケースで用いられている想像力は本質的に別物の可能性がある（Jenkins & Kasaki 2015）。

（6b）を知る際にはさきほど述べた現実的な想像力が働いているのだろう。現実的な想像力は、物理法則とか、あるいは局所的に成立する法則性（最近発行された『人名図鑑』の場合には原版と同じものがコピーされて本屋に並ぶため、表紙がすべて同じ色をしているのだろう）に強く拘束されている。これに対して、水色のものがすべて青いことを知るために使われる想像力は、先ほど空想と呼んだ種類の想像力に近い何かかもしれない。どのような水色のものを空想しようとも、それが青くない可能性を想像できないので、水色のものがすべて青いことをノーマンはアプリオリに知ったのかもしれない。

ここで考えられる仮説は、アプリオリな知識は現実的な制約をすべて脇にどけたうえで想像できるあらゆる可能性を検討することで得られる、というものである。この仮説は「アプリオリな正当化の源泉は何か」という問題に十分答えているとは言えないまでも、言葉の意味理解からアプリオリな知識を解明するという路線とは一線を画しており、まったくトリビアルな提案というわけでもない。

ここで、あらゆるアプリオリな知識の成立に想像力の働きが関わっているとは信じられない、という反応がありうる。たしかに、色同士の間に成り立つ概念的な関係は想像力によって把握できるのかもしれない。だから、ノーマンは想像力を駆使することで、水色のものはすべて青色であることをアプリオリに知ることができた。しかし、数学の知識は想像力と何か関係があるのだろうか。

ここでウィリアムソンの議論（の続き）が参考になる。というのも、彼は、ノーマンの（6a）の知識がアプリオリな知識とアポステリオリな知識のボーダーラインケースではないか、という疑問に答えるために、たいていの人がアプリオリの知識だと考える集合論の知識ですら、よく吟味してみると、ノーマンの（6a）の知識とあまり違わないと論じているからである（Williamson 2013, sec. 4）。

たとえば、ベキ集合公理

$$\forall x \exists y \forall z (z \in y \leftrightarrow z \subseteq x)$$

を知っている人は、どのような正当化をもつだろうか。この問いにはいろいろな答え方があるが、ウィリアムソンによれば、どう答えようといずれ想像力に訴えることになる。

一つの答え方は累積的な集合観（iterative conception）に訴えるものである。累積的な集合観は標準的な集合論の基礎にある考え方で、大雑把にいえば、すべての集合は形成の歴史をもつという考え方である。

最初の段階では空集合のみが存在するが、段階が進むにつれて、それまでの段階で形成された集合を材料として新たな集合が形成される。すべての集合はこうした歴史のどこかの段階で形成される。$\omega = \{\omega\}$のように、自分自身を要素とする集合は形成される段階をもたないため、まともでない集合として排除される。さて、ベキ集合公理は累積的な集合観のもとで次のように説明できる。ある段階Sにおいて、xはすでに形成されているとしよう。そうすると、xの任意の部分集合zはSですでに形成されている。よって、xの部分集合をすべて、そしてそれのみを要素とする集合yはSより後の任意の段階で形成できる。

しかし、このような説明は、集合の「形成」とか「それまでの段階」、「歴史」といった因果的かつ時間的なニュアンスを多分に含んだ比喩的な表現を利用していることをウィリアムソンは指摘する。これらの比喩表現は、多くの物体をばらしたり組み合わせたりといった過去の経験により獲得されたスキルを、想像力の中で働かせることで成立しているのではないか。累積的な集合観を比喩によらずに厳密に定式化することはできるが、それは問題を先送りしたにすぎず、なぜ累積的な集合観を受け入れねばならないのか、という問いに答えるときには、ふたたび比喩に訴えねばならなくなる。

累積的集合観とは別の答え方によれば、ベキ集合公理をはじめとする集合論の公理は実り豊かな成果をもたらすがゆえに採用される。集合論の公理として何を採用すべきかは、こうした自明な算術の命題を含めて、たいていの数学者が正しいと認めるような命題をきちんと導出できるのかどうか、そして、1 = 0のような不合理な帰結をもたらさないかどうか、といった基準によって決められる。

この考え方によると、集合論の公理はまったく自明ではないので、認識論的な観点からは数学の基礎になりえない。認識論的な観点からは、むしろ、7+5 = 12のように初等的な算術の命題こそが基礎にある。

の命題と矛盾するような帰結を出してはならない。

こうした初等的な算術の命題は、科学理論をテストする際にごくふつうの観察が果たすのと同じような役割を担う。科学理論は観察と矛盾するような帰結を出してはならないし、数学の理論は初等的な算術の命題と矛盾するような帰結を出してはならない。

ウィリアムソンによれば、科学理論のように実験・観察に訴えて正当化されるわけではなくとも、数学の理論にも帰納的に正当化されるという側面がある。[37] われわれは科学理論から観察可能なさまざまな予測を立てる。予測が正しければその科学理論は大なり小なり確証される。予測が間違っていれば、理論の手直しをする。数学の営みもこれと並行的であり、そこでは初等的な算術の命題が、科学理論にとっての観察可能な命題の役割を果たす。集合論の公理は、当然成り立っていなければ困る初等的な命題を正しく導くことができて、絶対に成り立ってほしくない帰結を生まないことで確証される。[38]

では、初等的な算術の命題はどうやって知ることができるのか。ウィリアムソンはこの点について多くを語ってくれないが、7+5 = 12 のような命題であれば、神秘的な数学的直観（合理的な洞察）に頼るまでもなく、想像力の働きによって知ることができるだろうと楽観的に考えているように思える。したがって、累積的な集合観による説明と仮説演繹法的な説明のどちらを採用するにせよ、数学的真理の知識は物体の観察や操作の経験に基づいて獲得されたスキルを、頭の中で想像力を働かせることによって獲得される、と考えられる。したがって、われわれの数学の知識はノーマンの（6a）の知識とそう大きくは違わない、とウィリアムソンは結論づける。

この結論は、アプリオリとアポステリオリの区別は表層的だというウィリアムソンの主張を拒否する人であっても、受け入れてもよいかもしれない。つまり、数学の知識はノーマンの（6a）の知識と似ている、しかし、（6a）の知識は（6b）の知識とは本質的に異なると言えばよい。ウィリアムソンの破壊的な議論から建設的なメッセージを得ようとするなら、この路線がベストだと思う。もちろん、ここでスケッチした議論は細部をもっと詰める必要がある。さしあたり考えられる課題としては、二種類の想像力の違いをもっと厳密に特徴づけることや、そうした想像力がわれわれの先祖において進化してきたストーリーの概略を描くこと、などが挙げられる。

アプリオリな知識に関する議論状況は、知能の遺伝性や文法能力の生得性などよりはるかに混沌としている。本章の考察によれば、さらに追究する価値のありそうな選択肢はとりあえず三つほど考えられる。一つは、ボゴジアンのように意味理解に基づいてアプリオリな知識を解明する路線である。二つ目は、知識はすべてアポステリオリな知識なので、存在しない種類の知識についてあれこれ考えても仕方がないというクワイン的な路線である。三つ目として、アプリオリな知識をもたらしてくれる想像力の働きに注目するという路線である。

文献案内

本章に関連する概説的な知識を得たい読者には、**Albert Casullo, "A priori knowledge"** in J. Dancy, E. Sosa, and M. Steup eds. *A Companion to Epistemology*, second edition, Wiley (2010), pp.43–52 を薦める。哲学のツールとしての論理学を学びたい人には **Ted Sider, *Logic for Philosophy***, Oxford University Press (2010) を薦める。これは哲学の議論に登場するさまざまな非古典論理について丁寧に解説しており、便利な教科書である。数学の哲学に関しては、**スチュワート・シャピロ『数学を哲学する』**（金子洋之訳、筑摩書房、二〇一二年）が標準的な入門書である。さらに詳しく学びたい人には **Michael Potter, *Reason's Nearest Kin***, Oxford University Press (2003) を薦める。

クワインに関しては『**論理的観点から**』（飯田隆訳、勁草書房、一九九二年）が基本文献だが、予備知識がないと厳しい。アンチョコとしては、**Gary Kemp, *Quine***, Continuum (2006) がよい。コンパクトながら、クワインの多方面にわたる仕事が整理されている。**Michael Devitt, *Putting Metaphysics First***, Oxford University Press (2010) は、クワイン的な確証の全体論に依拠してアプリオリな知識を否定している。

二〇年近く続けられたボゴジアンとウィリアムソンの論争は、最近出版された **Paul Boghossian and Timothy Williamson, *Debating the a priori***, Oxford University Press (2020) に関連論文がすべて再録されている。この本が出版されたことで、論文を集める労力はいらなくなった。

ボゴジアンの議論の背景にある規則遵守のパラドックスについては**Paul Boghossian**, ***Content and Justification***, Oxford University Press (2008) の第一部を参照。ただし、内容は専門的で難しい。**Alexander Miller**, ***Philosophy of Language***, Second edition, Routledge (2007) の第5、6章などで予習しておくと比較的スムーズにいくかもしれない。

ウィリアムソンの著作で本章と関連するのは**Timothy Williamson**, ***The Philosophy of Philosophy***, Oxford University Press (2007) の特に第4、5章である。ただし、ボゴジアンの本と同程度かそれ以上に専門的で、高度に技術的である。同じことは彼のほかの本にもあてはまる。私は大学院生時代に彼の本を二冊ほどゼミで読む機会があったが、だいぶ苦労させられた。ただし、**Timothy Williamson**, ***Philosophical Method***, Oxford University Press (2020) は初学者への配慮に富んでいる。これはウィリアムソンの哲学観が全面に押し出された哲学の入門書である。

コラム　アプリオリな真理・分析的真理・必然的真理

本章では「アプリオリ」について議論してきた。ところで、伝統的な哲学用語の中には「分析的」と「必然的」という「アプリオリ」と密接な関係のある用語がある。これらの用語の区別には馴染みが薄い読者もいると思うので、ここで、それぞれの用語の意味するところと、相互の関係について補足説明をしたい。

まずは用語解説をしておく。「アプリオリ」については本文中で説明したので、ここでは「分析的」と「必然的」について説明しよう。

「分析的」は意味論の用語で、ある命題が分析的に真であるとは、その命題の意味によって真ということである。[39] たとえば、「すべての独身男性は結婚していない」という命題は、「独身者」や「結婚」といった語の意味によって真だと言いたくなる。論理法則も分析的に真と言われる。論理法則は「かつ」とか「すべて」といった論理語の意味によって真だと思われるからである。「分析的」の反対は「総合的」である。総合的真理は意味のみによって真とは言えないものである。「すべての独身男性には既婚者とは異なる税率が適用される」といった命題は、もし真だとしても、意味のみによって真とは言えないだろう。この命題は総合的である。

「必然的」は形而上学の用語である。ある命題が必然的であるとは、あらゆる可能世界において真理値が同じということだ。必然的に真な命題はあらゆる可能世界において真である。論理学や数学の命題は必然的に真な命題の有力候補である。これに対して「必然」の反対は「偶然」で、ある命題が偶然的であるとは、真であることも偽であることもありうるということである。偶然的な命題は、それが真になる可能世界もあれば偽になる可能世界もある。現実に生じる出来事についての命題は、たいてい偶然的である。

次に、三つの用語がどのような関係にあるのかを考えよう。「アプリオリ」は認識論の用語、「分析的」は意味論の用語、「必然的」は形而上学の用語であり、それぞれの用語には先ほど確認したように異なる特徴づけが与えられている。したがって、これら三つを安易に置き換えることは許されない。たとえば、アプリオリな真理とアポステリオリな真理は、どちらも知ることができる真理の中での区別だが、そもそもあらゆる真理は原理的に知りうるのだろうか。そうではないと結論づける有力な論証がある(Williamson 2000, chap.12)。知りえない真理があるのなら、知りえない必然的真理があってもおかしくない。神が存在するとしたら、神が存在することは知りえない必然的真理かもしれない。数学の難問も知りえない必然的真理かもしれない。たとえば、ゴールドバッハ予想が正しいことは知りえないのかもしれない(Kripke 1980, p.37[邦訳：p.43])。[40]

とはいえ、知ることができる真理に範囲を限定すれば、「アプリオリな真理」と「分析的真理」と「必然的真理」の外延は一致するかもしれない。実際、二〇世紀前半までは、そうだと考える人が多かった。[41] アプリオリな真理は分析的な真理であり、分析的な真理は必然的な真理であり、必然的な真理はアプリオリである、と。ケン・アキバはこの見解を「三位一体テーゼ」と呼んでいる(Akiba 2020, sec. 3.10)。

二〇世紀後半になって、三位一体テーゼには疑問符がつけられるようになってきた。ソール・クリプキは、アプリオリな偶然的真理やアポステリオリな必然的真理があるということを論証しようとした。そのような種類の真理がありうるということは、伝統的な哲学では考えられなかったので、[42] 彼の議論は大きな反響を呼んだ。

アプリオリな偶然的真理としてクリプキが挙げた例の一つは、「メートル原基の長さは一メートルである」という命題である (Kripke 1980, pp.54–56 [邦訳：pp.62–65])。メートル原基は一メートルの長さを定義するための道具である。[43] よって、メートル原基の長さが一メートルであることを、人は定義によってアプリオリに知ることができるように思われる。ところが、メートル原基の長さが現実の一メートルではないような可能性をわれわれは想像することができる。したがって、「メートル原基の長さは一メートルである」は偶然的に真である。[44]

アポステリオリな必然的真理としてクリプキが挙げたのは「ヘスペラス＝フォスフォラス」のような同一性を表す命題である。明け方に西の空に見える惑星と夕方に東の空に見える惑星が同じだということは、古代の天文学者が発見した経験的事実なので、これはアポステリオリな真理だろう。しかし、クリプキは同一性を表す真な命題は必然的真理だと主張する。様相論理の専門家であるクリプキは、おおよそ次のような論証によってこの結論を引き出した (Kripke 1980, p.3 [邦訳：p.4])。

1. どんなものも自分自身と必然的に等しい (同一性の必然性)。
2. したがって、フォスフォラスはフォスフォラスと必然的に等しい (1より)。

3. ヘスペラスとフォスフォラスは同一である（天文学者の発見）。
4. 同じものについては同じ述語があてはまる（ライプニッツの法則）。
5. したがって、ヘスペラスとフォスフォラスには同じ述語があてはまる（3、4より）。
6. したがって、ヘスペラスはフォスフォラスと必然的に等しい（2、5より）。

クリプキの議論は少なくとも最初に接したときには反直観的に感じられるので、これまでに多くの哲学者が反論を書いてきたし、逆に、どのように考えればクリプキの結論を直観的にもっともらしく受け止められるのかも議論されてきた。この種の話題に興味をもった読者にはAkiba 2020; Soames 2003, chap.15, 16などを薦める。

おわりに

本書は、合理的動物という人間観の中核にあると思しき三つの能力、すなわち知能と言語能力、数学の知識にまつわる数々の論争を取り上げてきた。最後にここまでの歩みを振り返っておく。

はじめに予告したように、本書では三つの能力それぞれの「発生の現場」に関する問題を取り上げた。すなわち、知能の発達に遺伝と環境はどのように影響するのか、人間の子どもはいかにして言語能力を獲得するのか、そして、経験に基づかずにどうして数学の知識を獲得することができるのか、といった問題を取り上げた。重要なのは、これらの「発生の現場」は意味が微妙に異なるということである。

問題の意味が異なる以上、答え方も変わってくる。たとえば、知能について「生まれ」を重視する立場は知能の遺伝率の大きさを強調し、「育ち」を重視する立場は共有環境の大きさを強調する傾向にある。言語能力については、言語能力の本能的側面を強調する生得主義がある一方で、言語の文化・社会的な産物であることを強調する経験主義がある。数学の知識については、それをアプリオリな知識の典型例とする立場がある一方で、アプリオリな知識の存在を否定する立場がある。

本書の大部分は論点整理に充てられた。大がかりで複雑な問題に取り組むには、問題の意味を適切に理解すること、これまでに得られたデータに関するサーヴェイ作業が欠かせないからである。ここまで

に取り上げた論点は割合大きなものから小さなものまで無数にあるが、いくつか挙げておくと

- 知能テストとはどのような理由で知能を測っていると言えるのか？
- 遺伝率はどのように定義され、知能の遺伝率はどのように推定されるのか？
- 言語的刺激の貧困・自然言語に普遍的な特徴の存在・臨界期効果などのデータは、文法能力の生得主義者を支持する強力な証拠だろうか？
- 文法能力の生得主義と経験主義は、言語の起源についてどのような予想を立てるのか？
- アプリオリとアポステリオリは何に関する区別であり、生得性とどう違うのか？
- 数学の知識が実際には経験に基づいた知識である可能性はないのか？

といった問題を検討した。

もっとも、論点の整理はしょせん準備作業でしかない。われわれは、知能の発達に遺伝と環境は正確にどう寄与しているのか、文法能力の生得主義は正しいのか、数学などのアプリオリな知識はいかにして可能なのか、ということを最終的にははっきりさせたいのであって、これらの問題を適切に理解しただけで満足することなどできない。問題の意味を理解することやデータを集めることは、真理を知ることと同じではない。しかし、そう考えると、本書の読者はいまごろ満足よりも失望を感じているかもしれない。長々と続けられた考察の末に確からしいことがわかったのは、知能の遺伝率はゼロではないとか、文法能力の獲得を条件づけでは説明できないだろうとか、アプリオリな知識は生得的ではないだろう、といった否定的な知見ばかりである。本書の著者は、人間の心についてわれわれはまだ何も知らな

いも同然だと言いたいのか。

たしかに、それは本書の一つの読み方である。現状では、人間の心についての科学は物理学のような完成度には達しておらず、研究者の意見がかなり根本的なところで割れていることもあるのは否定できない。

しかし、根本的なところで意見の不一致があるからといって、われわれは人間の心についてまだ何も知らないも同然だとか、人間の心についての科学がまったく進歩していないと悲観する必要はない（cf. Cappelen 2017)。たとえば、文法能力の生得主義と経験主義を取り上げるなら、どちらの立場もますます精緻になっている。生得主義者は、自分たちの考え方が大筋で正しい方向に向かっていると信じており、解決すべきはパラメータが具体的にはどうやって設定されるのか、バイリンガルの場合はどう考えればよいのかといった、より細かな問題だと言うかもしれない。他方、経験主義者も自分たちの考え方は大筋で正しい方向に向かっていると信じており、地球上の言語がどれほど多様なのか、どれほど機能的なのか、他者の心の理解と言語能力の間にどんな関係があるのかを正確に調べることが重要だと言うかもしれない。どちらの方に分があろうが、人類全体にとって重要なのは、誰かが正しい方向に向かって研究を進めているということだ、とも考えられる。

地中に眠っているお宝（埋蔵金や石油など）を求める人々がいろいろな場所を掘っている、という状況をイメージするとよいかもしれない。各人は「ここを掘り進めればお宝が出てくるに違いない」という予断をもって、好きな場所を掘り進めている。中には、すでに硬い岩盤にぶちあたってしまってそれ以上掘り進めるのが難しくなっている場所もあるかもしれない。たとえば、文法の獲得をオペラント条件づけで説明する試みは残念ながら硬い岩盤に達してしまったのかもしれない。それ以上掘れそうにない場所にとどまっていても仕方がないので、人々の関心は他の場所へと移っていく。他の場所ではまだ掘削が行われているからである。

有望な場所はやがて少数に絞られるだろうが、一つに絞られるには相当な時間がかかるかもしれない。それまでの間、異なる場所を掘り進めている人々は、「そっちを掘っても何も出てくるはずがない」と互いに罵りあう。ひょっとすると、別の場所を掘っていったつもりがいつの間にか合流することもあるかもしれない。たとえば、生得主義と経験主義はどちらもある意味では正しいことを言っていた、と判明することもあるのかもしれない。そうなる必然性はないが、いずれにせよ、最終的に誰かがお宝を発見できればよい。

最悪なのは、正しい場所を掘っている人が誰もいないというケースである。そういうケースが現実のものであるという可能性を完全に排除することはできない。たとえば、知能研究は人間の知能について見当違いの捉え方をしているのかもしれない。自然言語の文法について、言語学者たちは見当違いの捉え方をしているのかもしれない。アプリオリな知識の範囲について哲学者たちは見当違いをしているのかもしれない。しかし、そこまで懐疑的な観点をとる必要があるだろうか。本書では知能と言語能力とアプリオリな知識について、ある程度見込みのありそうな立場をいくつか紹介した。紹介した選択肢は十分に多様であり、一つとして正しい方向に向かっているものがないかもしれない、と悲観的に考える積極的な理由はない。おそらく誰かが正しい方向に歩みを進めているはずである。

最後に、私自身の立場を述べておく。(1) 知能に関しては遺伝的な見方に傾斜しているが、遺伝仮説と環境仮説という極端な立場に与するつもりはない。(2) 文法能力の生得主義に大きく傾いており、言語の起源に関しても自然選択による説明に共感している。(3) アプリオリな知識を意味の理解から説明するアプローチにはかなり悲観的であり、アプリオリな知識の存在自体に関してもどちらかというと懐疑的である。これらはあくまでも私の立場であって読者が同意する必要はない。ただ、本書で提示した論点整理にバイアスがかかっていることを心配する向きには、いまの態度表明が参考になるかもしれない。

人間の心を理解する本格的な試みはまだ始まったばかりである。本書が人間の心について、われわれ自身について知る一助となることを願っている。

注

はじめに

1　赤ん坊などはここでいう意味での合理的活動を行わないので、「人間は合理的な動物である」は全称文ではなく総称文として解釈する。総称文の意味論や認識論については論じるべき点が多くあるが、ここでは取り上げない。詳しくはCappelen and Dever 2019, chap. 8を参照。

2　以下の説明は、Brown 1988, chap. 1を参考にした。ただし、ブラウンはここで述べるような合理性の古典的な理解には批判的であることを断っておく。

3　実際、動物の群れの振舞いを参考にして数学上の問題を解くための計算技法を研究する人工知能の分野があり、「群知能 swarm intelligence」と呼ばれている。

4　ただし、伝統的に、哲学者の間では「知能」という言葉は少数のケースを除いてほとんど使われてこなかった。心理学用語として「知性 intellect」に代わって「知能」が定着するのは二〇世紀になってからである（ダンジガー 2005, 5章）。

5　これは現実の数学を単純化している。長大な証明はチェックが大変だし、自然言語で書かれた数学の証明は本当に厳密なルールに支配されていると言えるのかは微妙である。

6　数学において日常生活では求められることのない高いハードルが設けられるのは、証明という営みが証明者と懐疑論者の対話に由来するからである、という見解がある（Durilh Novaes 2021）。懐疑論者は証明の穴（反例）を執拗に探し、証明の中にある不明瞭なステップを暴き出そうとする。証明者は懐疑論者から寄せられる厳しい要求に応えねばならない。こうした対話的構造は、現在でも論文の査読システムの中に名残をとどめている。

7　廣川 1990, p.33から引用。

8　アリストテレスによれば、「物事が最初から成長してくるところを観るなら最も見事な観察をすることになるだろう」とのことである。

9　遺伝と環境の対比は、英語だとnature / nurtureと表現される。この対比は英国の教育家リチャード・マルカスターの一五八一年の著作にさかのぼる（Pinker 2015, p. 214）。一般には、同時代のシェークスピアの方がよく引かれる。「悪魔、生まれつきの悪魔だ、あの性根ではいくら躾をしても身につかない A devil, a born devil, on whose nature Nurture can never stick」（『テンペスト』松岡和子訳、ちくま文庫）。

10　相反することわざは稀ではない。「念には念をいれよ」という一方で、「ためらう者は失敗する」ともいう。「去る者は日々に疎し」という一方で、「逢わねばいや増す恋心」ともいう。ことわざはわれわれの先祖が長年の経験をもとに練り上げた常識なので、一抹の真実が含まれるかもしれないが、包括的な科学理論でもなければ、内的な整合性を意識して作られているわけでもない（アイゼンク 1986, p.14）。

第1章

1　これは進化生物学の標準的な用法だが、まったく問題がないわけではない。ソーバー 2009, 1・1節を参照。

2　変異（variation）と突然変異（mutation）は別の概念である。変異は集団における多様性を意味するのに対し、突然変異は遺伝情報がランダムに変化することを意味する。突然変異は新たな変異が生じる原因の一つだが、異なる遺伝子が集団の外から入ってくることによっても新たな変異は生じる。

3　ただし、血液型は病原体の感染と関連があるらしく、自然選択の可能性も否定できない。たとえば、梅毒の治療でO型の患者は他の血液型よりも早く治ると言われる（Cavalli-Sforza 2001, p.106［邦訳 p.130］）。

4　デネットによれば、ダーウィンのアイデアは「完璧で美しい機械を作るのに、その作り方を知っている必要はない」と表現できる（Dennett 1995, p. 65［邦訳：p. 92］）。この逆説的な表現は一八六八年に匿名で発表されたダーウィン批判に基づく。批判者は、そんなことはありえない、というつもりで述べたのだが、皮肉なことに、まさにそれこそがダーウィンの言いたいことであった。

5　「適応度 fitness」は専門家の間ですら誤解を生んでいる悪名高い用語である。本書ではこの用語は避ける。興味ある読者にはドーキンス 1987 所収の「適応度狩り」を薦める。

6　ゴルトンの母方祖父はダーウィンの父方祖父エラズマス・ダーウィンである。ただし、ダーウィンの父とゴルトンの母は腹違いの兄妹なので、ダーウィンとゴルトンは通常の意味での従兄弟ではなく、半従兄弟である。

7　「消極的優生学」は negative eugenics の定訳だが、ここでいう「消極的」には何もしないというニュアンスはない。後述のように、消極的優生学は強制的な不妊手術など出生抑制に積極的であり、残酷である。この辺りの事情を汲んで「禁絶的優生学」と訳される場合もある。ケヴルズ 1993 の訳者あとがきを参照。

8　この法律は日本人移民を帰化不能外国人に指定して日本からの移民を全面的に禁止したため、日本では「排日移民法」と呼ばれる。しかし、ターゲットは日本人だけではなく、もっと広範囲に及んでいる（貴堂 2018, pp. 157–162）。

9 知能テストが当時の社会政策に与えた影響は誇張されているという意見もある（Mackintosh 1998, p. 19）。実際、移民政策の根っこに人種差別があるのは明らかで、知能テストがなくとも結果はあまり変わらなかったかもしれない。

10 参考までに、ビネーのテストの第二版（一九〇八年）の問題を紹介する（Eysenck & Kamin 1981, p.16f［邦訳 p.23f］）。三歳児は鼻や目や口を指差すことができ、二桁の数字を繰り返すことができ、絵の中に描かれたものを指摘でき、自分の姓名を言える。四歳児は、自分の性別を知っていて、鍵やナイフ、一ペニー硬貨を名指すことができて、五インチと六インチのどちらが長いか言える。五歳児は、三グラムと一二グラムの立方体の重いほうを示せる、四角形を描くことができる。六歳児は、右手と左耳をみせてどちらが右か左かを区別できて、一六音節の文章を繰り返せて、年齢を知っていて、午前と午後の区別もできる。七歳児は、未完成の絵のなかで何が足りないのか指摘できて、両手を見なくても指の数を知っており、五桁の数を繰り返せる。

11 カリカック家の事例などが有名である（Gould 1996, pp. 198–201［邦訳：上巻 pp. 317–324］）。

12 プレッツの民族衛生という思想は、一九一〇年に開かれたドイツ社会学会の討論会で、マックス・ウェーバーによって完膚なきまでに批判された、と言われる。しかし、近年の伝記研究によれば、若きウェーバーが気鋭の評論家として注目されたそもそものきっかけは、ドイツ東部のポーランド移民に対する排斥論であった。ウェーバーはプレッツを批判しつつも、優生学に共感していなかったわけではなかったらしい（今野 2020）。

13 改革派の代表は英国の精神科医ライオネル・ペンローズで、科学史家ケヴルズはペンローズの業績をきわめて高く評価している。なお、彼の息子の物理学者ロジャー・ペンローズは二〇二〇年にノーベル賞を受賞した。

14 日本も例外ではない。優生保護法が制定された一九四八年から母体保護法へと改正される一九九六年までに、本人の同意をとらない強制的な不妊手術が約一万六五〇〇件実施されたという（米本ほか 2000, p. 171）。

15 ボアズはドイツ人の物理学者で、もともと海水の色について研究していた。実験室での研究に不満をいだき、海水の色を直接に研究するために北極地方のバフィン島に行って地理学的な研究をしたのだが、そのときに出会ったエスキモーの言語や行動に興味をもち、人類学に転向したという（ガードナー 1987, p. 222）。

16 大きな数を表す言葉を持たないアメリカ先住民の話

は、一七世紀のロックがすでに報告している（『人間知性論』2巻16章6節）。

17　ただし、ボアズは言語が思考を決定するというサピア＝ウォーフの仮説には懐疑的だったようだ（ガードナー 1987, p. 224）。

18　「行動」とは、死体にはできない身体運動のことだと理解しておこう。唾液の分泌や瞬目反射などの不随意な運動は死体にはできないので行動だが、崖から落ちるとか車にひかれることは死体にもできるので行動ではない。行動とはすることであって身体に生じることではない。

19　この説明は厄介な問題を隠している。まず、「直後」とはどのくらいまでなのか。行動分析家は一応の目安として「六〇秒ルール」を設けている。もっと厄介なのは、何らかの結果とは何なのかである。一言でいえば、報酬の提示と嫌悪刺激の消失ということになるが、報酬とは欲しいもののことであり、嫌悪刺激とは嫌いなもののことだとすると、公共的に観察可能な対象だけに依拠するという行動主義の方針と矛盾する。この問題についてはメイザー 2008, pp. 208–215 を参照。

20　厳密に言えば、トークン・エコノミー法は二次的強化に分類される。トークンは食べ物などの生得的な報酬と違って、習得される報酬である。報酬と対呈示される刺激はやがて報酬の代用品となり、行動を強化するようになる。

21　トークン・エコノミー法が行動の持続的な変容を生み出すには長い時間が必要になり、実施するにはよく訓練されたスタッフの協力が欠かせない。手間がかかることから、一九八〇年頃からこの手法の使用機会は減っている（メイザー 2008, pp.161–163）。

22　「革命」というほどの変化は生じなかったという見方もある（大芦 2016, p. 173）。ラディカルな行動分析家を除いて、現在ほとんどの行動心理学者は媒介変数の使用を受け入れている。認知心理学者は行動心理学者よりも媒介変数をより自由に、より多く使用する傾向がある、という違いがあるにすぎないのかもしれない（メイザー 2008, p.16）。

23　「『暴力を生み出す条件はわかっている』という発言が繰り返されているにもかかわらず、手がかりさえほとんどないというのが悲しい事実である」（Pinker 2003, p. 310［邦訳：下巻 p.58］）。

24　ジェンセンの論文はIQの人種差のみを扱っているかのように言われがちだが、実際には論文の一部を占めるだけで、しかも、この話題を論文に追加するように要請したのは、論文を掲載した『ハーバード教育評論』の編集部だった（ジェンセン 1978, p. 24; セーゲルストローレ 2005, 2章注2）。後述するハーンスタインとマレーの『ベルカーブ』も、人種を話題にしている箇所は全二二章のうち13章と14章だけである。彼らの議論が知能に関する遺伝的な見方に偏っているとしても、ＩＱの人種差だけを論じているかのような印象を与える言説はアンフェアである（Mackintosh 1998, p.148）。

25　この騒動のことは（ヘアンシュタイン 1975）の序章にまとめられている。問題のポスターは同書の p.28 に掲載されている。

26　ハーンスタインはもともと環境主義的な行動理論の研究で名を馳せた心理学者だった（この方面での彼の業績の解説はメイザー 2008, 14章を参照）。しかし、メンタルテストに関する研究に接したことで、彼は遺伝主義に転向した（ヘアンシュタイン 1975, p. 10f）。

27　Davis 1983 は『人間の測りまちがい』に対するさまざまな反応をまとめている。グールドの盟友ルウォンティンが意外と批判的な書評を書いているというのは興味深い。デイヴィスに対するグールドの応答は Gould 1996, p.45［邦訳：上巻 p.59f］を参照。

28　文献表にパイオニア基金など優生学を支持する団体からの資金援助を受けていた研究が含まれることなども問題視された（Kamin 1995）。

29　Gottfredson 1997 はこの声明に追加の解説と参考文献を付けた拡大版である。

30　詳しくは、Herrnstein & Murray 1994, Chap.17; Nisbett 2009, chap. 7 を参照。

31　不妊ワーカーが進化するのに膜翅目の独特な性決定システムが必要不可欠というわけではない。有名な反例は東アフリカに生息するハダカデバネズミで、近親婚を繰り返したために血縁度が高いコロニーを形成している（ドーキンス 2006, p. 483）。

32　ここで紹介した不妊ワーカーの話はドーキンス 2006, 10章を参照。膜翅目における血縁度の計算や、投資比率のＥＳＳが３：１であることなどは、同書の訳注に説明がある。

33　ソーバー 2009, pp.265–270。最適性モデルによるこのようなテストは、適応主義的な仮説をテストする有力な方法の一つである。

34　一九七二年にアメリカ優生学会は「社会生物学会」へと名称を変更している（米本ほか 2000, p. 47）。

35　ドーキンスは、悪名高いエンロン社のＣＥＯジェフ・スキリングの愛読書が『利己的な遺伝子』だったと知ってショックを受けたという（ドーキンス 2007, p. 315）。

36　先ほど紹介した血縁選択説は謎解きの一つの武器である。もちろん血縁選択説だけが利他性を説明する手段というわけではない。ドーキンス 2006, 10章では、互恵的利他主義というアイデアが紹介されている。

37　「利己的な遺伝子」という表現を忌み嫌った倫理学者として、ドーキンスはメアリー・ミッジリーを挙げている（ドーキンス 2006, p. 433）。セーゲルストローレ 2005

にはミッジリーへのインタビューがある。もちろん、すべての倫理学者がドーキンスの本を嫌っていたわけではない。たとえば、ジョン・マッキーは『利己的な遺伝子』の好意的な書評を書いた（Mackie 1978）。

38　グールドは「男の乳首とクリトリスのさざ波 Male nipples and clitoral ripples」という意味深なタイトルのエッセイで、男性の乳首が適応でないように女性のクリトリスも適応ではないと主張した（Gould 1993）。ただし、この主張には、クリトリスには大量の神経が集中しているのだから何の機能も持ち合わせていないはずがない、など異論も多い。

39　以下は、社会生物学はイデオロギーに中立なのか、という問題に関するソーバーの議論を参考にした（ソーバー 2009, 7・2節）。

40　「私は一歩前進して、こう言いたい。「私に健康で、いいからだをした一ダースの赤ん坊と、彼らを育てるための私自身の特殊な世界を与えたまえ。そうすれば、私はでたらめにそのうちの一人をとり、その子を訓練して、私が選んだある専門家――医者、法律家、大実業家、そうだ、乞食、泥棒さえも――に、その子の祖先の才能、嗜好、傾向、能力、職業がどうだろうと、きっとしてみせよう」と。」（ワトソン 1980, p. 130）

41　二〇世紀のはじめ、優生学は極右の専有物ではなく、社会主義者のウェッブ夫妻なども優生学を既存の階級社会を改革する手段として肯定的にみていた。ソ連でルイセンコ説がスターリンのお墨付きを得て、メンデル遺伝学が異端となるのは一九二〇年代末からである（米本ほか 2000, p.29）。

42　ピンカーによれば、チョムスキーは次のように述べている。「私は、IQは遺伝性かもしれない、おそらくはそうだろうという話を、これほど多くの解説者が不穏なものと見なしていることに驚いている。相対的な身長の高さや、音楽の才能や、一〇〇メートル走のタイムが部分的に遺伝子によって決定されていると判明したら、それも不穏なことなのだろうか？　なぜこれらの問いについてなんらかの予断をもたなくてはならないのだろうか」（Pinker 2002, p.146［邦訳：中巻 p.23f］）。

43　ドーキンスは早い時期から、ウィルソンによる血縁選択説の説明を批判している（ドーキンス 2006, pp. 136–138）。ジェンセンについては次章で触れる。

44　補足をしておくと、現生人類はゴリラやチンパンジーなどの大型類人猿から生まれたのではなく、彼らと共通の祖先を有すると言うべきである。

第2章

1　この議論にどのくらい説得力があるかは疑問がある。平均への回帰は遺伝現象ではなく、相関が不完全な場合に生じる統計的な現象なので、この議論は、極端な環境主義者にしか通用しないと思う。

2　氏と育ちに関する古代ギリシア人の見解は、廣川 1990, pp.41–64 に詳しい。

3　このタイトルは景気づけのために廣松渉の『哲学入門一歩前』から拝借した。

4　一標準偏差ぶんのＩＱ得点を一五ポイントではなく一六ポイントとするテストもある。

5　https://tylervigen.com/spurious-correlations（最終アクセス二〇二一年七月一一日）

6　重回帰分析で標準化係数が説明変数の影響度を表すのと同様である。

7　どのような技術的問題なのか、ごく簡単に説明しておく。因子負荷量を求める手がかりはサブテストの得点の分散や共分散にある。単純さのために共通因子の数を二つとすると、分散 $V(x_i) = V(a_{i1}F_1 + a_{i2}F_2 + e_i)$、共分散 $Cov(x_i, x_j) = Cov(a_{i1}F_1 + a_{i2}F_2 + e_i, a_{j1}F_1 + a_{j2}F_2 + e_j)$ である。独自因子間の独立性や共通因子間の独立性を仮定して、右辺を展開する。あとは、そうして得られた連立方程式を解けばよいのだが、この作業は膨大な計算を要する。

8　$r_{ij} = r(x_i, x_j)$ なので、$r(a_i g + e_i, a_j g + e_j)$ を計算すればよい。

9　一気圧での水銀の沸点は三五七度だが、水銀温度計は液体の上の空間を窒素で満たすことでもっと高温まで使えるようにできている。

10　金属の電気抵抗が温度に比例するという性質を利用してつくられたプラチナ抵抗温度計は、水銀温度計よりも高い温度を測定できる。さらには、マイナス二〇〇度から一七〇〇度まで、かなり広い範囲の温度を測定できる熱電対という温度計もある。二つの金属線を両端で接続して回路をつくって両端に温度差を与えると電位差が生じる（ゼーベック効果）。発生する電位差は温度差に応じて変化するので、電位差を測れば温度差を測ることができる。

11　アラン・チューリングは次のようなテストを考案した。人間の質問者が、もう一人の別の人間と一台の機械に対して一定時間、自然言語で会話する。参加者たちは互いに隔離されており、ディスプレイ越しに文字のみを用いて交信することが許されている。会話の話題や質問の長さは無制限である。人間と機械は人間らしく見えるように質問者からの問いかけに応答する。質問者が機械を機械と、人間を人間と見抜いたら質問者の勝ちとする。こうしたゲーム（模倣ゲーム）を、質問者を入れ替えて複数回行い、一定の割合の質問者を騙した機械はテストをパスしたとみなす。こうしたゲームによって機械が知能を持つかどうかを判定する方法を「チューリング・テスト」と呼ぶ。もっとも、チューリング・テストの有効性には懐疑的な人が多いのだが、その点はここでは問わない。

12　打撃成績の評価方法はＯＰＳ以外にもあり、ＯＰＳが最も優れた評価方法というわけでもない。しかし、OPSは直観的にもわかりやすく、打率よりも優れた評価方法として多くの野球ファンに知られているので、具体例として利用した。野球の統計分析については、アルバート&ベネット 2004が詳しい。

13 「優性」に「優生学」の意味合いはないが、遺伝的に優れているという誤解を招きかねないとして、「優性」と「劣性」を「顕性」と「潜性」に変更する動きもある（太田 2018, p.151）。だが、「顕性」と「潜性」は耳慣れない人が多いので、本書では旧来の訳語を用いる。

14 「ダブル・バインド」などで知られる人類学者のグレゴリー・ベイトソンは、ここで紹介したウィリアム・ベイトソンの息子で、グレゴール・メンデルを尊敬する父親によってそう命名された。

15 ダーウィンとメンデルは同時代人で、メンデルは『種の起源』を読んでいたが、ダーウィンはメンデルの仕事を知らなかったと言われる。ダーウィンにとって遺伝のメカニズムは未知だった（リヴィオ 2017, 3章）。

16 表現型が多くの遺伝子座に支配されているなら、遺伝子座間の相互作用による影響（エピスタシス）もありうる。エピスタシスの単純な例としては、補足遺伝子や抑制遺伝子など二つの遺伝子座の相互作用が知られている。しかし、エピスタシスの効果を評価するのは困難なので、話を単純にするために無視されることが多い。

17 わかりやすさのために家庭の「内と外」と述べたが、これは一種の方便で、厳密ではない。大雑把に考える分には、共有環境は家庭環境と言い換えられるが、独自環境には双生児ペアの中で違いを生むような環境要因であればどんなものでも（子宮内環境の微妙な違いや測定誤差なども）含まれる。

18 ケイミンは「IQの遺伝率がゼロであるという仮説を棄却する十分な根拠すらない」と言っている（Eysenck & Kamin 1981, p. 154［邦訳：p. 287］）。

19 ハーンスタインとマレーは、バートが捏造を行ったという明白な証拠はない、と結論している（Herrnstein & Murray 1994, p. 12）。しかし、疑惑はぬぐえていないという意見もある（Gould 1996, p.48［邦訳：上巻 p.64］; Mackintosh 2011, p. 263）。

20 いちおうの目安だが、「SESの高い人々」は中上流階級（専門職、高位管理職など）と中流階級（高位の事務職、教育職、下位管理職など）を指す。「SESの低い人々」は、貧困層（常に失業している人、常に生活保護を受けている人、非熟練労働者など）と労働者階級（熟練労働者、下位の事務職で働いている人など）を指す（Nisbett 2009, p. 79f［邦訳 p.101］）。

21 同時期にミネソタでも大規模な養子研究が行われた。二つの養子研究はセットで語られることが多い（Mackintosh 1998, pp. 79–85）。

22　遺伝の影響を重視する人々は、遺伝子の操り人形といった批判に対して、環境の影響が大きければ満足なのかと言い返してきた。たしかに、自分の遺伝子を好き勝手に変えることはできないが、周囲の環境にも自分では変えようのない事柄が無数にある。たとえば、自分の育ての親を選ぶことはできない。知能その他の形質に対する環境の影響が大きければ、都合の悪いことはすべて環境のせいにできてしまう（cf. Pinker 2002, p. 398［邦訳：下巻 p. 226］）。

23　https://www.independent.co.uk/news/science/fury-at-dna-pioneers-theory-africans-are-less-intelligent-than-westerners-394898.html（最終アクセス二〇二一年七月一一日）

24　高田 1992, p.91 から引用。以下で紹介する内容はこの論文の（あるいはこの論文が依拠しているリチャード・ポプキンの）議論の受け売りである。

25　こうした推定の根拠については、Cavalli-Sforza 2001 を参照。DNAの多型を直接調べられるようになった現在でも、たんぱく質をもとにする古い方法で得られたデータが価値を失ったわけではない。

26　Pinker 2002, p.144［邦訳：中巻 p.18］。人種の自然主義に対する批判的検討は Glasgow 2003 を参照。

27　人種名は何らかの仕方で生物学的に特徴づけられる集団を表すことを意図して導入された言葉であろうから、生物学的な特徴づけができなければそもそも何も表さないはずだ、という見解もある。ただし、その場合には、「人種はアメリカの歴史において重要な社会的役割を担ってきた」のように一見正しそうな文が偽ないし無意味になってしまう、という問題がある（Cappelen & Dever 2019, pp. 66–69）。

28　ここで批判的に検討したのは、遺伝的にスポーツが得意・不得意な人種ないしエスニック集団が存在するという見解であり、それぞれの集団内で、スポーツの得意・不得意に関して遺伝の影響があることは否定していない。実際に、競技種目ごとに有利な体形・体格というものがあるようだ。エプスタイン 2016 を参照。

29　他にも、*g* 負荷量に基づく議論、反応時間に基づく議論、平均への回帰に基づく議論、異人種間の養子研究などがある。これらの概略と批判は Nisbett 2009 の付録を参照。遺伝主義者の応答は（Rushton & Jensen 2010a）を参照。

30　たとえば、『ニューヨーク・タイムズ』紙による『ベルカーブ』への書評を参照。https://www.nytimes.com/1994/10/26/opinion/in-america-throwing-a-curve.html（最終アクセス二〇二一年七月一一日）

31　これはダイアモンドの見解ではない。彼の『銃・病原菌・鉄』は、地球上の地域ごとの物質的豊かさの格差を人種の優劣ではなく、環境要因で説明しつくそうという試みである。彼は、ニューギニアでの野外研究の経験から、テレビを見たりして一日の大半を受動的に過ごしている西洋人よりも過酷な環境で能動的に生きているニューギニア人の方が知的であると述べ、だからこそ人種の優劣によって物質的豊かさの格差を説明することはできないと論じている。ただし、この見解は知能研究の証拠に基づいているとはいいがたい。ラシュトンはダイアモンドの本に批判的な書評を書いている（Rushton 1999）。

32　マイケル・ムーア監督の映画『華氏１１９』でも取り上げられた、ミシガン州フリントの事例が有名である。

33　Educational Attainment in the United States in 2018, https://www.census.gov/data/tables/2018/demo/education-attainment/cps-detailed-tables.html（最終アクセス二〇二一年七月一一日）

34　ピグマリオンは古代ギリシア・ローマの物語に登場する彫刻家で、自分が彫った理想の女性像に恋してしまう。

35　これは「シンプソンのパラドックス」と呼ばれる現象の一例で、データ全体を分析したときに見られる傾向は、データを層別に分析したときに見られる傾向と逆になることがある。シンプソンのパラドックスが厄介なのは、どちらの分析が正しいのか一概には言えないからである。たしかに、ＳＡＴの平均点に関しては層別した分析の方が正しいと思われるが、データを分割してはいけない場合もある。（パールほか 2019）を参照。

36　当時の英国の教育システムについては、森嶋 1977 が詳しい。ここで参照したグールドと違って、森嶋は子ども適性に合わせて早期に進路分けして専門教育を施すという複線型の教育方針にずっと好意的である。

37　ただし、これは労働者の勤務成績にばらつきがあり、求人に応募してくる人数が募集人数を大きく上回っているなど、選抜に金をかける価値がある場合の話である（Deary 2000, p. 92f［邦訳 p.116f］）。

38　この節について議論した友人の多くから、企業が本当にＳＰＩの結果を気にしているのかどうかは疑わしく、実際には学歴で人事採用を行っているのを隠すためにＳＰＩを利用しているにすぎないのではないか、と指摘された。応募者を振るい落とすための口実は多いに越したことはないのかもしれない。

39　夫婦間における身長や体重の相関は〇・二程度なのに対して、夫婦間におけるＩＱや学歴の相関は〇・三〜〇・六程度と大きいことが知られている（安藤 2014, p. 157）。ただし、二〇世紀後半になってＩＱの相関が強まったのかどうかは断定できないとハーンスタインとマレーも認めている（Herrnstein & Murray 1994, p.111）。

40　最近のアメリカはドナルド・トランプ氏によって分断が深まったと言われる。ただし、その「分断」は『ベルカーブ』が論じているアメリカの分断と必ずしも同じではないように思う。実際、ハーンスタインとマレーは、知的エリートの間でも政治的信条に大きな幅があると言っている。

41　ＮＬＳＹとＡＦＱＴの簡単な説明はHerrnstein & Murray 1994, pp. 118–120を参照。より詳しくは、同書の付録２と３を参照。特に、ＳＥＳの測り方は同書pp.573–575を参照。

42　*e*の回帰係数乗がオッズ比を表すと解釈できるからである。

43　社会科学の文献ではR^2が〇・一から〇・二程度の重回帰分析をしばしば見かける。たとえば、出身階層が学力差をもたらしていると論じる苅谷2012の回帰分析を見てみると、重回帰分析のR^2は軒並み〇・一から〇・二程度だし、ロジスティック回帰のR^2は明記されていない。

44　現在に近づくほど知能テストの得点分布のばらつきが小さくなり、特に下半分の人々の成績が大きく向上しただけだと述べている。Herrnstein & Murray 1994, p.308

45　公平のために言えば、ハーンスタインとマレーは野放図な格差拡大を容認しているわけではない。再分配を否定していないし、低所得者がマイナスの税金（つまり、給付金）を得られるようにする負の所得税も検討に値すると述べている（Herrnstein & Murray 1994, p. 767n26）。

46　行動遺伝学者のジョン・ローリンによれば、氏か育ちかに関するロックの見解は単純ではない。たしかに、環境を重視している箇所もある。世の中には生まれつき出来のよい人々もいるが、「こんな人たちの例はほんのわずかで、われわれが出逢う万人の中で、十人の中九人までは、良くも悪くも、有用にも無用にも、教育によってなるものだと言って差し支えない」（ロック 1967, 1節）。しかし、別の箇所（１０１～１０２節）では、人々の素質と気質は顔や身体特徴と同じくらい多様で、生まれつきの性向は簡単に直るものではないので、教育者は個々人に適した仕方で接しなければならない、とも忠告している。ローリンは、ロックは知能に関しては遺伝の影響を非常に小さく見積もり、性格に関しては遺伝の影響を認めるのにやぶさかでないと解釈し、これは現代のリベラル知識人の態度と似ている、と結論している（Loehlin 1983）。

47　この証明は省略する。安藤 2014, p.33を参照。

第３章

1　ニムについては、Pinker 1994, pp. 337–340［邦訳：下巻 p. 158–160］; Berwick & Chomsky 2015, pp. 145–148［邦訳：pp.189–194］を参照。

2　現在では、大半の研究者が類人猿の言語研究から手を引いている。残されたのはアイオワ大型類人猿トラスト（Great Ape Trust of Iowa）に所属する少数の研究者たちのみとなった。一九八〇年に生まれた「カンジ」という名前のボノボは、これまでに研究された類人猿の中で最もコミュニケーション能力が高いとされる。しかし、彼が自然言語と同等の複雑さをもった言語を使いこなせていると信じる人は少ない。

3　この意味での文法は統語論 syntax と呼ばれる。広義の文法は統語論だけでなく、語形変化を扱う形態論 morphology も含む。

4　本書では取り上げないが、文法以外の側面についても生得主義と経験主義の対立を想定することはできる。実際、語彙項目の学習にも生得的な制約が働いているという議論はある。たとえば、生後一歳半を過ぎたあたりで子どもは一日あたり一〇から二〇語という驚異的な速度で言葉を覚えていく。この現象は語彙爆発（スパート）と呼ばれる。語彙爆発期の子どもに、親や周囲の大人が一つ一つの単語を「これが〇〇だよ」と教えているとは想像しづらい。また、単語の指示対象を感覚刺激のみに頼って分節化することの困難を指摘したクワインの古典的な議論も生得的な制約の存在を示唆する（内田 1999, pp. 56–62）。

5　ついでに補足すると、「先天的 congenital」は「遺伝的」とも異なる。遺伝性が疑われている疾患の多くは先天的ではないし、先天的な障害が遺伝的とも限らない。たとえば、ダウン症は先天的だがダウン症の遺伝子があるわけではない。

6　ここではジャッケンドフにしたがって話を進めているが、生得性の概念分析はかなり難しい。詳しくは、Samuels 2004 のサーヴェイを参照。中には、生得性は素朴生物学の本質主義に由来する混乱した概念であるから捨て去るべきだと結論する論者もいる。「生物学者の多くは、生得性という概念をもはやほとんど不整合なものと見なしている」（ステレルニー、グリフィス 2009, p.6）。私自身は生得性に関してそこまで悲観的ではない。

7　生得主義者は「学習（learning）」と「獲得（acquisition）」を使い分ける。経験主義者に言わせれば、人間の場合、すべて学習の産物となるので、こうした使い分けは不要になる。

8　「ほとんど説明になっていない」というのは控えめな言い方で、まったく説明になっていない、と考える人も多い。細かな違いだが、この点は傾向性に訴える説明は可能なのかという形而上学の問題にかかわる（cf. Sober 1982）。

9　原理はX理論、束縛理論、痕跡理論、境界理論といったモジュールの集まりとされている。ここで一つ注意しておくと、一九九〇年代後半以降、極小主義を支持する生成文法の理論家の間でP&Pは支持を失ったと言われている。それにもかかわらずここでP&Pという旧式の議論を紹介するのは、直観的なわかりやすさ、生成文法の支持者にも併合一本槍の極小主義に懐疑的な人々がいること（Pinker & Jackendoff 2005）、などの理由による。

10　2^N個というのは、個々のパラメータが独立の場合である。独立でなければ可能な文法の空間はもっと小さくなる。

11　生成文法の教科書で、X′理論についての解説を読むとよい。たとえば、渡辺 2009, 3章などを参照。

12　生得性の原初主義（primitivism）は、パラメータ設定に関するこうした見解と相性がよい。原初主義は、生得的な構造がどのように獲得されるのかは心理学以外の分野（たとえば、生物学）で明らかにされるべき事柄である、とする立場である（Samuels 2002）。私自身は、パラメータ設定がどのように達成されうるのかは心理学の重要な関心事だと考えるので原初主義には懐疑的である（cf. Scholz & Pullum 2006, p. 65）。

13　論理学を学ぶと、言語は人間を離れて存在する対象（たとえば、記号列の集合）と考えるのが自然に思えてくるが、行動主義者は、非言語行動と同じように言語行動を考察できると考える。彼らによれば、言語行動とは、言語共同体の他のメンバー（聞き手）による強化を介して形成・維持されているオペラント行動である。

14　スキナーはこの種の学習を「オートクリティック」と呼ぶ。

15　三歳から五歳児を対象にした次の実験がよく知られている（Crain & Nakayama 1987）。二人の実験者のうち、一人は『スター・ウォーズ』のキャラクターであるジャバ・ザ・ハットの恰好をしている。もう一人の実験者は、何らかの絵を子どもに見せながら、「…かどうかジャバに尋ねてごらん（Ask Jabba if …）」と言う。ｉｆ節の中身は平叙文だが、子どもがジャバに質問するときにはそれを疑問文に変形しなければならないことに注意。主語に複雑な関係節が埋め込まれた場合、たしかに子どもはしばしば非文法的な発話をする。しかし、典型的な間違いは、"Is the boy who is being kissed by his mother is happy?" のようにbe動詞を余分に繰り返してしまうとか、"Is the boy that is watching Mickey Mouse, is he happy?" のように、適切な疑問文を途中で止めて代名詞を用いてもう一度言い直す、といった間違いである。後者のタイプの間違いは大人でも見られる。最初のbe動詞を文頭に移動させるという間違いを犯した子どもは誰一人としていなかった、とのことである。

16　つまり、エルマンのネットワークは、言語に属さない記号列についての情報（否定的証拠）を受け取っていない。

17　チョムスキーも、単語の境界が統計的パターンによって決まるという可能性を否定していない（チョムスキー 2017, p. 21）。

18　この苦境を逃れる一つの方法は、各単語には主強勢が一つだけ含まれる、というヒューリスティックを利用することである。そうすれば、"bigbadwolf" のようなケースはただちに処理される。遷移確率に注目するのは、"languageacquisition"のように、この仮定だけでは対処できないケースに限定すればよい。しかし、この工夫は精度を大きく改善するものの、代償として「各単語には主強勢が一つだけ含まれる」という、自明ではない上に自然言語に特有としか思えない仮定を措くことになる(Yang 2004)。このような学習モデルを「汎用の学習メカニズム」と言えるのかは疑問がある。

19　実際には、子どもを小さな科学者とみなすのは生得主義者だけではない。コネクショニストは、乳児が報酬を与えられることなく単語の境界学習することを示したサフランたちの研究を好んで引用する。

20　クレオールほど極端ではないが、子どもの頃から目の見えない人が、視覚からの入力がないにもかかわらず健常者と同様の言語能力を獲得するという事実も、考えてみると不思議なことである(フォスター＝コーエン 2001, pp. 178–182)。

21　Ethnologue というウェブサイト(https://www.ethnologue.com/)では、七一三九の言語が紹介されている(最終アクセス二〇二一年七月八日)。言語と方言(dialect)を区別する恣意的でない方法がないためか、この手の数字は文献によってかなりばらつきがある。方言も勘定に入れるなら、言語の数は爆発的に増加する。個人言語(idiolect)まで勘定に入れれば、地球上には人間の数だけ、それどころか同じ人間でも時点ごとに異なる言語を使っていると言うことさえできる。

22　形態的な言語類型論では、一単語が複数の形態素から構成される言語を総合的言語という。モホーク語のように総合性が極端に高い言語は多総合的言語と呼ばれる。

23　ここでの議論は生成文法の理論家が重視する区別をぼかしている。彼らは多くの自然言語に共通する表面的な特徴(グリーンバーグの普遍性)と、普遍文法(自然言語の獲得にまつわる生得的な制約)を区別している。言語の普遍的特徴というと前者を意味することが多く、これには例外がつきものと彼らは認める。ただし、両者は無関係ではないはずであり、ベイカーは「グリーンバーグの普遍性はより深い言語的構造があることを示唆している」と述べている(Baker 2001, p. 31 [邦訳 p.40])。

24　「グルー(grue)」とは、ある時点(たとえば、二〇四〇年一月一日)までに観察された緑色(green)の物体と、それ以後に観察された青色(blue)の物体にあてはまると定義された造語である。

25　自閉症については(バロン＝コーエン 2011)を参照。

26　文法能力が心の理論など他の精神能力から独立したモジュール性を持つことを示唆する事例として、クリストファという一九六二年生まれの英国人男性が知られている(スミス、ツィンプリ 1999)。クリストファは自閉症と診断されたわけではないが、サリーとアン課題のように自閉症者が苦手とする課題の成績が悪い。WAIS－Rで測った動作性IQは五〇から六〇程度で、身の回りの世話にも困るほどである。ところが、言語性IQは平均よりも高く、しかも驚くべきことに、クリストファは二〇以上の言語をそれが話されている地域に行くことなく獲得した。彼が獲得した言語は印欧語族に偏っているものの、フィンランド語やトルコ語など印欧語以外の言語にも及ぶ（残念ながら日本語は簡単な挨拶ができる程度らしい）。ただし、言語処理のあらゆる面で秀でているわけではなく、冗談や皮肉を理解することはできない。

27　「第二言語」は母語以外の外国語を指す。

28　第二言語の獲得の臨界期仮説は、小学校での英語教育を支持する理由として使われることがある。しかし、子供が両親とともに渡米して、現地の学校に通うなどして英語漬けの生活をする場合と、日本国内で英語の授業以外の時間は日本語で生活できる場合では、英語を獲得するための条件が異なるので単純に同列には扱えない（大津 2004, pp.48–52）。英語教育の低年齢化に賛成するのであれ反対するのであれ、この点には注意したい。

29　レネバーグは言語獲得に臨界期があると推測したが、言語にさらされずに育った野生児の報告は信頼できないとしていた（レネバーグ 1974, p. 152）。彼の死後になって、親に虐待されて言語にほとんどさらされなかった子どもの事例が集められるようになった。

30　臨界期効果に関連する臨床事例については（内田 1999, V章）が詳しい。

31　第七染色体の *FOXP2* という遺伝子が文法遺伝子の候補と考えられたこともあった。特異性言語障害が報告されていたKE家という家系で、*FOXP2* 遺伝子に異常が見つかったことでこの推測は裏付けられたかに見えた。しかし、実際には、KE家の障害は文法だけでなく口の動きや一般知能など広範囲に及んでいた。*FOXP2* が文法遺伝子だという仮説は今ではほぼ否定されている。

32　多義的な構文（たとえば、"Flying planes can be dangerous."には二つの読み方がある）の存在も、コミュニケーションのための適応であるという仮説を否定するのに持ち出されることがある（池内 2010, 9章）。極小主義者によれば、構文上の多義性は語順の存在から生じる問題である。併合によって作った集合には語順がないため、われわれが心の中で思考しているぶんには構文上の多義性など存在しない。構文上の多義性は、命題構造が本来はツリー状なのに、外在化する際に無理やり一次元の音の並びに変換されるために生じるバグのようなものだ。

33　ネアンデルタール人の化石から復元されたDNAには、現生人類と同じ *FOXP2* 遺伝子の二種類の変異体が含まれていた。もしネアンデルタール人の *FOXP2* 遺伝子がわれわれと同じなら、彼らも言語を使用していたのではないか、と考えた人もいる。しかし、*FOXP2* が文法遺伝子であるという仮説はほぼ否定されているため、チョムスキーらは、*FOXP2* は併合とは関係なく、外在化に関わる調節機構を制御している、と述べている（Berwick & Chomsky 2015, p. 77［邦訳：p.101］）。

34　パトナムは言語的分業や意味論的外在主義といったアイデアを説明するために蒸気船の比喩を用いた。

35　実際には、石器づくりや火をおこすことは現代人が素朴に考えるほど簡単ではない。また、現代にも、一見すると石器時代とあまり変わらない生活を続ける人々がいるが、彼らのつくる石器が、旧石器時代の石器とまったく同じというわけでもない。レヴィ＝ストロース 2019 を参照。

36　Everett 2005 によせられたコメント、特にネヴィンズのコメントを参照。ネヴィンズの批判は、池内 2010, pp. 54–60 でも紹介されている。

37　彼らの発表が行われた会合は、反適応主義の論客として知られるチョムスキーとグールドを討論相手に予定していた。聴衆の一人として参加していた哲学者のデネットはピンカーとブルームの発表に興奮したが、周囲の人々は退屈していて、チョムスキーらの応答を心待ちにしていた（実際には、チョムスキーは会合に参加できず、別の論客が代理を務めた）。自然選択説に対する周囲の人々の敵意と無知にショックを受けたデネットは、ダーウィンについての本を一刻も早く仕上げることを決意したという（Dennett 1995, p. 391f）。

38　以下はボールドウィン効果のかなり大雑把な説明である。一般向けのもう少し詳しい説明は Dennett 1995, pp. 77–80 を参照。

39　新たな構文が発明されたとしても聞き手は理解できないのではないか、と思うかもしれない。この疑問にピンカーは、発話能力が理解能力と同程度である必要はないと応じている。小説家のように文章を書けなくても、小説を鑑賞することはできる。単語を不格好に並べた発話でも、何を言いたいのかは理解できる（「滑る、ぶつかる、病院（skid, crash, hospital）」）。聞き手が理解できるかどうかは文法能力だけでなく知識量に大きく依存する。

40　引用中の「アルゴリズムの万能酸」という表現は Dennett 1995, chap. 3 に由来する。

41　乳糖耐性変異とは、離乳後もミルクに含まれる乳糖の分解能力を維持することを言う。ヨーロッパとアフリカで独立に生じたこの変異は、牧畜を営み乳製品を摂取する集団で有利に働いた。動物の家畜化は約一万年前にはじまり、乳糖耐性変異は家畜のミルクを飲む牧畜集団でほぼ一〇〇パーセントに達した（Cavalli-Sforza 2001, p.45f［邦訳 p.53f］）。

42　任意交配する集団内で、有利な遺伝子が広がっていく様子をシミュレートする数理モデルがある。メイナード

＝スミス 1995, pp.42–45 を参照。

43　きちんと議論するには「文頭」とは何か明確にしなければならないし、単純な yes/no 疑問文にも出現する虚辞の do について説明しなければならない。渡辺 2009, 2・2節を参照。

44　島の制約については、渡辺 2009, 5・3節を参照。これらの制約は最初ばらばらに提案されたが、後に下接の条件というより一般的な定式化を与えられた。

45　メレジコーフスキイ 1944, p.53。旧字体は新字体に改めた。

46　X^*は可算無限集合なので、その部分集合である言語は非可算無限個存在する（カントールの定理）。よって、すべての言語を実効的に枚挙することはできない。つまり、文法によって特徴づけられない言語も存在する。

47　v、v′は空列でもよい。記号列wと空列εの連接$w\varepsilon$はwと等しい。つまり、$w\varepsilon = \varepsilon w = w$である。

48　集合論の表記を使うなら、$L(G) = \{w \mid w \in X^*$ かつwはSから生成される$\}$となる。

49　$L(G_2)$は右線形文法で記述できない文脈自由言語の例になっている。文脈自由文法で記述できない文脈依存言語の例としては、コピー言語$\{ww \mid$ wは任意の記号列$\}$などがある。

50　チョムスキーは、文脈自由文法に限らずそもそも句構造文法だけでは平叙文の能動形がいちばん基本的だという直観や、能動形と受動形、平叙文と疑問文の間の明白な関係を捉えられないとして、句構造文法によって生成される構文木そのものに作用する変形規則を導入した。句構造文法と変形規則の二本立てという構図は、生成文法の発展史を貫いており、本章で取り上げたP&Pでは、句構造文法はX′理論に、変形規則は移動に対応する。

51　ジュウシマツは家禽化したといっても、江戸時代の飼育書には歌についての記述がないので、育雛能力に関しては人為選択されたが、歌に関しても人為選択されたとは考えにくい、とのことである（岡ノ谷 2016, p.42）。

第4章

1　「何かを知っているからには、それは真でなければならない」というのは必然的真理しか知ることができない、という意味ではない。記号化するとスコープの違いが明瞭になる。必然的真理しか知ることができないというのは、$\Box(Kp \rightarrow \Box p)$であり、真理しか知ることができないというのは$\Box(Kp \rightarrow p)$である。

2　たとえば、私が宝くじを一枚だけ買ったとすると、そのくじがハズレである確率はきわめて高いので、私はそのくじがハズレだと信じるよい理由を持っている、と考えられる。しかし、実際にそのくじがハズレであり、私はそれがハズレだと信じていたとしても、私はそのくじがハズレだと知っているのだろうか。結果が発表されるまでは知らないように思える。よって、正当化された真なる信念は知識の十分条件でない。こうした結論の出し方には議論の余地もあるが（たとえば、確率が高いだけで正当化を持つのか、など）、個人的にはなかなか説得的な例だと思う。

3　Dummett 1993, p. 96。命題的知識と区別するために、チョムスキーは cognizance という用語を導入している（Chomsky 1980, p. 92）。

4　ここで紹介した定義は冗長だと思うかもしれない。アプリオリな知識は経験に基づかない知識であり、アポステリオリな知識は経験に基づく知識である、と言えば済むのではないか。しかし、この冗長さには意味がある。ここで参照したアルベルト・カズッロをはじめとする多くの認識論者は、アプリオリとアポステリオリの区別は、根本的には、真なる信念を知識へと格上げする認識論的ファクターである正当化に関する区別だとみなしている。知識にかんするアプリオリとアポステリオリの区別は派生的である。

5　この定義には「できる」という可能様相が含まれるので、誰にとって可能なのか、という疑問が生じうる（Kripke 1980, p. 34［邦訳：p. 39］）。特定の人にとってか、人間にとってか、それとも神にとってだろうか。人間にとって、と解釈するのが自然だが、数学の難問の中には計算機の支援なしには証明の正しさを判定できないものがある（四色定理やケプラー予想など）。かといって、これらをアポステリオリな真理に分類するのも違和感がある……。これは興味深い問題だが、本章では深入りしない。

6　前章では、貧しい言語的刺激から文法を獲得するというだけで、無意識の知識が存在すると結論する生得主義の議論を紹介した。しかし、本章の2節でも示唆したように、「文法の知識」は本章が問題にしている命題的知識とは異なる。

7　生得的な知識とアプリオリな知識を同一視できないとしても、生得的な知識はアプリオリな知識の一種である可能性がある。教育によってではなく、成長するだけで獲得される知識は、経験に基づいていないと言ってよいのではないか。これは厄介な問題で、ここで行ったよりも慎重な検討を要する。「経験に基づいている」という不明瞭な表現の意味を明確にしなければ、その疑問には答えられないという人もいるかもしれない。あるいは、数学の教育を受けていないムンドゥルク族の人々は、幾何学の「命題的知識」をそもそも持っていないのではないか、と疑う人もいるかもしれない。

8　規約主義は論理や数学的命題の必然性を説明しようとする立場として特徴づけられるのが一般的だが、規約主義が提案された二〇世紀前半は必然性とアプリオリはほとんど区別されていなかったので、本節の趣旨には影響しない。

9　厳密にいえば、これは理論の有限公理化可能性の説明である。理論の公理化可能性とは、何らかの有限的な手段によって（例えば、公理図式によって）特定された命題集合の論理的帰結の集合とその理論が一致するということである。一階のペアノ算術やZF集合論は数学的帰納法や置換公理の定式化に公理図式を用いるため、可算無限個の公理をもつ。

10　数学の規約主義について、詳しくは、飯田 1989, 2・2節を参照。これは言わずと知れた言語哲学の本だが、この節では数学の哲学に関するディープな話題を扱っている。

11　ここで参照したクワインの論文「規約による真理」(Quine 1976, pp. 77–106) は、カルナップを標的にした論文だと言われてきた。しかし、この標準的な解釈には疑問もある。当時のクワインはカルナップに心酔していて、そこまで批判的だったとは考えにくい (Kemp 2006, p. 33n1)。実際、カルナップが標的だったとすればクワインの批判は的外れに思える。カルナップは有限主義的な言語と古典主義的な言語のどちらを採用するかは規約の問題だと主張したが、論理法則そのものの正当化は眼中になかったからである（蟹池 2007, p.471n34)。「規約による真理」の標的はC・I・ルイスだとする解釈もある (Ebbs 2011)。

12　部分構造論理の研究者によれば、論理語の推論規則はすべての論理の間で共有されていて、個々の論理はどの構造規則を認めるのかに関してのみ異なる。弱化規則や縮約規則を否定する人は、何かしらの理論的考慮に基づいてそれらの構造規則を否定するのだろう。余談だが、さまざまな論理を統一的に俯瞰するこの方法は、3章で取り上げた、さまざまな自然言語をパラメータの値によって分類する「原理とパラメータのアプローチ」をどこか連想させる。

13　言語哲学には「推論主義 inferentialism」と呼ばれる立場がある。これはいわゆる「意味の使用説」の一種で、ラフにいえば、語の意味は推論規則に尽くされる、という立場である（ライカン 2005, 6章)。ボゴジアンの議論は推論主義と関連するが、彼は語の意味が推論規則に尽くされるとまでは仮定していない (Boghossian 2012, p. 225)。

14　ボゴジアンは論理語の推論規則に合致した振舞いをすることを「盲目的な推論 (blind reasoning)」とも呼ぶ。この言い回しは後期ウィトゲンシュタインに由来する。「規則に従うとき、私は選択しない。私は規則に盲目的に従う」(『哲学探究』２１９節)。言語哲学に詳しい人には明らかだろうが、以下の議論は規則遵守のパラドックスが背景にある。

15　論理学の定理を証明するプログラムは、人工知能の黎明期にある程度達成された。ハーバート・サイモンらが開発した、『プリンキピア・マテマティカ』の定理を証明するプログラム(ロジック・セオリスト)が有名である。

16 信念／真理が知識の必要条件であるというテーゼに対する批判は、戸田山 2002 を参照。戸田山は、信念と真理だけでなく正当化に関しても疑問をぶつけているほか、数学などのアプリオリな知識に関しては、そもそもそれらは「知識」と呼ぶべきではない、としている（戸田山 2002, p.12)。

17 ここでいう曖昧性（vagueness）を多義性（ambiguity）と混同してはならない。例えば、「はし」は多義的な言葉で、橋を意味することもあれば箸を意味することもある。どちらか一方の意味で使うことに決めれば多義性は消えるが、曖昧性は消えない。実際、橋と言えるかどうか微妙な大きさ・長さの建造物を想像することができる。

18 三値論理についての初歩的な解説は Sider 2010, sec. 3.4 を参照。弱クリーネの三値論理を用いた曖昧語の扱いは Williamson 1994, sec. 4.4 を参照。

19 「記号接地問題（symbol grounding problem)」と呼ばれている。

20 クワインはかつて、言語共同体の同一性は対話の円滑性によると述べた。丹治が指摘するように、円滑さは曖昧な概念なので、そこでいう「同一性」は推移性を満たさないはずであり、よって厳密な意味での同一性にならない（丹治 1995)。

21 アプリオリな知識は存在しないと主張したからといって、論理学や数学の地位を貶めることにはならない。彼らは従来アプリオリな知識とみなされてきた論理学や数学の知識について、その正当化の源泉が自然科学の知識と同様に経験だと言っているのであって、論理学や数学から知識の身分まではぎ取ろうとしているわけではない。

22 ミルの数学論に関する以下の要約と批判は Shapiro 2000, sec. 4.3 に基づく。

23 反確証は、証拠によって仮説が決定的に否定されることを意味する「反証 falsification」ないし「反駁 refutation」とは異なる。反確証は程度差を許す概念で、反証は反確証の極端なケースと言える。科学と疑似科学の境界を反証可能性の有無に求めたポパーは、帰納論理学の試みには懐疑的だった。

24 ＳＮ１０５４はかなり明るかったようで、藤原定家の『明月記』には、「大きさ歳星（木星）の如し」とある（斉藤 1982, p. 87)。藤原定家は鎌倉時代の歌人だが、彗星を目撃したのをきっかけに天文に興味をもち、陰陽寮に保存されていた古記録から抜き出して日記に書き留めていた。

25 多くの文献は、ケルヴィンが年齢推定を誤った直接の原因は放射性崩壊を無視したためだと記述している。放射性崩壊の発見が大きなインパクトを与えたのはたしかだが、近年では、放射性崩壊を考慮したとしても地球の年齢はそれほど変わらないと言われている。放射性崩壊の熱すべてがすぐに利用できるようになるわけではないからである。「今のところ未知のエネルギー源が用意されない限り」という留保をつけていたことも考慮すると、ケルヴィンが犯した本当の誤りは、むしろ、地球内部の熱の伝わり方が均一だと根拠なく仮定したことにあった（リヴィオ 2017, p.148）。

26 クワインは量子力学を単純化するために「排中律」を改訂することが提案されたと述べている。これはライヘンバッハの多値論理を念頭においているからである。現在の標準的な量子論理は排中律ではなく分配法則を改訂し、オーソモジュラー束を意味論に用いる。量子論理の意義は Putnam 1983, pp. 46–53 を、技術的な詳細は竹内 1981 を参照。

27 この「プラトニズム」と「唯名論」の用法は数学の哲学では標準的だが、ハーバード特有の用法だと揶揄されることもある。伝統的には、述語に対応する普遍が存在するという立場を「プラトニズム」、存在しないという立場を「唯名論」と呼ぶ。普遍は時間・空間の中にないという意味では数や集合と同様に抽象的だが、時間・空間の中に位置づけられるさまざまな個物によって例化されるという点で数学的対象とは異なる。普遍の存在を認めないクワインは伝統的な意味でのプラトニストではない。ただ、柏端によれば、ポーランドの哲学者コタルビンスキーも抽象的対象を否定する立場を「唯名論」と呼んでいるという（柏端 2017, p.141n30）。クワインの用法にもまた別の伝統が背景にあるのだろう。

28 「今日、この見解はかつてよりもずっとポピュラーになっており、クワインの自然主義／経験主義の影響下にある北アメリカでは、たいていの人がこの見解を受け入れるようになっている」（Shapiro 2000, p. 24［邦訳：p. 31］）。

29 クリスピン・ライトの全体論批判が有名である。これは日本語の解説がある。飯田 1989, 3・5節；柴田 1994 を参照。

30 矛盾許容論理（paraconsistent logic）とは、矛盾からは何でも帰結するという法則（爆発則）を論理的に正しいとは認めない論理の総称である。有名な例に、LP（logic of paradox）と呼ばれる三値論理がある（Sider 2010, sec. 3.4.4）。

31 「P」と「Pでない」という互いに矛盾する二つの命題が手元にあるとしよう。「P」からは「PまたはQ」が得られる（「Q」は任意の命題）。そして、「PまたはQ」と「Pではない」からは選言三段論法によって「Q」が得られる。選言三段論法を放棄すれば、この論証はブロックできる。

32　ここで（ＳＣ）と命名した推論図式は、確証関係が満たすべき諸条件の一つとしてカール・ヘンペルが「特殊帰結条件」と呼んだものである。ヘンペルはベイズ確証理論とは異なる確証理論を立てようとした。特殊帰結条件は今では人気を失ったが、ヤブローは最近の著作でヘンペルの確証理論を好意的に取り上げている（Yablo 2014, chap. 6）。

33　ベイズの定理は、Pr(H|E) = Pr(E|H) Pr(H)/Pr(E) という確率論の定理である。ベイズ主義者は、証拠Ｅを得たならば、仮説Ｈの信念は Pr(H|E) の値に更新すべきであると主張する。

34　コリン・ハウソンとピーター・アーバックはデュエム＝クワインの問題に応答するなかで、そのようなモデルを提示している（Howson and Urbach 1993, pp. 136–142）。塩素に関する不都合な測定結果によって、補助仮説に対するプラウトの信念の度合いは大きく下がったが、プラウトの仮説に対する信念の度合いはわずかにしか下がらない。

35　標準的な反論は、証拠Ｅの確率を求める際に、競合仮説 not-H のもとでのＥの条件つき確率 Pr(E|not-H) をどうやって見積もればいいのか、というものである。

36　ここで「前提」と呼んだものの正体を明確にするのは難しい。言語学でいう語用論的前提として解釈するのは一つの手だが、会話の文脈は簡単に変わることや、仮説をテストするための実験は一人の科学者が行うことも可能であることを考慮すると、この解釈はあまり筋がよくないかもしれない。むしろ、科学者が持っている正当化された信念の総体、という風に特徴づけておくのが無難である。たいていの場合、ある特定の仮説をテストするときに用いる補助仮説について、科学者は事前に正当化された信念を形成するものだ。

37　第二不完全性定理によれば、ペアノ算術が無矛盾であることはペアノ算術の中で証明することはできず、ペアノ算術よりも強力な体系（例えば、ＺＦ集合論）を仮定しなければ証明できない。ＺＦ集合論の無矛盾性もＺＦ集合論の中では証明できず、ＺＦ集合論より強力な体系を仮定しなければ証明できない。このような形でしか無矛盾性を証明できないからといって、ＺＦ集合論が正しいと信じる根拠はないとか、ＺＦ集合論は矛盾しているかもしれないと本気で心配する数学者はほとんどいない。素朴集合論から矛盾が生じた原因は特定され、数学の危機は短期間のうちに克服されたからである。ＺＦ集合論の無矛盾性証明がないからといって、矛盾の可能性を本気で心配するのは過剰反応である、というのが大方の意見である。これは、世界五分前創造説が手持ちの証拠と両立可能だとしても、世界が五分前に創られたかもしれないと考えるのが過剰反応に思えるのと似ている。

38　ウィリアムソンはこうした数学観を一時期のラッセル

に帰属している（Williamson 2020, chap. 7）。ラッセルは立場を頻繁に変えるという歴史家泣かせの哲学者で、4節で述べたように、晩年には規約主義というまったく別の立場を支持していたりする。

39　カントは主語概念の中に述語概念が含まれる判断を分析的と呼んだが、この定義は複合的な命題内容には適用できないため、現代ではもはや使われていない。

40　4以上の任意の偶数は二つの素数の和で表せるという予想。ただし、同じ素数の和でもよく、複数通りの表現があってもよい（たとえば、10 = 3+7 = 5+5）。二〇二一年現在も未解決問題である。

41　昔からずっとそう考えられてきたわけではない。カントから時代を下るにつれて区別が次第に潰れて共外延的とみなされるようになっていった。このあたりの歴史的経緯は、Burgess 2013, pp. 2–7 がコンパクトに紹介している。

42　飯田は興味深いエピソードを紹介している。「次は、哲学の先生であるT氏から聞いた実話である。T氏は、別の哲学の先生と話していて、たまたま「ア・プリオリで偶然的な真理」および「ア・ポステリオリで必然的な真理」に言及した。話が一段落したところでT氏の相手が尋ねたことは、「あなた、本当に哲学の先生ですか？」であった」（飯田 1988, p. 296）。

43　「一メートル」の長さがメートル原基で定義されていたのは昔の話だが、話を単純化するために、そう仮定する。

44　定義によって真なので、「メートル原基の長さは一メートルである」は分析的真理であると考えることもできる。そのように考える場合、この命題は分析的で偶然的な真理ということになる（Kripke 1980, p.122n63［邦訳：p. 227］）。

あとがき

自分で言うのもどうかと思いますが、本書は心理学や哲学に属する多様な話題を一遍に取り上げた、ちょっと異色の本です。本書のコアにあるのは人間の合理性に対する関心ですが、人間の合理性そのものに直接向かうのではなく、その具体的な表れである知能、無限に多くの言語表現を作り出す文法能力、そして、数学の知識を中心とするアプリオリな知識の三つに焦点を当てました。どれも単体で一つの研究分野が成立する巨大なテーマで、私自身これらに対する理解を深めるには長い時間がかかりました。

アプリオリな知識というテーマへの関心は私が修士課程の学生だった頃にさかのぼります。当時の私はクワインを研究していて、論理学や数学の知識はアプリオリであるという伝統的な見解に対する彼の批判に共感していました。本書の第4章には当時の関心がよく表れています。いまでは確証の全体論にかつてほど説得力を感じていませんが、それでも簡単には退けられない重要なアイデアだと思っています。

文法能力の生得主義と経験主義の論争に関心を持ったのは、博士課程に進学してからです。博士課程に進学して以降はクワイン研究を止めてしまい、別のテーマで博論を書いたのですが、修士課程の頃に抱いていた関心や問題意識は後々まで自分を縛るものです。「クワインは行動主義者だと言われるが、彼の行動主義とはどのような立場なのか」「チョムスキーの生得主義と比較したら何かわかるだろうか」といった疑問が頭の片隅に残っていました。気付いたときにはクワインはどこかに行ってしまいましたが、こうした疑問がきっかけとなって、第3章のテーマである生得主義と経験主義の論争に興味を持ちました。

知能研究に関心を持つようになったきっかけは、文法能力の生得主義について調べている途中で出会ったCowie 1999の序文を読んでいたときに見つけた記述にあります。彼女によれば、チョムスキーの生得主義は学問的には興味深いが、玄人向けの地味な話題である。ただし、生まれと育ちに関する論争はしばしば政治的にクローズアップされる。このような文脈で、ベルカーブ論争が一例として挙がっていました。最初にその箇所を読んだときは何のことかよく飲み込めませんでしたが、ピンカーの本などを読むうちにポイントがつかめてきました。こうして、第2章のテーマである知能に対する遺伝と環境の影響に興味を持つに至りました。

本書は私自身の興味の広がりを逆向きにたどるよう構成されており、各章はゆるやかに連続していますが、おおむね独立しています。本書の「はじめに」において「発生の現場」という比喩で表現した遺伝率と生得性、アプリオリという三つの概念が互いに別物であることは、いまとなっては自明かもしれませんが、初学者はこれらの違いにあまり自覚的でないかもしれません。歴史的にみても、特に、生得性とアプリオリの間には現在一般的に考えられているよりはるかに密接な関係があると考えられてきました。三つの概念がどう似ていてどう違うのかを具体例とともに念入りに検討するのは、他では得がたい思考訓練の機会となります。それに、本書で焦点を当てた知能と文法能力、数学の知識は人間の合理性を構成する重要な心の特徴でもあります。本書で紹介してきた話題の中には一部マニアックなものも含まれますが、それでも、人間の合理性について本気で関心がある哲学者なら、本書の話題の大部分には遅かれ早かれ親しんでおく必要があると思います。私は知能研究や言語学の専門家ではありませんが、その足掛かりの役目を果たす案内書ならば十分書けるのではないか。そう考えて、歴史的背景の解説（第1章）も加えて全四章の本を書くという着想を得ました。

着想を得たのはいいものの、執筆作業は苦労の連続で、完成までに多くの方々の力を借りなければなりませんでした。安藤寿康さん、太田陽さん、笠木雅史さん、葛谷潤さん、菅原朔さん、松本将平さん（五十音順）には本書の元になった草稿の一部もしくは全部を読んでいただきました。また、久木田水生さんのゼミでも何回かにわたって草稿の一部を検討していただきました。初期の読者である彼らから寄せられた建設的なアドバイスのおかげで、質を大きく改善することができたと思います。忙しいなかご協力いただいたことに感謝いたします。もちろん、本書になお残る誤りはすべて私の責任です。

初めての単著ということで力が入ってしまったのか、当初の予定よりだいぶ原稿が膨れ上がった気もしますが、編集者の加藤峻さんにはこちらのペースで自由に執筆させていただきました。コロナ禍のため直接会って議論する機会が損なわれたのは残念でしたが、進捗状況を報告するたびに的確な改善案をいただくことができました。本書が読み物として徐々に仕上がっていくのを実感するのは楽しい経験でした。

本書のタイトル決めには最後まで悩みました。一時期は『新・人間本性論』というヒュームの主著の向こうを張るような挑戦的なタイトルさえ考えていました。ただ、本書は哲学の研究者や学生だけでなく、ポピュラー科学の愛好家など幅広い読者層にアピールすることを狙っていたので、もう少しわかりやすいタイトルにしたほうがよいだろうということで『人間本性を哲学する』に落ち着きました。

何はともあれ、本書が完成したことにほっとしています。読者のみなさまには、ここまでお読みいただいたことに感謝いたします。本書がみなさまの思考の糧となることを願ってやみません。

二〇二一年七月

次田　瞬

索引

人　名

事　項

参考文献

Aitchson, J. (1996) *The Seeds of Speech*, Cambridge University Press.

Akiba, K. (2020) *The Philosophy Major's Introduction to Philosophy*, Routledge.

Allen, C., Todd, P. M., and Weinberg, J. M. (2012) "Reasoning and rationality" in E. Margolis et al eds. *The Oxford Handbook of Philosophy of Cognitive Science*, Oxford University Press, pp. 41–59.

Antony, L. (2003) "Rabbit-pots and supernova," in A. Barber ed., *Epistemology of Language*, Oxford University Press, pp. 47–68.

Ayer, A. J. (1952) *Language, Truth and Logic*, Dover. 邦訳：『言語・真理・論理』吉田夏彦（訳）、岩波書店（1955）.

Baker, M. (2001) *The Atoms of Language*, Basic Books. 邦訳：『言語のレシピ——多様性にひそむ普遍性をもとめて』郡司隆男（訳）、岩波書店（2003）.

Bertrand, M. & S. Mullainathan (2004) "Are Emily and Greg more employable than Lakisha and Jamal? A field experiment on labor market discrimination" *The American Economic Review* 90(4), 991–1013.

Berwick, R. Pietroski, P. Yankama, B. & Chomsky, N. (2011) "Poverty of stimulus revisited," *Cognitive Science* 35, 1207–1242.

Berwick, R. & Chomsky, N. (2015) *Why Only Us*, MIT Press. 邦訳：『チョムスキー言語学講義——言語はいかにして進化したか』渡会圭子（訳）、筑摩書房（2017）.

Blackburn, S. (2003) *Ethics*, Oxford University Press.

Block, N. (1995) "How heritability misleads about race" *Cognition* 56, 99–128.

Bodmer, W. F. & Cavalli-Sforza L. L. (1970) "Intelligence and race" *Scientific American* 223(4), 19–29.

Boghossian, P. (2008) *Content and Justification*, Oxford University Press.

———— (2011) "Williamson on the a priori and the analytic" *Philosophy and Phenomenological Research* 82(2), 488–497.

———— (2012) "Inferentialism and the Epistemology of Logic" *Dialectica* 66(2), 221–236.

Boghossian, P. & Williamson, T. (2020) *Debating the a priori*, Oxford University Press.

Bohannon, J. N., MacWhinney, B. & Snow, C. (1990) "No negative evidence revisited" *Developmental Psychology* 26(2), 221–226.

Bouchard, T. J. et al (1990) "Sources of human psychological differences" *Science* 250, 223–228.

Bouchard, T. J. & McGue, M. (2003) "Genetic and environmental influences on human psychological differences" *Journal of Neurobiology* 54, 4–45.

Burgess, J. P. (2013) *Kripke*, Polity

Bryan, J. H. & Test, M. A. (1967) "Models and helping" *Journal of Personality and Social Psychology* 6(4), 400–7.

Cappelen, H. "Disagreement in Philosophy" in G. D'Oro and S. Overgaard eds. *The Cambridge Companion to Philosophical Methodology*, Cambridge University Press, pp. 56–74.

Cappelen, H. & J. Dever (2019) *Bad Language*, Oxford University Press.

Casullo, Albert, "A priori knowledge" in J. Dancy, E. Sosa, and M. Steup eds. *A Companion to Epistemology*, second edition, Wiley (2010), pp. 43–52.

Cavalli-Sforza, L. (2001) *Genes, Peoples, and Languages*, Penguin. 邦訳：『文化インフォマティックス——遺伝子・人種・言語』赤木昭夫（訳）、産業図書（2001）.

Chomsky, N. (1975) *Reflections on Language*, Fontana. 邦訳：ノーム・チョムスキー『言語論——人間科学的省察』井上和子ほか（訳）、大修館書店（1979）.

———— (1980) *Rules and Representations*, Columbia University Press. 邦訳：『ことばと認識——文法からみた人間知性』井上和子ほか（訳）、大修館書店（1984）.

Collins, J. (2008) *Chomsky*, Continuum.

Colyvan, M. (2006) "Naturalism and the paradox of revisability" *Pacific Philosophical Quarterly* 87, 1–11.

Cosmides, L., Tooby, J. & Kurzban, R. (2003) "Perception of race", *Trends in Cognitive Science*, 7(4), 173–179.

Cowie, F. (1999) *What's within?*, Oxford University Press.

———— (2016) "Innateness and language," in *Stanford Encyclopedia of Philosophy*, available online at: https://plato.stanford.edu/archives/win2016/entries/innateness-language/

Crain, S. & Nakayama, M. (1987) "Structure Dependence in Grammar Formation" *Language* 63(3), 522–544.

Crain, S. & Pietroski, P. (2001) "Nature, nurture and universal grammar," *Linguistics and Philosophy* 24, pp. 139–185.

Davies, B. (1983) "Neo-Lysenkoism IQ and the Press" *Public Interest* 73: 41–59.

Deary, I. (2000) *Intelligence*, Oxford University Press. 邦訳：『知能』繁枡算男（訳）、岩波書店（2004）.

Deary, I. et al. (2011) "Outsmarting mortality" *Scientific American Mind* 22(3), 48–55.

Dehaene, S. et al. (2006) "Core Knowledge of Geometry in an Amazonian Indigene Group" *Science* 311, 381–384.

Dennett, D. C. (1995) *Darwin's Dangerous Idea*, Simon & Schuster. 邦訳：『ダーウィンの危険な思想——生命の意味と進化』山口泰司ほか（訳）、青土社（2000）.

Devitt, M. (2010) *Putting Metaphysics First*, Oxford University Press.

Dummett, M. (1993) *The Logical Basis of Metaphysics*, Oxford University.

Dutilh Novaes, C. (2021) *The Dialogical Roots of Deduction*, Cambridge University Press.

Ebbs, G. (2011) "Carnap and Quine on Truth by Convention" *Mind* 120 (478):193–237.

Elman, J. (1991) "Distributed representations, simple recurrent networks, and grammatical structure," *Machine Learning* 7, 195–225.

———— (1993) "Learning and development in neural networks: The importance of starting small," *Cognition* 48, pp. 71–99.

Evans, N. & S. Levinson (2009) "The myth of language universals" *Behavioral and Brain Sciences* 32, 429–492

Eysenck, H. J. (1962) *Know Your Own I.Q.*, Bell Publishing Company.

———— (1979) *The Structure and Measurement of Intelligence*, Springer-Verlag.

———— (1991) "Raising I.Q. through vitamin and mineral supplementation" *Personality and Individual Differences* 12(4), 329–333.

Eysenck, H. J. and Kamin, L. (1981) *Intelligence: The Battle for the Mind*, Macmillan. 邦訳：『知能は測れるのか—— IQ討論』斎藤和明（訳）、筑摩書房（1985）.

Flynn, J. (1999) "Searching for justice: The discovery of IQ gains over time", *American Psychologist* 54, 5–20.

———— (2010) "Commentary on ''Intelligence and Personality as Predictors of Illness and Death" by Deary, Weiss, and Batty" *Psychological Science in the Public Interest* 11(2), 80.

———— (2013) *Intelligence and Human Progress*, Elsevier. 邦訳：『知能と人間の進歩——遺伝子に秘められた人類の可能性』無藤隆ほか（訳）、新曜社（2016）.

Fodor, J. A. & Lepore, E. (2001) "Brandom's burdens" *Philosophy and Phenomenological Research* 63(2), 465–481.

———— (2007) "Brandom beleaguered" *Philosophy and Phenomenological Research* 74(3), 677–691.

Fodor, J. D. (2001) "Setting syntactic parameters," in Baltin, M. and Collins, C. ed. *The Handbook of Contemporary Syntactic Theory*, Blackwell, pp. 730–767.

Glasgow, J. (2003) "On the new biology of race" *Journal of Philosophy* 100(9), 456–474.

Galton, F. (1865) "Hereditary talents and character: part 1" *Macmillan Magazine* 12, 157–166.

———— (1873) "Africa for the Chinese," available online at:
http://galton.org/letters/africa-for-chinese/AfricaForTheChinese.htm

———— (1892) *Hereditary Genius*, second edition, available online at:
https://galton.org/books/hereditary-genius/index.html

———— (1908) *Memories of My Life*, available online at: https://galton.org/books/memories/index.html

Goodman, N. (1967) "The epistemological argument" *Synthese* 17, 23–28.

Gottfredson, L. (1997) "Mainstream Science on Intelligence" *Intelligence* 24(1), 13–23.

Gould, S. J. (1993) "Male nipples and clitoral ripples" *Columbia: A Journal of Literature and Art* 20, 80–96.

———— (1996) *The Mismeasure of Man (Revised and Expanded)*, W. W. Norton & Company. 邦訳：『人間の測りまちがい——差別の科学史』鈴木善次、森脇靖子（訳）、河出書房新社（2008）.

Gould, S. & R. Lewontin (1979) "The spandrels of San Marco and the Panglossian paradigm," *Proceedings of the Royal Society of London Series B Biological Sciences* 205, 581–598.

Griffith, P. & Wilkins, (2015) "Crossing the Milvian bridge" in P. R. Sloan et al (eds.), *Darwin in the Twenty-First Century*, University of Notre Dame Press, pp. 201–231.

Gross, S. and Rey, G. "Innateness" in E. Margolis et al eds. *The Oxford Handbook of Philosophy of Cognitive Science*, Oxford University Press, pp. 318–360.

Haldane, J. B. S. (1938) *The Inequality of Man and Other Essays*, Penguin Books.

Haugeland, J. (1989) *Artificial Intelligence*, Bradford Books.

Hauser, M. D., Chomsky, N. and Fitch, W. T. (2002) "The faculty of language" *Science* 298, 1569–1579.

Haworth, C. M. A. et al. (2010) "The heritability of general cognitive ability increases linearly from childhood to young adulthood," *Molecular Psychiatry* 15, 1112–1120.

Hermer-Vazquez, L., Spelke, E. S. and Katsnelson, A. S. (1999) "Sources of Flexibility in Human Cognition" *Cognitive Psychology* 39, 3–36.

Herrnstein, R. & Murray, C. (1994) *The Bell Curve*, The Free Press.

Howson, C. and Urbach, P. (1993) *Scientific Reasoning*, second edition, Open Court.

Hubel, D. H. and Wiesel, T. N. (1963) "Receptive fields of cells in striate cortex of very young, visually inexperienced kittens" *Journal of Neurophysiology* 26, 994–1002.

Jackendoff, R. (1995) *Patterns in the Mind*, Basic Books.

Jenkins, C. S. I. & Kasaki, M. (2015) "The traditional conception of the a priori" *Synthese* 192, 2725–2746.

Jensen, A. R. (1982) "The debunking of scientific fossils and straw persons" *Contemporary Education Review* 1(2), 121–135.

Johnson, J. S. & Newport, E. L. (1989). "Critical period effects in second language-learning" *Cognitive Psychology* 21(1), 60–99.

Kamin, L. (1995) "Behind the curve" *Scientific American* 272(2), 99–103.

Katz, J. J, (2000) *Realistic Rationalism*, MIT Press.

Kemp, G. (2006) *Quine*, Continuum.

Kripke, S. A. (1980) *Naming and Necessity*, Harvard University Press. 邦訳：『名指しと必然性——様相の形而上学と心身問題』八木沢敬、野家啓一（訳)、産業図書（1985).

Laurence, S. & Margolis, E. (2001) "The poverty of the stimulus argument," *British Journal of Philosophy of Science* 52, 217–276.

Lewis, J. & Elman, J. (2001) "Learnability and the statistical structure of language," Proceedings of the 26th Annual Boston University Conference on Language Development.

Loehlin, J. (1983) "John Locke and behavior genetics," *Behavior Genetics* 13, 117–121.

Lynn, R. (1979) "The social ecology of intelligence in the British Isles" *British Journal of Social and Clinical Psychology* 18, 1–12.

Mackie, J. L. (1978) "The law of the jungle" *Philosophy* 53, 455–464.

Mackintosh, N. (1998) *IQ and Human Intelligence*, Oxford University Press.

———— (2011) *IQ and Human Intelligence*, Second edition, Oxford University Press.

Marcus, G. (1993) "Negative evidence in language acquisition" *Cognition* 46(1), 53–85.

Miller, A. (2007) *Philosophy of Language*, Second edition, Routledge.

Neisser, U. et al (1996) "Intelligence: Knowns and unknowns" *American Psychologist*, 51(2),

77–101.

Newport, E. L. (1990) "Maturational constraints on language learning", *Cognitive Science* 14, 11–28.

Nisbett, R. (2009) *Intelligence and How to Get It*, W. W. Norton & Company. 邦訳：『頭のでき――決めるのは遺伝か環境か』水谷淳（訳）、ダイヤモンド社（2010）.

Pinker, S. (1994) *The Language Instinct*, Harper Collins. 邦訳:『言語を生みだす本能(上・下)』椋田直子（訳）、NHK 出版（1995）.

――――― (2002) *The Blank Slate*, Penguin. 邦訳：『人間の本性を考える――心は「空白の石版」か（上・中・下）』山下篤子（訳）、NHK 出版（2004）.

――――― (2015) *Language, Cognition and Human Nature*, Oxford University Press.

Pinker, S. & Bloom, P. (1990) "Natural language and natural selection" *Behavioral and Brain Sciences* 13 (4), 707–784.

Pinker, S. & Jackendoff, R. (2005) "The faculty of language: What's special about it?," *Cognition* 95, 201–236.

Planer, R. (2017) "How language *couldn't* have evolved" *Biology and Philosophy* 32, 779–796.

Potter, M. (2003) *Reason's Nearest Kin*, Oxford University Press.

Pullum, G. & Scholz, B. (2002) "Empirical assessment of stimulus poverty arguments", *The Linguistic Review* 19, 9–50.

Putnam, H. (1967) "The innateness hypothesis and explanatory models in linguistics," *Synthese* 17, 12–22.

――――― (1975) *Philosophical Papers: Volume 2, Mind, Language and Reality*, Cambridge University Press.

――――― (1983) *Philosophical Papers: Volume 3, Realism and Reason*, Cambridge University Press.

Quine, W. v. O. (1980) *From a Logical Point of View*, second edition revised, Harvard University Press. 邦訳：『論理的観点から――論理と哲学をめぐる九章』飯田隆（訳）、勁草書房（1992）.

――――― (1976) *The Ways of Paradox and Other Essays*, Second edition, Harvard University Press.

Ramsey, W. & Stich, S. (1990) "Connectionism and three levels of nativism" *Synthese* 82, 177–205.

Rey, G. (2000) "Review of Fiona Cowie, *What's within*," *Times Literary Supplement*.

――――― (2020) *Representation of Language*, Oxford University Press.

Robbins, P. (2017) "Modularity of mind" in *Stanford Encyclopedia of Philosophy*, available online at: https://plato.stanford.edu/archives/fall2017/entries/modularity-mind/

Rushton, J. P. (1999) "Review of Guns, germs and steel: The fates of human societies", *Population and Environment* 21(1), 99–107.

Rushton J. P. & Campbell, A. C. (1977) "Modeling, vicarious reinforcement and extraversion on blood donating in adults" *European Journal of Social Psychology* 7(3), 297–306.

Rushton, J. P. & Jensen, A. (2005) "Thirty Years of Research on Black-White Differences in Cognitive Ability" *Psychology Public Policy and Law* 11(2), 235–294.

———— (2010a) "Race and IQ: A theory-based review of the research in Richard Nisbett's *Intelligence and how to get it*" *The Open Psychology Journal* 3, 9–35.

———— (2010b) "The rise and fall of the Flynn Effect as a reason to expect a narrowing of the Black–White IQ gap", *Intelligence* 38, 213–219.

Ryle, G. (1974) "Mowgli in Babel" *Philosophy* 49, 5–11.

Sachs, J., Bard, B. and Johnson, M. L. (1981) "Language learning with restricted input: case studies of two hearing children of deaf parents" *Applied Psycholinguistics* 2(1), 33–54.

Samuels, R. (2002) "Nativism in cognitive science," *Mind and Language* 17, 233–265.

———— (2004) "Innateness in cognitive science," *Trends in Cognitive Sciences* 8, 136–141.

Shewach, O., Sackett, P. & Quint, S. (2019) "Stereotype threat effects in settings with features likely versus unlikely in operational test settings: a meta-analysis" *Journal of Applied Psychology* 104(12), 1514–1534.

Scholl, B. & Leslie, A. (1999) "Modularity, development and `theory of mind'," *Mind and Language* 14, pp. 131–153.

Scholz, B & Pullum, G. (2006) "Irrational nativist exuberance," in Stainton, R ed. *Contemporary Debates in Cognitive Science*, Blackwell, pp. 58–80.

Shapiro, S. (2000) *Thinking about Mathematics*, Oxford University Press 邦訳：『数学を哲学する』金子洋之（訳）、筑摩書房（2012）.

Sider, T. (2010) *Logic for Philosophy*, Oxford University Press.

Skinner, B. (1957) *Verbal Behavior*, Prentice Hall.

Soames, S. (2003) *Philosophical Analysis in the Twentieth Century, Volume 2: The Age of Meaning*, Princeton University Press.

Sober, E. (1982) "Dispositions and subjunctive conditionals; or, dormative virtues are no laughing matter" *The Philosophical Review* 91, 591–596.

———— (2000) "Quine's two dogmas" *Proceedings of the Aristotelian Society, Supplementary* 74, 237–280.

Spelke, E. S. & Kinzler, K. D (2007) "Core knowledge" *Developmental Science* 10(1), 89–96.

Stalnaker, R. (1999) *Context and Content*, Oxford University Press.

Steel, C. M. & Aronson, J. (1995) "Stereotype threat and the intellectual test performance of African Americans" *Journal of Personality and Social Psychology* 69(5), 797–811.

Stich, S. (2011) *Collected Papers: Mind and Language, 1972-2010*, Vol. 1, Oxford University Press.

Tomasello, M. (1999). *The Cultural Origins of Human Cognition*, Harvard University Press. 邦訳：『心とことばの起源を探る——文化と認知』大堀壽夫（訳）、勁草書房（2006）.

———— (2003) *Constructing a Language*, Harvard University Press. 邦訳：『ことばをつくる——言語習得の認知言語学的アプローチ』辻幸夫ほか（訳）、慶應義塾出版会（2008）.

Turkheimer, E., Haley, A., Waldron, M., D'Onofrio, B. and Gottesman, I. I. (2003) "Socioeconomic status modifies heritability of IQ in young children" *Psychological Science* 14(6), 623–629.

Turkheimer, E., Beam, C. R., Sundet, J. M. and Tambs, K. (2017) "Interaction between parental education and twin correlations for cognitive ability in a Norwegian conscript sample" https://www.ncbi.nlm.nih.gov/pmc/articles/PMC5748346/

Vargha-Khadem, F. et al. (1997) "Onset of speech after left hemispherectomy in a nine-year-old boy" *Brain* 120, 159–182.

Washington, H. (2019) *A Terrible Thing to Waste*, Little, Brown Spark.

Williamson, T. (1994) *Vagueness*, Routledge.

———— (2000) *Knowledge and Its Limits*, Oxford University Press.

———— (2003) "Understanding and inference" *Aristotelian Society Supplementary Volume* 77(1), 249–293.

———— (2007) *The Philosophy of Philosophy*, Oxford University Press.

———— (2011) "Reply to Boghossian" *Philosophy and Phenomenological Research* 82(2), 498–506.

———— (2012) "Boghossian and Casalegno on Understanding and Inference" *Dialectica* 66(2), 237–247.

———— (2013) "How deep is the distinction between a priori and a posteriori knowledge?" in Casullo, A. & Thurow, J. C. (2013) *The A Priori in Philosophy*, Oxford University Press, pp. 291–312.

———— (2020) *Philosophical Method*, Oxford University Press.

Yang, C. (2004) "Universal Grammar, statistics or both?" *Trends in Cognitive Sciences* 8(19), 451–456.

Yablo, S. (2014) *Aboutness*, Princeton University Press.

Yudell, M. et al. (2016) "Taking race out of human genetics" *Science* 351, 564–565.

アイゼンク，ハンス＆ナイアス，デーヴィド『性・暴力・メディア――マスコミの影響力についての真実』岩脇三良（訳）、新曜社（1982）.

アイゼンク，ハンス＆アイゼンク，マイケル『マインドウオッチング』田村浩（訳）、新潮社（1986）.

青木靖三『ガリレオ・ガリレイ』岩波書店（1965）.

アルバート，ジム＆ベネット，ジェイ『メジャーリーグの数理科学（上・下）』後藤寿彦（監修）、加藤貴昭（訳）、シュプリンガー・フェアラーク東京（2004）.

安藤寿康『遺伝と環境の心理学――人間行動遺伝学入門』培風館（2014）.

飯田隆『言語哲学大全 II』勁草書房（1989）.

―――― 「可能世界」、大森荘蔵（編）『新・岩波講座哲学〈7〉トポス・空間・時間』岩波書店（1988）pp. 270–300.

池内正幸『ひとのことばの起源と進化』開拓社（2010）.

石川文康『カントはこう考えた――人はなぜ「なぜ」と問うのか』筑摩書房（2009）.

伊豆蔵好美「ホッブズ」、小林道夫（編）『哲学の歴史〈5〉デカルト革命』中央公論新社（2007）pp. 45–114.

ウィリス，ポール『ハマータウンの野郎ども』山田潤（訳）、筑摩書房（1996）.
ウィンストン，パトリック『人工知能』長尾真、白井良明（訳）、培風館（1980）.
内田伸子『発達心理学――ことばの獲得と教育』岩波書店（1999）.
エプスタイン，デイヴィッド『スポーツ遺伝子は勝者を決めるか？――アスリートの科学』福典之（監修）、川又政治（訳）、早川書房（2016）.
大芦治『心理学史』ナカニシヤ出版（2016）.
太田博樹『遺伝人類学入門――チンギス・ハンのDNAは何を語るか』筑摩書房（2018）.
大津由紀雄「公立小学校での英語教育――必要性なし、益なし、害あり、よって廃すべし」『小学校での英語教育は必要か』慶應義塾大学出版会（2004）.
大塚淳『統計学を哲学する』名古屋大学出版会（2020）.
岡ノ谷一夫『さえずり言語起源論』岩波書店（2016）.
オニール，キャシー『あなたを支配し、社会を破壊する、AI・ビッグデータの罠』久保尚子（訳）、インターシフト（2018）.
オルコック，ジョン『社会生物学の勝利――批判者たちはどこで誤ったか』長谷川眞理子（訳）、新曜社（2004）.
ガードナー，ハワード『認知革命――知の科学の誕生と展開』佐伯胖、海保博之（監訳）、産業図書（1987）.
カーネマン，ダニエル『ファスト＆スロー――あなたの意思はどのように決まるか？（上・下）』村井章子（訳）、早川書房（2014）.
柏端達也『現代形而上学入門』勁草書房（2017）.
蟹池陽一「ウィーン学団とカルナップ」、飯田隆（編）『哲学の歴史〈11〉論理・数学・言語』中央公論新社（2007）pp. 431–475.
苅谷剛彦『学力と階層』朝日新聞出版（2012）.
川島浩平『人種とスポーツ――黒人は本当に「速く」「強い」のか』中央公論新社（2012）.
岸本秀樹、岡田禎之『構文間の交替現象』朝倉書店（2020）.
貴堂嘉之『移民国家アメリカの歴史』岩波書店（2018）.
キャロル，ルイス『不思議の国の論理学』柳瀬尚紀（編訳）、筑摩書房（2005）.
ケヴルズ，ダニエル『優生学の名のもとに――「人類改良」の悪夢の百年』西俣総平（訳）、朝日新聞社（1993）.
ケンリック，ダグラス『野蛮な進化心理学――殺人とセックスが解き明かす人間行動の謎』山形浩生、森本正史（訳）、白揚社（2014）.
今野元『マックス・ヴェーバー――主体的人間の悲喜劇』岩波書店（2020）.
斉藤国治『星の古記録』岩波書店（1982）.
佐藤方哉『行動理論への招待』大修館書店（1976）.
シェリー・ケーガン『死とは何か――イェール大学で23年連続の人気講義』柴田裕之（訳）、文響社（2019）.
ジェンセン，アーサー『ＩＱの遺伝と教育』岩井勇児（監訳）、黎明書房（1978）.
篠木涼「『時計じかけのオレンジ』によって引き起こされた行動主義をめぐる「イメージ」への影響―― 1960-70年代における行動主義心理学と行動療法への批判を

中心に」『立命館人間科学研究』（2017）35: 49–64.
柴田正良「経験主義と知識の全体論」、『岩波講座 現代思想 7 分析哲学とプラグマティズム』（1994）pp. 243–269.
シュピッツァー，マンフレート『脳――回路網のなかの精神：ニューラルネットが描く地図』村井俊哉・山岸洋（訳）、新曜社（1999）.
ステレルニー，キム『進化の弟子――ヒトは学んで人になった』田中泉吏ほか（訳）、勁草書房（2013）.
ステレルニー，キム＆グリフィス，ポール『セックス・アンド・デス――生物学の哲学への招待』松本俊吉（訳）、春秋社（2009）.
スミス，ニール＆ツィンプリ，イアンシ－マリア『ある言語天才の頭脳――言語学習と心のモジュール化』毛塚恵美ほか（訳）、新曜社（1999）.
セイノフスキー，テレンス『ディープラーニング革命』銅谷賢治（監訳）、藤崎百合（訳）、ニュートンプレス（2019）.
セーゲルストローレ，ウリカ『社会生物学論争史――誰もが真理を擁護していた（1・2）』垂水雄二（訳）、みすず書房（2005）.
ソーバー，エリオット『進化論の射程――生物学の哲学入門』松本俊吉ほか（訳）、春秋社（2009）.
ソーン，クリストファー『太平洋戦争における人種問題』市川洋一（訳）、草思社（1991）.
ダーウィン，チャールズ『種の起源』八杉龍一（訳）、岩波書店（1990）.
――――長谷川眞理子訳『人間の由来（上・下）』講談社（2016）.
ダイアモンド，ジャレド『銃・病原菌・鉄（上・下）』倉骨彰（訳）、草思社（2012）.
高田紘二「ヒュームと人種主義思想」『奈良県立大学研究季報』（2002）12: 89–94.
――――「ヒュームと人種主義思想（２）」『奈良県立大学研究季報』（2002）13：9–13.
竹内外史『線形代数と量子力学』裳華房（1981）.
タマリン，ロバート『遺伝学（上・下）』福田一郎ほか（訳）、培風館（1988）.
丹治信春『言語と認識のダイナミズム――ウィトゲンシュタインからクワインへ』勁草書房（1995）.
ダンジガー，カート『心を名づけること――心理学の社会的構成（上・下）』河野哲也（監訳）、勁草書房（2005）.
チョムスキー，ノーム『統辞理論の諸相――方法論序説』福井直樹、辻子美保子（訳）岩波書店（2017）.
ディーコン，テレンス『ヒトはいかにして人となったか――言語と脳の共進化』金子隆芳（訳）、新曜社（1999）.
デカルト，ルネ『方法序説』谷川多佳子（訳）、岩波書店（1997）.
トヴァルデツキ，アロイズィ『ぼくはナチにさらわれた』足達和子（訳）、平凡社（2014）.
ドーキンス，リチャード『延長された表現型――自然淘汰の単位としての遺伝子』日高敏隆（訳）、紀伊國屋書店（1987）.
――――『悪魔に仕える牧師――なぜ科学は「神」を必要としないのか』垂水雄二（訳）、

早川書房（2004).
――――『利己的な遺伝子（増補新装版）』日高敏隆（訳）、紀伊國屋書店（2006).
――――『神は妄想である――宗教との決別』垂水雄二（訳）、早川書房（2007).
戸田山和久『知識の哲学』産業図書（2002).
バーリング，ロビンス『言葉を使うサル――言語の起源と進化』松浦俊輔（訳）、青土社（2007).
パール，ジュディア、グリモア，マデリン、ジュエル，ニコラス『入門統計的因果推論』落海浩（訳）、朝倉書店（2019).
橋元良明『メディアと日本人』岩波書店（2011).
長谷川寿一、長谷川眞理子『進化と人間行動』東京大学出版会（2000).
畠山雄二（編）『理論言語学史』開拓社（2017).
バロン＝コーエン，サイモン『自閉症スペクトラム入門』水野薫ほか（訳）、中央法規出版（2011).
ビッカートン，デレック『言語のルーツ』筧寿雄ほか（訳）、大修館書店（1985).
廣川洋一『ギリシア人の教育――教養とはなにか』岩波書店（1990).
広瀬友紀『ちいさい言語学者の冒険――子どもに学ぶことばの秘密』岩波書店（2017).
フィッシャー，ヘレン『結婚の起源――女と男の関係の人類学』伊沢紘生、熊田清子（訳）、どうぶつ社（1983).
フォスター＝コーエン，スーザン『子供は言語をどう獲得するのか』今井邦彦（訳）、岩波書店（2001).
藤川隆男『人種差別の世界史――白人性とは何か？』刀水書房（2011).
ブックス，セドリック『言語から認知を探る――ホモ・コンビナンスの心』水光雅則（訳）、岩波書店（2012).
ブラウン,ジャネット『ダーウィンの「種の起源」』長谷川眞理子（訳）、ポプラ社（2007).
ブラム，デボラ『愛を科学で測った男――異端の心理学者ハリー・ハーロウとサル実験の真実』藤澤隆史、藤澤玲子（訳）、白揚社（2014).
ブルーム，ポール『ジャスト・ベイビー――赤ちゃんが教えてくれる善悪の起源』竹田円訳、NTT 出版（2015).
フレーゲ，ゴットロープ『フレーゲ著作集〈2〉算術の基礎』勁草書房（2001).
ヘアンシュタイン，リチャード『IQ と競争社会』岩井勇児訳、黎明書房（1975).
ヘンリック，ジョゼフ『文化がヒトを進化させた――人類の繁栄と〈文化－遺伝子革命〉』今西康子（訳）、白揚社（2019).
マーカス，ゲアリー『心を生みだす遺伝子』大隅典子（訳）、岩波書店（2005).
マクファーランド,デイヴィド（編）『オックスフォード動物行動学事典』木村武二（監訳）、どうぶつ社（1993).
マレー，チャールズ『階級「断絶」社会アメリカ――新上流と新下流の出現』橘明美（訳）、草思社（2013).
ムカジー，シッダールタ『遺伝子――親愛なる人類史（上・下）』仲野徹（監修）、田中文（訳）、早川書房（2018).

村上宣寛『IQってホントは何なんだ？——知能をめぐる神話と真実』日経BP社（2007）.
メイザー，ジェームズ『メイザーの学習と行動』磯博行（訳）、二瓶社（2008）.
メイナード＝スミス，ジョン『進化遺伝学』原田祐子（訳）、産業図書（1995）.
メレジコーフスキイ『ナポレオン』米川正夫（訳）、東晃社（1944）.
森嶋通夫『イギリスと日本——その教育と経済』岩波書店（1977）.
森元良太、田中泉吏『生物学の哲学入門』森元良太、田中泉吏（訳）、勁草書房（2016）.
モル，ロバートほか『形式言語理論入門』西野哲朗（訳）、東京電機大学出版局（1995）.
山内肇「パリ言語学会が禁じた言語起源」岡ノ谷一夫（編）『進化言語学の構築』（2015）pp.35–53.
米本昌平ほか『優生学と人間社会——生命科学の世紀はどこへ向かうのか』講談社（2000）.
ライカン，ウィリアム『言語哲学——入門から中級まで』荒磯敏文ほか（訳）、勁草書房（2005）.
ラッセル，バートランド『西洋哲学史』市井三郎（訳）、みすず書房（1969）.
ラシュトン，フィリップ『人種・進化・行動』蔵琢也、蔵研也（訳）、博品社（1996）.
リヴィオ，マリオ『偉大なる失敗——天才科学者たちはどう間違えたか』千葉敏生（訳）、早川書房（2017）.
レヴィ＝ストロース，クロード『人種と歴史・人種と文化』渡辺公三ほか（訳）みすず書房（2019）.
レネバーグ，エリック『言語の生物学的基礎』佐藤方哉，神尾昭雄（訳）、大修館書店（1974）.
ロスリング，ハンス、ロスリング，オーラ、ロンランド，アンナ・ロスリング『FACTFULNESS』上杉周作、関美和（訳）、日経BP社（2019）.
ロック，ジョン『人間知性論（1～4）』大槻春彦訳、岩波書店（1972–1977）.
————『教育に関する考察』服部知文（訳）、岩波書店（1967）.
渡辺明『生成文法』東京大学出版会（2009）.
渡辺公三『レヴィ＝ストロース——構造』講談社（2003）.
ワトソン，ジョン『行動主義の心理学』安田一郎訳、河出書房新社（1980）.

［著者］次田 瞬（つぎた・しゅん）
1984年神奈川県生まれ。東京大学大学院人文社会系研究科基礎文化研究専攻博士課程満期退学。博士（文学）。現在、名古屋大学大学院情報学研究科特任助教。専門は心の哲学。主な論文に「自然主義的意味論の研究」（博士論文）など、訳書に『予測する心』（共訳、勁草書房）がある。

人間本性を哲学する

生得主義と経験主義の論争史

2021年8月12日　第1刷印刷
2021年8月30日　第1刷発行

著者——次田 瞬

発行者——清水一人
発行所——青土社

〒101-0051　東京都千代田区神田神保町1-29　市瀬ビル
［電話］03-3291-9831（編集）03-3294-7829（営業）
［振替］00190-7-192955

組版——フレックスアート
印刷・製本——シナノ印刷

装幀——北岡誠吾

ISBN978-4-7917-7410-4　C0010